SEHR GUT HALTBAR MACHEN

SEHR GUT
HALTBAR MACHEN

Einkochen, Einlegen, Konservieren

Stiftung Warentest

Martin Lagoda & Bettina Snowdon

INHALT

SÜSS-SAURER KÜRBIS MIT MANDELN UND ROSINEN, SEITE 62

DIE KUNST DES HALTBARMACHENS

Die Ernte aus dem eigenen Garten oder günstige Einkäufe à la Saison vom Wochenmarkt zu konservieren, mutet längst nicht mehr wie ein Relikt aus Omas Zeiten an. Vielmehr inspirieren die klassischen Methoden zu modernen und verführerischen Rezepten und machen Lust auf kulinarische Überraschungen. Experimentieren ist unbedingt erlaubt, und manches Highlight von früher darf neugierig wiederentdeckt werden.

Sommer und Herbst sind die Zeiten des Jahres, in denen die Natur täglich Markt hält. Großzügig versorgt und verwöhnt sie uns mit erntefrischem Obst und Gemüse aus heimischen Regionen. Beeren und Birnen hängen dicht und schwer an den Zweigen, Möhren und Mangold beherrschen die Beete, und jede Frucht, jedes Gemüse wirbt mit der Pracht seiner Farben, vollen Formen und Aromen. Die ermunternde Botschaft kann kaum eindringlicher sein: Jetzt zugreifen, es ist Erntezeit! Und wer keinen Nutzgarten hat, lässt sich von dem üppigen Angebot auf den Wochenmärkten, in Bioläden und Supermärkten einfangen. Viele der Produkte wurden erst am frühen Morgen auf den Weg gebracht. Auch hier der unüberhörbare Appell: Alles ist frisch, preisgünstig und von bester Qualität – bedient euch! Keine Frage, diese Gelegenheit möchte man wahrnehmen. Doch wie gern würde man die Gaben der Natur, ob selbst gezogen oder günstig eingekauft, noch in den kalten Monaten des Jahres genießen können, wenn der Garten im Tiefschlaf liegt und auf dem Markt das Angebot schrumpft, während die Preise steigen. Nur einfach in den Kühlschrank legen reicht nicht – alle frischen Naturprodukte beginnen nach wenigen Tagen zu welken, sie verlieren einen Teil ihrer Nährstoffe und den guten Geschmack, vom Verlust ihres animierenden Aussehens ganz zu schweigen (siehe Seite 16).

Doch der galoppierende Alterungsprozess lässt sich ausbremsen – das Schlüsselwort heißt konservieren. Der Begriff entstand aus dem lateinischen Wort conservare und bedeutet erhalten, bewahren. Um Lebensmittel haltbar zu machen, müssen sie durch verschiedene physikalische oder chemische Verfahren behandelt werden. Bei richtigem Umgang behalten sie ihre geschmackliche und optische Appetitlichkeit, und im besten Fall ihre Vitamine und alle anderen wichtigen Nährstoffe. Selbst wenn die Saison schon lange vorbei ist, können sie weiterhin einen wertvollen Beitrag zu einer ausgewogenen Ernährung leisten und versprechen viel Genuss.

Im Prinzip lassen sich sämtliche Obst- und Gemüsesorten, Pilze und Kräuter haltbar machen. Dafür bieten sich verschiedene Konservierungsmöglichkeiten an, die alle auf folgenden Techniken basieren: Einkochen, Einlegen, Saften, Einfrieren, Trocknen und Vergären. Fisch und Fleisch lassen sich außerdem räuchern und pökeln oder zu Confit verarbeiten, doch diese Handhabungen bieten sich für die Gartenernte nicht an. Nicht jede Methode eignet sich für jedes Produkt, denn mit seinen unterschiedlichen Eigenschaften will jedes so behandelt werden, dass von der Qualität der Erntefrische möglichst viel erhalten bleibt. Auch die Haltbarkeiten des Eingemachten weichen stark voneinander ab – mal muss die Spezialität nach wenigen Wochen verbraucht sein, mal findet man nach mehreren Jahren eine Konserve wieder und ist freudig überrascht, wie gut sie durchgehalten hat. Im Übrigen dürfte jeder, der sich mit Elan ans Konservieren macht, bestimmte Vorlieben haben – nicht alle mögen sich beispielsweise mit dem klassischen Sterilisieren oder der Milchsäuregärung anfreunden. Sie haben also die Wahl (siehe Seite 29).

Zwar liegen keine regelmäßigen Statistiken oder offizielle Studien zur heutigen Kultur des Konservierens in den privaten Haushalten vor. Doch lässt sich der Eindruck nicht leugnen: Einmachen & Co. haben an Trendwert wieder zugelegt. Bürgen für diese Annahme sind unter anderem die Supermärkte, die zur Früchtezeit palettenweise Einmachzucker anbieten, weil er eine hohe Umsatzgeschwindigkeit garantiert. Kaum ein Frauen-, Land- oder Food-Magazin ohne aufwendig produzierte Einmachrezepte, und die meist kostenlosen Broschüren der Zuckerhersteller sprechen Bände. Auch die Produzenten von Schraubdeckelgläsern beziehungsweise

Schraubdeckeln sind gut im Geschäft und tüfteln immer zuverlässigere und anwendungsfreundlichere Verschlusssysteme aus. Alles zusammen belegt, wie modern und populär das heimische Konservieren wieder geworden ist. Und ein großer Kölner Zuckerhersteller, der vor etwa einem Vierteljahrhundert das „Handbuch für die Früchtezeit" herausbrachte, ein liebevoll gemachtes Rezeptheft mit schlichter Spiralheftung, bekommt heute noch die damals beigelegten Bestellpostkarten zugeschickt – dabei wird das Druckwerk schon lange nicht mehr aufgelegt. Der eher unspektakuläre Verkauf von Einmachgläsern ist übrigens kein Indikator für die Beliebtheit des Einmachens, denn in den Haushalten stehen bereits Millionen der immer wieder benutzbaren Gläser herum, und nur was zu Bruch geht, muss neu angeschafft werden.

Immerhin gibt es zumindest eine repräsentative Umfrage, die der Marktforscher Infratest im Auftrag der Firma Dr. Oetker nach eigenen Angaben durchführte. Danach bereiten 43 Prozent der Befragten (haushaltsführende Frauen in Deutschland) Konfitüren oder Marmeladen selbst zu. Eindeutiger Favorit ist dabei die Erdbeere. Jede dritte Frau zwischen 25 und 40 Jahren macht ein. Frauen zwischen 40 und 50 Jahren stehen für 45 Prozent der Haushalte, und bei den über 50-Jährigen ist es jeder zweite Haushalt, der den fruchtigen Brotaufstrich selbst zubereitet. Weitere Erkenntnisse der Untersuchung: In ländlichen Regionen wird mehr eingemacht als in städtischen, und die verwendeten Früchte stammen hauptsächlich aus dem eigenen Garten. Im Übrigen gelten Haushalte mit zwei oder mehr Kindern und in denen ein Elternteil (auch die Hausmänner) ständig daheim ist, als besonders empfänglich für Rezeptvorschläge und hilfreiches Zubehör. Sie neigen am ehesten dazu, entschlossen zur Tat zu schreiten, weil sie davon konkrete Vorteile haben: nachhaltige Verwertung verfügbaren Obsts und Gemüses, gute Produkte ganz nach eigenem Geschmack, sinnvolle Beschäftigung mit den Kindern und Entlastung des Haushaltsbudgets. Und selbstredend der Stolz auf das Selbstgemachte!

EIN BESONDERER WERT

Im Prinzip ist niemand mehr gezwungen, die Mühen des Konservierens auf sich zu nehmen, im Handel füllt das Angebot an Obst und Gemüse in Gläsern oder Dosen, an Säften, Saucen sowie Tiefkühlprodukten meterweise und deckenhoch die Regale. Aber gerade darum haben haltbare Lebensmittel aus der eigenen Küche einen ganz besonderen Wert: den des Einzigartigen. Das fängt im Garten an. Beispielsweise reife Tomaten vom Strauch zu pflücken, ist ein Ereignis, auf das man sich freut und das als einer der Höhepunkte im Gartenjahr erlebt wird. Wer nicht gespritzt und künstlich gedüngt hat, trägt sogar Bioware in die Küche. Obendrein spart er manchen Euro im Vergleich zu gekauften Tomaten aus dem Bioladen.

Ohne Chemie und andere fragwürdige Zusätze kann es anschließend im Topf weitergehen. Angenommen, aus den sonnengereiften Früchten soll ein Tomatenketchup werden: Konservierungsstoffen, Säuerungs- sowie Verdickungsmitteln und was manche Hersteller sonst noch beimischen und im Kleingedruckten verstecken, wird Küchenverbot erteilt. Kinder hingegen sind willkommen und dürfen ihren Spaß beim Mithelfen haben. Denn zu erfahren, dass Tomaten knackig-rot im Garten und nicht musig in Flaschen oder Dosen wachsen und wie sie sich – simsalabim! – plötzlich in wunderbares Ketchup verwandeln, das ist einfach spannend.

Die Maßstäbe beim heimischen Konservieren setzen allein die kulinarischen Vorlieben und die eigene

Kreativität. Sie können herumtüfteln oder aus einer Unzahl von traditionellen und vom experimentellen Zeitgeist geprägten Rezepten auswählen. Selbstgemachtes darf so vertraut wie eh und je oder nach Lifestyle schmecken, aber immer ein bisschen anders und viel besser als die Convenience-Ware aus dem Supermarkt. Und die vielen Exoten und jüngsten Wiederentdeckungen alter Obst- und Gemüsesorten laden förmlich dazu ein, sie mit der heimischen Ernte für kulinarische Abenteuer zu kombinieren. In einigen Fällen lassen sich neue reizvolle Geschmackskombinationen herauskitzeln, in anderen ergibt sich eine überraschende Farboptik, wenn man etwa auf das neue, sehr bunt gewordene Angebot wiederentdeckter Rüben zurückgreift (siehe Seite 217). Die Generation unserer Großeltern hat mehr oder weniger immer nach denselben Rezepturen konserviert. Jetzt aber, da man von einer wieder neu anwachsenden Vielfalt profitieren kann, sollte man die Möglichkeiten wahrnehmen. Und Sie müssen nicht einmal besonders mutig sein oder sich an bestimmte Regeln halten: Erlaubt ist, was schmeckt!

Wer zum ersten Mal aus eigener Herstellung eine Ketchupflasche oder ein Marmeladenglas öffnet, die eingelegten Gurken probiert, aus dem Rumtopf nascht oder einen Löffel Pesto mit dampfender Pasta mischt, erlebt diesen Moment als etwas Besonderes: Das habe ich selbst gemacht, und es schmeckt besser als gekauft! Und augenblicklich stellt sich ein angenehmer Gefühlscocktail aus Stolz, Befriedigung und Glück ein. Wie groß ist dann noch einmal die Freude, wenn man das Lob der Familienmitglieder und Freunde erhält, mit denen die kulinarischen Kleinkunstwerke lustvoll und neugierig probiert werden! Darum bietet sich Selbstgemachtes ganz hervorragend als Mitbringsel oder kleine Aufmerksamkeit an, weil es die persönliche Handschrift trägt und als limitierte Edition den Wert einer raren Kostbarkeit besitzt.

DER UMWELT UND GESUNDHEIT ZULIEBE

Beim Umgang mit den eigenen Ressourcen war ökonomisches Wirtschaften in früheren Zeiten, als der Garten zur Deckung des Eigenbedarfs maßgeblich mit beitragen musste, üblich und wichtig. Konserviert wurde, weil das Obst und Gemüse verfügbar war und genutzt werden musste, Überschüsse durften nicht verderben. Auf diese Weise hatte man nicht nur nach der Saison genug zu essen, sondern sparte das Geld für den Kauf von Nahrung, die zum Leben notwendig war. Inzwischen ist der Selbstversorgungsgedanke von damals seit dem jüngsten Auftreten von Krisenzeiten in das Bewusstsein vieler Menschen zurückgekehrt. Zwar schreitet de facto nicht jeder, der eine eigenverantwortliche Versorgung mit Dauerkonserven aus eigener Herstellung für sinnvoll hält, selbst zur Tat – kein Garten, viel zu tun im Job, wenig Platz. Aber das heimische Konservieren ist auf dem besten Weg, das mehr oder weniger ausgeprägte Image des Spießbürgerlichen abzulegen und als zeitgemäße Verwertung saisonaler Gartenprodukte ernst genommen zu werden. Dazu trägt auch der ökologische Aspekt bei. Wer Obst und Gemüse aus dem eigenen Garten oder preiswert eingekaufte Produkte aus der Region verarbeitet, hilft mit, die (Um-)Weltbelastung zu reduzieren. Langstreckentransporte, auf denen Birnen, Beeren oder Erbsen quer durch die Lande und Länder gekarrt werden, werden nicht nur von Umweltschützern schon lange verurteilt.

Eine schonende Verarbeitung der Zutaten in der eigenen Küche trägt außerdem dazu bei, ein Maximum an wertvollen Vitalstoffen, wie etwa Vitamine, Mineral- und sekundäre Pflanzenstoffe, zu bewahren. Und dann der Zucker: Man kommt zwar ganz ohne aus, aber oft ist er schlicht unverzichtbar. Er sollte jedoch in einem angemessenen Verhältnis zum Einmachgut stehen und nicht mit weitem

RUCOLA-PETERSILIEN-PESTO, SEITE 200

Abstand die Hauptzutat sein. Man liest und hört so viel über gesundheitsbewusste Ernährung, (auch) auf diese Weise kann man sie leben. Überhaupt: Mit jeder Portion, die man sich selbst zubereitet, geht man allen Risiken und Bedenklichkeiten aus dem Weg, deretwegen Industrieprodukte oft in der Kritik stehen.

Und warum sollte das heimische Konservieren nicht etwas mit Heimeligkeit zu tun haben dürfen? Wir leben in einer Welt, die allgemein als durchtechnisiert, durchstrukturiert und daher als unpersönlich empfunden wird. Ohne Elektronik, die ständig bedient werden will, läuft kaum noch etwas. Handwerkliche Beschäftigungen, zu denen die Tätigkeiten am Herd zählen, sind daher beliebt – Handarbeit im weitesten Sinne kann vor allem in mentaler Hinsicht ausgleichend wirken und zufrieden machen. Eine Umgebung von duftenden Früchten, erdigem Gemüse, köchelnden Töpfen und bunt gefüllten Gläsern bietet beste Voraussetzungen zum Sichwohlfühlen.

GESCHICHTE DES KONSERVIERENS

Die Historie des Konservierens ist voller spannender Geschichten. So verdanken wir beispielsweise Napoleon die Konservendose, zumindest indirekt. 1795 setzte der Oberbefehlshaber der französischen Armee demjenigen eine Belohnung von 12 000 Goldfrancs aus, dem es gelänge, Nahrungsmittel haltbar zu machen – auf ihren Eroberungszügen konnten sich seine Soldaten schließlich nicht immer nur von Plünderungen ernähren. Der Coup glückte: Der Pariser Konditor und Zuckerbäcker Nicolas Appert entwickelte eine Technik, mit der man Lebensmittel durch Erhitzen auf 100 °C in Glasflaschen konservieren konnte, und er bekam die Prämie. Wenig später schaffte es der britische Kaufmann Peter Durand, das Verfahren auf Blechbehältnisse anzuwenden. Damit war die Konservendose geboren, für die Durand das Patent erhielt. Allerdings kam es immer wieder zu Vergiftungen durch verdorbene Inhalte und durch das verwendete Blei, sodass die Konservendose damals mit sehr viel Misstrauen beäugt wurde.

Krieg und Konserviertes bilden auch im Zusammenhang mit Salz ein untrennbares Duo: Salz, nicht nur unverzichtbar für die menschliche Ernährung, sondern ein erstklassiger Haltbarmacher (siehe Seite 18), war lange Zeit nur in sehr geringen Mengen verfügbar. Deshalb wurden mehrere Kriege um die weißen Kristalle geführt, das erste Mal um vermutlich 2 500 v. Chr. in China. Doch erst als im 14. Jahrhundert n. Chr. das Salz zentnerweise gewonnen wurde und massenhaft Fisch eingesalzen und Gemüse eingelegt (Milchsäuregärung, siehe Seite 155) werden konnte, stand den Streitkräften unter anderem in England, Frankreich, Holland und Nordeuropa genug haltbarer Proviant zur Verfügung, um sich auf lange Seefahrten und Belagerungen einzulassen. Das Trocknen von Lebensmitteln kennen die Menschen hingegen schon seit Urzeiten. Es ließ sich aber nur in heißen, trockenen Klimazonen in großem Stil praktizieren, spielte also im Gebiet des heutigen Westeuropa keine dominierende Rolle. Auch das Räuchern von Fisch und Fleisch hatte sich bewährt, aber der Haltbarkeit waren vergleichsweise enge Grenzen gesetzt.

Popularität in breiten Bevölkerungsschichten Deutschlands erlangte das Konservieren erst in den 80er-Jahren des 19. Jahrhunderts. Der Gelsenkirchener Chemiker Rudolf Rempel hatte die Idee, auf Gläser mit glattgeschliffenen Rändern einen Verschluss aus einem Blechdeckel mit Gummiring zu setzen und sie nach dem Füllen mit Gartenfrüchten in speziellen Einkochgeräten zu sterilisieren. Seinen

Geniestreich ließ er sich 1892 mit einem Patent krönen, das später der Gläserhersteller Johann Carl Weck übernahm. Dieses System des Konservierens verbreitete sich in kürzester Zeit im deutschen Sprachraum flächendeckend und wurde fortan nur noch einwecken genannt. Der Begriff taucht sogar seit 1907 im Duden auf. Auch die Einmachhaut Zellglas, heute bekannt als Cellophan, gewann als Alternative zu den mit Gummiringen abgedichteten Weckglas-Deckeln bald große Beliebtheit.

In den USA hatte die Konservendose wegen ihres angekratzten Rufs zunächst keine Chance. Dafür kam in den 1930er-Jahren das Tiefkühlen auf, das sich aber erst 30 Jahre später großflächig durchsetzte. Anfangs standen neben den Tiefkühltruhen in den Geschäften geschulte Berater, die den Kunden erklärten, wie sie mit Tiefkühlprodukten umzugehen hatten. Auf die Idee des Frostens kam übrigens der Meeresbiologe Clarence Birdseye. Er hatte bei einer Expedition beobachtet, dass die Eskimos ihren Fischfang in den eisigen Wind hängten. Er baute einen Apparat, der polare Kälte erzeugen konnte, und ging damit in die Geschichte ein.

Die Deutschen lernten Tiefkühlkost erst 1955 während der Allgemeinen Nahrungs- und Genussmittel-Ausstellung (ANUGA) kennen, hatten zunächst aber Berührungsängste. Erst als in einigen Lebensmittelgeschäften im Rahmen eines Werbefeldzugs, des sogenannten „Köln-Bonner-Truhentests", 400 Tiefkühltruhen aufgestellt wurden, brach das Eis. Zwar lag 1960 der deutsche Pro-Kopf-Verbrauch erst bei nur 400 Gramm Tiefkühlware jährlich – da waren die USA bereits bei 16 Kilo angelangt –, aber inzwischen haben wir uns für die Köstlichkeiten aus der Kälte erwärmt und tauen rund 40 Kilo pro Person und Jahr auf.

Das Sterilisieren war von Beginn des Ersten Weltkrieges bis in die späten 1960er-Jahre in den deutschen Haushalten die Konservierungsmethode schlechthin – es hatte fast den Charakter eines Volkssports mit privatwirtschaftlichem Hintergrund. Im Rekorderntejahr 1968 wurden die Einkochgläser so knapp und begehrt, dass die Firma Weck eine Lieferung nach Reutlingen nur unter Polizeischutz vom Lkw abladen konnte, um dem Ansturm standzuhalten. Auch 1982/83, als die Arbeitslosigkeit als Antwort auf die zweite Ölkrise zum ersten Mal die Zwei-Millionen-Marke überstieg, setzte ein ausgeprägtes Vorratsdenken ein, und Einmachgläser waren wieder stark gefragt. Dennoch erwiesen sich Tiefkühlprodukte und Konservendosen als überlegene Konkurrenten, und das aufwendige Einwecken verlor an Bedeutung. Außerdem waren viele Obst- und Gemüsesorten bald nicht mehr nur zur Saison, sondern teilweise sogar ganzjährig verfügbar, sodass niemand mehr auf eine langfristige Vorratshaltung angewiesen war. Die Achtundsechziger sahen darüber hinaus sicher in jedem, der sich mit spießigen Beschäftigungen wie Einkochen abgab, eine Gefahr für die revolutionäre Sozialisation der Gesellschaft – weshalb wohl diese Generation bis heute ein demografisches Einkochloch bildet. Umso bemerkenswerter ist daher die Wiederentdeckung des Einkochens. Jetzt ist es mehr Hobby als ein Muss zum Überleben, und statt des von der Lebensmittelindustrie vorgegebenen Massengeschmacks darf es mal wieder richtig lecker sein. So wie nur zu Hause.

PICCALILLI, SEITE 64

RUND UMS KONSERVIEREN

Um sich das reiche Angebot von Obst und Gemüse lange zu erhalten, stehen Ihnen die verschiedensten Methoden zur Verfügung. Jede davon hat ihren ganz eigenen Charakter und Charme, doch alle benötigen sie ausreichende Sorgfalt und eine passende Küchenausstattung.

Beim Blick in den Kühlschrank oder auf das Kellerregal sind böse Überraschungen mitunter nicht ausgeschlossen: Das erst wenige Tage alte Obst und Gemüse, nach der Ernte oder einem günstigen Einkauf knackfrisch deponiert, zeigt bereits Ermüdungserscheinungen. Leider ist appetitliche Frische nur von kurzer Dauer. Eine Reihe von konservierenden Techniken können die Verderbnisprozesse so weit ausbremsen, dass unsere Nahrung für längere Zeit, eventuell sogar jahrelang genießbar bleibt und ihre wertvollen Inhaltsstoffe weitgehend bewahrt. Wer sich ans Konservieren macht, nimmt ohne Frage Arbeit auf sich und muss sich Zeit nehmen. Aber beim handwerklichen Umgang mit frischem Obst und Gemüse, Kräutern und Pilzen werden die Mühen von einer angenehmen sinnlichen Seite begleitet: Düfte, Farben und Formen, das Befühlen der Oberflächen sowie die inneren Beschaffenheiten wirken inspirierend, machen Natur erlebbar. Und wenn alle Gläser, Flaschen, Krüge und Beutel gefüllt sind, haben Sie allen Grund, auf sich stolz zu sein. Die Belohnung für alle Mühen liegt in der Natur der Sache: Später, wenn die Saison schon lange vorüber ist, finden Sie an ihr im besten Sinne des Wortes noch einmal Geschmack. Es gibt sehr unterschiedliche Verfahren, etwas haltbar zu machen, aber die Kunst des Konservierens ist jedes Mal dieselbe: Auf der einen Seite muss das Lebensmittel mit Hitze, Kälte oder besonderen Zutaten intensiv behandelt werden; auf der anderen Seite soll es dabei möglichst appetitlich bleiben, und seine gesunden Inhaltsstoffe dürfen nicht leiden. Beides sollte nach Möglichkeit in einem ausgewogenen Verhältnis zueinander stehen.

WIE UND WARUM VERDERBEN LEBENSMITTEL?

Lebensmittel verderben im Allgemeinen sehr schnell, wenn sie nicht konserviert werden. In einigen Fällen ist der Verderbnisprozess so offensichtlich, dass er auf den ersten Blick erkennbar ist, zum Beispiel an Schimmel-, Schleim- und Gasbildung. Manchmal erkennt man erst am abstoßenden Geruch und Geschmack, dass etwas nicht in Ordnung ist. Ungenießbar gewordene Lebensmittel sollten Sie nicht mehr essen und ohne Wenn und Aber in den Müll werfen. Wer etwas Verdorbenes isst, wird bestenfalls von einem leichten Unwohlsein befallen, manchmal spürt man gar nichts. Doch je nach Verderbnisgrad stellen sich Leibschmerzen, Übelkeit, Erbrechen, Durchfall und andere Symptome, etwa allergische Reaktionen und Lähmungen, ein. Mit einer Lebensmittelvergiftung ist nicht zu spaßen, und Sie sollten unbedingt einen Arzt aufsuchen. Denn extrem gefährlich sind zum Beispiel verdorbene Produkte mit frischen Eiern (Salmonellengefahr) sowie mit Meeresfrüchten und Fisch: Sie können akut vergiftend wirken und sogar lebensgefährlich werden. Deshalb sparen Sie am falschen Fleck, wenn Sie verdächtig gewordene Nahrung „auf gut Glück" doch noch zu sich nehmen, nur weil sie Ihnen zum Wegwerfen zu schade erscheint.

DIE ÜBELTÄTER DER VERDERBNISPROZESSE

Als Verantwortliche für die Verderbnisprozesse bei Lebensmitteln können drei Übeltäter ausgemacht werden, die auf verschiedene Weise Produkte angreifen und die Haltbarkeit verringern.

BAKTERIEN UND PILZE

Bakterien und Pilze stürzen sich augenblicklich auf alle natürlichen organischen Substanzen. Dort produzieren sie jede Menge Stoffwechselprodukte, die eigentlichen Bösewichte: Alkohole, Aminosäuren, Ammoniak, Antibiotika, Ketone, organische Säuren und Vitamine. Sie zersetzen ihren Wirt und rauben ihm dabei seine wertvollen Inhaltsstoffe. Gleichzeitig verändern sie Geruch, Geschmack und Aussehen und signalisieren damit, dass sie das Lebensmittel erobert haben und Sie besser die Finger davon lassen sollten. Bei unmittelbar erkennbarem Schimmelpilz ohnehin eine Selbstverständlichkeit. Warme, feuchte Lagerung befördert die Bakterienbildung. Bakterien werden erst durch große Hitze oder Kälte an der Vermehrung gehindert, im besten Falle sterben sie und ihre Verbreitung wird gänzlich gestoppt.

ENZYME

Im Gegensatz zu den unguten Bakterien sind Enzyme in den Lebensmitteln bereits vorhanden und werden als Proteine in der lebenden Zelle gebildet. Sie beschleunigen die chemischen Reaktionen des Stoffwechsels. Am Braunwerden von pflanzlichen Lebensmitteln sind sie ebenso beteiligt wie der Sauerstoff in der Luft, weshalb man auch von Oxidation spricht. Enzyme lassen stark fetthaltige Lebensmittel ranzig, tranig, talgig oder fischig werden. Aber ihr Wirken hat wiederum den Vorteil, dass einige noch unreife Lebensmittel nachreifen können. Enzyme sind Eiweiße, die ab einer Temperatur von über 42 °C beziehungsweise unter –40 °C denaturiert werden und dadurch ihre Wirkung verlieren. Das ist die Wirkweise von Konservierungsmethoden mit Hitze.

TEMPERATUR, LICHT UND ANDERE PHYSIKALISCHE EINFLÜSSE

Wenn Lebensmittel physikalischen Einflüssen wie unmittelbarer Sonneneinstrahlung, Hitze, Kälte oder einer veränderten Luftfeuchtigkeit ausgesetzt sind, verderben sie besonders schnell, denn diese Einwirkungen verändern negativ ihre chemische Struktur. Durch Lichteinwirkung kann sogar Gift entstehen, wie zum Beispiel das Solanin – die grünen Stellen an Kartoffeln.

HYGIENE

Sauberkeit ist beim Konservieren das A und O. Denn bei allen Methoden geht es grundsätzlich immer nur um das eine Thema: Wie lassen sich vorhandene Bakterien und Keime, die die Verderbnisprozesse unterstützen, möglichst lange unwirksam machen oder sogar abtöten? Deshalb sollten Sie bemüht sein, nicht noch zusätzliche Erreger hineinzubringen. Die Grundregel der Hygiene sind sehr einfach einzuhalten: Vor allem Gläser und Deckel sollten vor dem Gebrauch sterilisiert werden, indem man sie 5 bis 7 Minuten in kochendes Wasser legt und dann auf einem frisch gebügelten – folglich keimarmen – Küchentuch abtropfen lässt. 15 Minuten bei 130 °C im Backofen (Gläser geöffnet lassen!) erfüllen denselben Zweck. Nicht keimfrei, aber immerhin sehr keimarm werden Gläser, Deckel, Gummiringe und sämtliche anderen zum Konservieren benötigten Utensilien in der Spülmaschine, die man auf die höchste Temperaturstufe stellen soll. Oft wird empfohlen, Gläser und Utensilien vor dem Gebrauch heiß auszuspülen oder zu reinigen – damit kann man Glück haben, jedoch ist die Methode sehr unzuverlässig. Lappen und Tücher zum Abwischen sollten vorher bestenfalls gekocht oder heiß gewaschen worden sein, und wer viele Kleckereien wegwischen muss, sollte den Lappen hin und wieder wechseln. Dasselbe gilt für Schwämme. Beim Abwischen sehr sorgfältig arbeiten und keine Reste stehen lassen! Hygiene ist im Übrigen dann noch ein Thema, wenn die Konserven geöffnet werden: Entnehmen Sie den Inhalt immer nur mit sauberem, unbenutztem Besteck!

KONSERVIERENDE METHODEN, ZUTATEN UND FUNKTIONSWEISEN

Alle Konservierungsmethoden haben das Ziel, die Ursachen der Verderbnisprozesse auszuschalten oder wenigstens abzuschwächen beziehungsweise sie zu verlangsamen.

ALKOHOL

Mikroorganismen können sich in Alkohol nur sehr langsam weiterentwickeln, da er in Verbindung mit Wasser die Bakterienwände durchdringen kann und die Eiweiße im Innern des Bakteriums zerstört. Bei einer hoher Alkoholkonzentration ab etwa 15 Prozent werden sie sogar abgetötet. Wenn Zucker hinzukommt, verstärkt sich der konservierende Effekt, da Zucker dem eingelegten Lebensmittel zusätzlich Wasser und damit allen Mikroorganismen ihre Lebensgrundlage entzieht.

ESSIG

In saurem Essig-Milieu fühlen sich Hefen, Bakterien und Enzyme gar nicht wohl. Doch erst ab einer Essig-Konzentration von 3 Prozent kommt es zur Abtötung einiger krankheitserregender Bakterien. Ein milderer und damit besser genießbarer Essig braucht Zucker oder Wärme als Unterstützung, um dauerhaft zu konservieren.

KÄLTE

Beim Frieren und Tieffrieren wird das Wachstum von verderbnisfördernden Mikroorganismen je nach Temperaturhöhe weniger oder mehr verlangsamt, jedoch nicht gestoppt. Erst ab –40 °C werden auch die Reaktionen, die durch die lebensmitteleigenen Enzyme ausgelöst werden, buchstäblich auf Eis gelegt. Haushaltsgeräte bieten Kühlleistungen, die sich im Bereich von –20 °C bis –28 °C bewegen. Tiefgekühltes sollte beizeiten verbraucht werden (siehe Seite 237). Einmal Aufgetautes nicht wieder einfrieren, da sich durch die Erwärmung Bakterien sprunghaft vermehren können. Das gilt besonders dann, wenn das Einmachgut mehrere Stunden aufgetaut war und die Mikroorganismen genug Zeit hatten, sich auszubreiten. Erneut aufgetaut, setzt sich die Vermehrung fort und die Lebensmittel sind dann womöglich verdorben.

MILCHSÄUREGÄRUNG

Bei der milchsauren Vergärung werden die Kohlenhydrate der Pflanze von Milchsäurebakterien in Milchsäure umgewandelt. Ab einer Konzentration von 0,5 Prozent stellt diese Säure das Wachstum von Krankheitskeimen und Verderbniserregern komplett ein. Zugefügtes Kochsalz bindet Wasser, sodass Hefen und Schimmelpilze zusätzlich in ihrem Wachstum gehemmt werden. Wird das Gärgut zusätzlich eingestampft, entsteht außerdem ein Mangel an Sauerstoff, den Mikroorganismen zum Leben brauchen.

ÖL

Öl enthält kein Wasser und lässt keinen Sauerstoff zu – für Mikroorganismen schlechte Existenzbedingungen. Dennoch können Verderbnisvorgänge in frischen Lebensmitteln selbst nur verlangsamt und nicht verhindert werden. Für eine längere Konservierungsdauer sollte man daher das Einlegegut vorher trocknen, damit sich beide Verfahren gegenseitig unterstützen. Grundsätzlich gilt: Kaltgepresste und nicht raffinierte Öle sind weniger haltbar als andere. In jedem Fall sollten Sie das aufgedruckte Mindesthaltbarkeitsdatum des Herstellers beachten.

SALZ

Salz funktioniert wie Zucker: Es entzieht Lebensmitteln das Wasser und allen Mikroorganismen die ideale Lebensgrundlage. Allerdings werden sie in ihrem Wachstum nur gehemmt, nicht aber abgetötet. In Verbindung mit Hitze, Säure, Zucker oder Milchsäurebakterien bietet sich Salz als zuverlässiger Dauerkonservierer an.

TROCKNEN, DÖRREN, DARREN

Haltbarmachen durch Trocknen basiert auf einem einfachen Funktionsprinzip: Dem Lebensmittel wird ein Maximum an Feuchtigkeit entzogen. Da Feuchtigkeit die lebenswichtige Basis für Mikroorganismen ist, können sie sich also ohne Wasser nicht mehr ansiedeln oder vermehren. Der Begriff Trocknen bezieht sich immer auf das Trocknen an der Luft, während zum Dörren ein (elektrisches) Gerät benötigt wird. Darren hingegen ist eine Methode für das Trocknen von Flachs, Malz sowie Getreide- und Samenkörnern.

WÄRME, VAKUUM, ENTSAFTEN

Hitze ist der natürliche Feind aller Mikroorganismen, deren Zerstörungswerk frischen Lebensmitteln sonst unaufhaltsam zusetzt. Die wirksamste Methode, um Mikroorganismen abzutöten, ist das Sterilisieren – Gemüse benötigt dafür Temperaturen ab 98 °C, Obst ab 75 °C (siehe Tabelle Seite 235). Zudem bildet sich beim Abkühlen der fest verschlossenen Gläser ein Vakuum oberhalb des Glasinhalts, das den Deckel ganz fest an den Glaskörper zieht. Auf diese Weise kann von außen nichts mehr eindringen. Den Sterilisierungseffekt macht man sich auch beim Entsaften durch Erhitzen zunutze (siehe Seite 91).

KOMBINATIONEN VON METHODEN, DIE DEN KONSERVIERUNGSEFFEKT VERSTÄRKEN

(Haltbarkeit der einzelnen Konservierungsmethoden siehe Tabelle Seite 234)

	Alkohol	Zucker	Salz	Essig	Öl	Wärme	Trocknen	Milchsäuregärung
Alkohol		●						
Zucker	●		●	●		●		
Salz		●		●		●		●
Essig		●	●			●		
Öl							●	
Wärme		●	●	●				
Trocknen					●			
Milchsäuregärung			●					

ZUCKER UND GELIERZUCKER

Zucker bindet das im Lebensmittel frei verfügbare Wasser und entzieht schädlichen Mikroorganismen damit die Lebensgrundlage. Ob für Eingemachtes, Konfitüren oder Verzuckertes und Kandiertes: Die Wirkungsweise beruht in allen Fällen auf diesem Prinzip. In Verbindung mit Salz und Alkohol verstärkt sich dieser konservierende Effekt.

Gelierzucker enthält bereits Pektin als Geliermittel, was das Herstellen von Konfitüren und Gelees vereinfacht. Vorteil: Die Menge des Geliermittels muss nicht individuell auf die Gelierfähigkeit der Früchte abgestimmt werden. Die ebenfalls enthaltene Zitronensäure erhöht die Gelierfähigkeit noch. Bei Gelierzucker 1:1 werden Früchte und Zucker zu gleichen Teilen verwendet, mit Gelierzucker 2:1 und 3:1 kann man die doppelte beziehungsweise dreifache Fruchtmenge mit einem Teil Gelierzucker verarbeiten. Je geringer der Zuckeranteil sein soll, desto mehr Geliermittel enthält der Zucker. Das Ergebnis wird fruchtiger, aber weniger lange haltbar. Damit die Haltbarkeit verlängert wird, ist diesen Zuckersorten Sorbinsäure zugesetzt. Manche Gelierzucker enthalten Fette als Schaumverhüter, die verhindern, dass sich beim Kochen auf der Oberfläche unerwünschter Schaum bildet (siehe Seite 68). Spezieller Zucker zum Kaltanrühren, zum Beispiel von Marmeladen, enthält noch mehr chemische Zusatzstoffe, etwa Kaliumsorbat als Konservierungsmittel.

GELIERPULVER

Gelierpulver bestehen aus Trauben- und Fruchtzucker und enthalten Pektine als Geliermittel. Wenn Sie keinen fertigen Gelierzucker verwenden möchten, müssen Sie die Menge an Geliermittel mit dem natürlichen Pektingehalt der Früchte abstimmen. Hierzu verwenden Sie normalen Haushaltszucker zusammen mit der jeweils notwendigen Menge Gelierpulver. Wie bei allen Naturprodukten schwanken die Pektingehalte bei den verschiedenen Früchten extrem (siehe Tabelle Seite 230), zudem ist er abhängig von Sorte und Reifungsgrad. Achten Sie bei der Verwendung von Gelierpulver auf die Angaben auf der Packung. Ansonsten heißt es: Gelierproben nicht vergessen und Erfahrungswerte sammeln!

GERÄTE UND HILFSMITTEL

UNTERSTÜTZENDE ZUTATEN

AGAR-AGAR

Agar-Agar ist die pflanzliche Alternative zu Gelatine (die tierischen Ursprungs ist) und wird genauso verwendet. Cremes, Puddings und Saucen werden mit Agar-Agar ebenso fest. Für die Herstellung kalt gerührter Gelees ist das aus braunen oder roten Meeresalgen gewonnene Mittel gut geeignet. Agar-Agar finden Sie in gut sortierten Supermärkten, Reformhäusern, Bio- und Asialäden.

PEKTIN

Auch Pektin ist ein natürliches Geliermittel, das in den Zellen von Früchten in unterschiedlichen Mengen vorhanden ist, die höchsten Mengen werden kurz vor der Vollreife erreicht. Saure Früchtesorten wie Äpfel, Quitten, Johannisbeeren und Mirabellen enthalten vergleichsweise viel Pektin, süße weniger (Erdbeeren, Himbeeren, Kirschen). Pektinreiche Früchte gelieren daher ganz ohne den Zusatz von weiterem Pektin. Pektinarme Sorten werden gerne mit pektinreichen kombiniert, um den Geliervorgang ohne weitere Zutaten zu ermöglichen (siehe Seite 230). Pektin gibt es im gut sortierten Lebensmittelhandel in Pulverform, am besten zur Einmachzeit.

VON OBEN: APFELPEKTIN, AGAR-AGAR, GELIERZUCKER, RAFFINADEZUCKER

KÜCHENGERÄTE, TECHNISCHE HILFSMITTEL, BEHÄLTER

Für das Konservieren für den Hausgebrauch ist eine durchschnittlich ausgestattete Küche völlig ausreichend. Natürlich erleichtern spezielle Geräte die eine oder andere Konservierungsmethode. Deren Anschaffung lohnt sich in der Regel aber erst, wenn man regelmäßig in größeren Mengen Obst oder Gemüse einmacht. Es geht in jedem Fall auch ohne sie. Auf etwas kann man aber nicht verzichten, und das sind Gläser oder Flaschen für Eingelegtes und Eingekochtes.

GERÄTE

Ein Ofen gehört in jede Küche, ein Tiefkühlgerät ist nicht ganz so selbstverständlich. Hier die wichtigsten Geräte, die bei den verschiedenen Methoden des Konservierens benötigt werden oder hilfreich sein können:

OFEN

Wer keinen Einkochtopf besitzt, kann auf genauso bequeme Weise im Ofen in einer Fettpfanne einkochen (siehe Seite 33). Das Verfahren ist im Gasofen genauso möglich wie im Elektroherd. Auch Umluft ist geeignet und bietet sogar noch den Vorteil, dass in mehreren Etagen übereinander eingekocht werden kann. Da die Gradeinstellungen bei den Modellen voneinander abweichen können, sollten Sie das Temperaturverhalten Ihres Ofens gut kennen, um zum gewünschten Einkochergebnis zu kommen.

TIEFKÜHLTRUHE/-SCHRANK/-FACH

Wer Eingefrorenes länger lagern möchte, kommt um eine Tiefkühltruhe oder einen Tiefkühlschrank nicht herum, da das Tiefkühlfach des Kühlschranks nicht die notwendigen Minustemperaturen bietet (siehe Seite 17). Es lohnt sich, beim Kauf auf geringstmöglichen Energieverbrauch zu achten, erkennbar an der Kennzeichnung A++, die Geräte sind schließlich das ganze Jahr über in Betrieb. Wählen Sie ein Gerät, das für Ihre Verhältnisse nicht überdimensioniert ist und möglichst eine Warnanzeige besitzt, die einen Stromausfall anzeigt. Zum Lagern von kleineren Mengen kann das Tiefkühlfach des Kühlschrankes verwendet werden. Es muss mindestens 3 Sterne haben, aber selbst dann eignet es sich nicht zum längeren Aufbewahren, sondern lediglich zum Einfrieren und baldigen Verbrauch.

EINMACHTOPF

Heute besitzt ein moderner Haushalt kaum noch einen Einmachtopf. Die großen Töpfe nehmen in den oft beengten Küchen viel Platz weg, zudem werden sie zu selten benötigt, als dass sich eine Anschaffung lohnt. Der Topf hat aber mehrere Vorteile, die seine Nutzer zu schätzen wissen: Durch das im Topfdeckel befestigte Thermometer kann die Einkochtemperatur genau überwacht werden, und es gibt keine bösen Überraschungen beim Einkochergebnis. Elektrisch beheizbare Einkochtöpfe arbeiten sogar mit Thermostaten, bei denen die gewünschte Temperatur einstellbar ist. Die großen Töpfe gibt es mit unterschiedlichem Fassungsvermögen und in verschiedenen Materialien. Das Einkochgut wird auf eine Drahteinlage gestellt oder in Glasständern befestigt, die die Gläser gleichzeitig verschließen.

DAMPFENTSAFTER

Mit einem Dampfentsafter kommt man wesentlich schneller zu frischem Saft als mit der reinen Abtropfmethode mit Safttuch. Aber hier sind wieder der große Platzbedarf des Geräts und seine Kosten gegen die Vorteile abzuwägen. Die sind allerdings nicht zu verachten: Der Saft wird klar, die Früchte müssen weder entsteint noch entstielt werden, die Ausbeute ist groß und der Vitaminverlust gering. Bis zu fünf Kilo Früchte können gleichzeitig entsaftet werden. Das Prinzip ist einfach: In einen großen, beheizbaren Topf ist ein Einsatz mit einer Art Kamin eingepasst. In diesen Einsatz wird ein Sieb gehängt, in das die Früchte gegeben werden. Sobald der untere Teil mit Wasser gefüllt und erhitzt wird, steigt der Wasserdampf durch den Kamin auf und bringt die Früchte zum Platzen. Der dadurch entstehende Saft sammelt sich im Einsatz und kann durch eine Zapfvorrichtung sofort in Flaschen abgefüllt werden.

DÖRRAPPARAT

Bei geringer Heizleistung kann die Temperatur im Ofen zum Dörren noch zu hoch sein (siehe Seite 236). Für alle, die diese Konservierungsmethode häufiger anwenden möchten, empfiehlt sich die Anschaffung eines Dörrapparates. Das Gerät funktioniert im Wesentlichen wie ein Fön: Warme Luft wird gleichmäßig verteilt und über das zu trocknende Gut geblasen. Das Dörrgut befindet sich auf Sieben, damit es von der Luft an allen Stellen erreicht wird. Bis zu zehn Dörrsiebe kann man – je nach Modell – übereinanderstapeln. Allerdings muss man die oberen Siebe hin und wieder mit den unteren austauschen, weil die Wärmeversorgung an der Spitze deutlich nachlässt.

ZUBEHÖR

Die wichtigsten Küchenutensilien, die für viele Konservierungsprozeduren benötigt werden, sind hier aufgeführt. Natürlich spielen ein Messbecher und eine Küchenwaage ebenso eine Rolle wie gute Messer, Schneidbretter, Schüsseln etc., auch wenn sie hier nicht im Einzelnen erwähnt werden.

GROSSER TOPF

Wenn man sich keinen Einmachtopf zulegen möchte, verrichtet ein ganz normaler Topf gute Dienste. Er sollte groß genug sein, um mehrere Einmachgläser ohne Platznot aufzunehmen. Die Einkochtemperatur kann mit einem normalen Küchenthermometer regelmäßig kontrolliert werden. Wichtig ist, die Gläser nicht direkt auf den Topfboden zu stellen, sondern am besten eine Drahteinlage, zum Beispiel einen Drahtuntersetzer, unterzulegen, damit die Gläser von unten mit dem heißen Wasser umspült werden.

SCHNELLKOCHTOPF

Ein Schnellkochtopf kann ebenfalls zum Sterilisieren oder zum Entsaften kleiner Mengen verwendet werden. Hier darauf achten, dass die Gläser nicht direkt auf dem Topfboden stehen, sondern durch eine Drahteinlage (Drahtuntersetzer), locker von unten mit Wasser umspült werden. Nachteil von Schnellkochtöpfen ist zum einen das geringe Fassungsvermögen, zum anderen die erschwerte Einschätzung der Einkochtemperatur. Für kleine Mengen, die anschließend schnell verbraucht werden, weil das Ergebnis durch die schlecht einzuschätzenden Temperaturen eventuell nicht so lange haltbar ist, ist der Schnellkochtopf aber eine akzeptable Möglichkeit. Zum Entsaften wird einfach der dazugehörige Siebkorb eingehängt. Geben Sie in diesem Fall so wenig Wasser wie möglich dazu, um den Saft nicht zu verwässern.

KUPFER- ODER MESSINGKESSEL

Ein guter Kupfer- oder Messingkessel ist schon fast eine Wertanlage, aber wenn Sie sich für Konfitüren mit unverfälschtem Fruchtgeschmack ins Zeug legen möchten, sollte Sie über eine Anschaffung dennoch nachdenken (siehe Seite 68). Da das hoch leitfähige Material die Wärme gleichmäßiger und zehnmal besser verteilt als Edelstahl, brennen die Früchte und der Zucker nicht so leicht an, man kann sogar mit weniger Zucker auskommen, weil die Hitze dadurch einen besseren konservierenden Effekt ausübt. Die Farbe und das Aroma der Früchte bleiben im reinen Kupfer- oder Messingtopf am besten erhalten. Putzen Sie den Kessel nach dem Gebrauch immer gut, damit er nicht oxidiert.

RUMTOPF

Ein Rumtopf kann aus Steingut, Keramik oder Glas sein. Da der Inhalt für die optimale Reifung Dunkelheit braucht, ist lichtundurchlässiges Material grundsätzlich besser geeignet. Ein Glas geht natürlich auch, wenn es an einem dunklen Platz zu stehen kommt. Grundsätzlich sollte der Topf nicht völlig luftdicht abgeschlossen sein, wenn der Deckel aufgesetzt wird, da die Sauerstoffzufuhr benötigt wird. Bei Steingut und Keramik ist das gegeben, ein Glasgefäß sollte man mit luftdurchlässiger Einmachhaut schließen (siehe Seite 35).

GÄRTOPF

Vor allem für größere Gemüsemengen, die durch Milchsäuregärung konserviert werden sollen, ist der Gärtopf geeignet. Er besteht aus glasiertem Steingut und ist in Größen ab 7,5 Liter erhältlich. Charakteristisch ist die breite Wasserrinne am oberen Rand, auf die der Deckel aufgelegt wird. Durch das Wasser schließt der Deckel absolut luftdicht ab, denn Luft muss bei der Milchsäuregärung draußen bleiben. Verdunstetes Wasser sollte regelmäßig nachgefüllt werden. Zu einem Gärtopf gehört außerdem ein Beschwerungsstein, der auf dem Gärgut aufliegt, damit Druck erzeugt wird. Er sorgt zusammen mit dem Salz dafür, dass die Flüssigkeit aus den Zellen austritt. Gleichzeitig garantiert er, dass das Gemüse immer mit Flüssigkeit bedeckt ist.

SIEB

Siebe sind in jedem Haushalt vorhanden und finden beim Einkochen häufig ihren Einsatz. Um aus stückigem Einmachgut eine dickflüssige, homogene Masse zu erhalten, streichen Sie es durch ein Sieb. Beim Entsaften für Gelees und Säfte können Sie das Einmachgut mit einem in das Sieb gelegten Safttuch abtropfen lassen.

FLOTTE LOTTE

Die Flotte Lotte war zwar aus der Mode gekommen, wird aber inzwischen wieder vermehrt angeboten. Sie besteht im Wesentlichen aus einem geradwandigen, stabilen Metallsieb, in dem eine Drehscheibe mit einer Kurbel befestigt ist. Durch Kurbeln werden die Lebensmittel mit viel Druck durch das Sieb gestrichen. Die Flotte Lotte bringt eine deutliche Arbeitserleichterung beim Herstellen von dickflüssigen und pastösen Massen mit sich. Statt die Masse langwierig durch ein Sieb zu streichen, dreht man sie durch die Flotte Lotte.

MÖRSER

Ein Porzellanmörser verrichtet beim Zerkleinern von Gewürzen gute Dienste. Denn Gewürze, die frisch zerstoßen werden, enthalten noch die wertvollen ätherischen Öle, die bei gekauften, bereits gemahlenen Gewürzen meist schon verloren gegangen sind. Beim Herstellen von Pesto und anderen Zubereitungen mit Kräutern ist der Mörser auf jeden Fall dem Mixer vorzuziehen. Natürlich kann man Kräuter im Mixer sehr arbeitssparend zerkleinern, allerdings werden sie dabei faserig, was der Konsistenz eines Pestos nicht zuträglich ist.

SCHAUMKELLE

Eine Schaumkelle oder ein Sieblöffel werden beim Einkochen häufig benötigt, sei es zum Abschöpfen von Schaum, der sich bei der Konfitürenzubereitung bildet, oder zum Herausfischen von festen Teilen.

SCHÖPFKELLE

Zum Abfüllen des Einmachgutes in Gläser, besonders von stückigen und dickflüssigeren Zubereitungen, ist eine Schöpfkelle notwendig, denn beim direkten Gießen aus dem Topf kann einiges danebengehen.

TRICHTER

Trichter bieten sich zum Ab- und Umfüllen homogener Flüssigkeiten oder leicht dickflüssiger Substanzen an und ermöglichen so ein sauberes Arbeiten.

KUNSTSTOFFKOCHLÖFFEL

Ein Kochlöffel aus Kunststoff ist besser geeignet als einer aus Holz, denn er nimmt die Farbe und den Geschmack des Einmachgutes nicht so leicht an.

KÜCHENTÜCHER

Saubere, am besten gebügelte und daher keimarme Küchentücher sollten in jeder Küche selbstverständlich sein. Als Unterlage für frisch gefüllte und noch heiße Gläser und Flaschen, zum Säubern von Danebengegangenem und als Unterlage zum Trocknen frisch gespülter Gläser sowie zum Einmachen sind sie unverzichtbar.

SAFTTUCH

Ein Safttuch ist ein grobmaschiges Baumwolltuch, durch das der Saft von vorbereitetem Obst und Gemüse gut abfließen kann. Alternativ eignet sich eine Baumwollwindel. Auch ein normales Geschirrtuch kann verwendet werden, das allerdings meist feinmaschiger ist und den Saft weniger gut durchfließen lässt.

BEHÄLTER UND VERSCHLÜSSE

Selbst bei den Aufbewahrungsbehältern sind Neuanschaffungen nicht unbedingt nötig. Gebrauchte Twist-off-Gläser finden sich in jedem Haushalt. Sie sind gut geeignet zum Heißeinfüllen oder zum Einkochen. Voraussetzungen: Gläser und Deckel sind unbeschädigt, schließen noch einwandfrei und werden gut gesäubert und sterilisiert verwendet. Einmachgläser sind in unzähligen Größen und Formen erhältlich. Es gibt dabei drei Verschlusstypen:

SCHRAUBDECKELGLÄSER UND -FLASCHEN

Man unterscheidet zwischen einteiligen und zweiteiligen Schraubdeckeln. Die zweiteiligen haben ein Plastikinlay, das sich zum Säubern herausnehmen lässt. Praktisch sind Gläser mit sogenannten Buttondeckeln. Sie haben kreisförmige Erhöhungen in der Deckelmitte, die sich beim Abkühlen des heiß eingefüllten Glasinhalts nach innen ziehen und anzeigen, dass das Vakuum intakt ist. Beim erstmaligen Öffnen des Glases springt der Button mit einem „Plopp" nach oben. Tut er dies nicht, ist das ein Hinweis darauf, dass der Deckel nicht richtig geschlossen war und das Einmachgut eventuell verdorben ist. Es darf nicht mehr verwendet werden.

GLÄSER MIT GUMMIRING UND KLAMMER

Für die Verschlussmethode mit Gummiring ist ein Glas mit einem überstehenden Rand nötig. Auf den Rand legt man den in der Größe genau passenden Gummiring auf, darauf den dazugehörigen Glasdeckel. Mit einer Klammer wird der Deckel auf dem Glas fixiert. Durch das Erhitzen entsteht ein Unterdruck, der den Deckel unverrückbar auf den Gummiring beziehungsweise den Deckelrand zieht. Wenn das Vakuum entstanden ist, zeigt die Lasche des Gummirings nach unten. Zum Öffnen zieht man kräftig an der Gummilasche, wobei das Einströmen der Luft deutlich hörbar wird, und der Deckel kann anschließend ohne Kraftaufwand abgenommen werden.

GLÄSER UND FLASCHEN MIT BÜGEL- UND SCHNAPPVERSCHLUSS

Bügel- oder Schnappverschlüsse benötigen für den luftdichten Abschluss Gummiringe, die um den Deckel gelegt werden. Das Verschlussprinzip ist dann das gleiche wie bei Gläsern mit Gummiring und Klammer.

DOSEN

Dosen zum Einfrieren müssen sich für die Aufbewahrung bei Minustemperaturen eignen und einen flexiblen Deckel besitzen, mit dem man möglichst viel Luft aus den Dosen entlassen kann.

GEFRIERBEUTEL

Beutel für Gefriergut bestehen aus einem Material, das die tiefen Temperaturen bis zu –28 °C unbeschadet übersteht. Zum Einfrieren sollte man ausschließlich solche Beutel verwenden. Die gefüllten Beutel sollten so verschlossen werden, dass sie möglichst wenig Luft enthalten. Dafür streicht man vor dem Schließen die Luft mit der Hand heraus. Man kann sie auch mit einem handelsüblichen Vakuumiergerät für den Haushalt leerpumpen.

EINMACHHAUT

Einmachhaut besteht aus Cellophan, einem luftdurchlässigen Material. Die angefeuchtete Haut wird mit der nassen Fläche nach oben einfach nur über die Gläser gelegt und zieht sich beim Abkühlvorgang fest auf das Glas. Wegen der Luftdurchlässigkeit halten sich mit Einmachhaut konservierte Lebensmittel weniger lange als luftdicht abgeschlossen. Konfitüren trocknen mit der Zeit ein.

GEWÜRZBIRNEN, SEITE 43

DAS STERILISIEREN

Nicht die älteste Methode im Repertoire der Konservierungstechniken, aber heute eine der beliebtesten. Und das aus gutem Grund: Dieses Verfahren bietet sich für sämtliche Obst- und Gemüsesorten und alle Zubereitungen von süß bis herzhaft an. Und kein Problem, wenn sich im Keller ein Glas nach langer Zeit wiederfindet: Die Haltbarkeit ist unübertroffen.

Die klassische Methode schlechthin, um Obst und Gemüse über den Winter bis ins nächste Jahr hinein haltbar zu machen, ist das Sterilisieren, auch Einmachen oder Einkochen genannt. Das Prinzip ist simpel: Das Einmachgut wird vorgegart oder roh in Gläser gefüllt. Anschließend werden die gut verschlossenen Gläser so stark und lange erhitzt, dass die schädlichen Keime abgetötet werden und beim Abkühlen im Glas ein starkes Vakuum entsteht. Der Deckel sitzt danach so fest auf der Öffnung, dass Gärungskeime, Bakterien und Sporen von Schimmelpilzen keine Chance haben, einzudringen, um sich über den Inhalt herzumachen. Im Volksmund bezeichnet man dieses Verfahren als „Einwecken", weil es nach der überaus erfolgreichen Verbreitung der Einmachgläser durch die Firma Weck kaum einen Haushalt gab, der nicht ein paar gut gefüllte Weckgläser im Keller stehen hatte. Im Prinzip können Sie nach derselben Technik alles in Dosen einmachen, auch darin hält sich das Einmachgut über mehrere Jahre. Aber warum sollten Sie sich ein (teures) Dosenfüllgerät zulegen, wenn bis zur nächsten Erntesaison ohnehin alle eingemachten Vorräte verbraucht sein sollten?

VON DER GLÄSERAUSWAHL BIS ZUM RICHTIGEN VERSCHLIESSEN

GUT VORBEREITEN

Es gibt drei Gläsertypen zum Sterilisieren: klassisch mit Glasdeckel, Gummiring und Klammer, mit Bügel- beziehungsweise Schnappverschluss oder mit Schraubdeckel (z. B. Twist-off, siehe Seite 26). Am besten prüfen Sie vorab, ob nichts beschädigt ist, selbst kleine Macken – Absplitterungen oder Risse in Glas und Gummi – können das Ergebnis gehörig verpatzen, und die liebe Mühe war umsonst. Alle Teile, Geräte ebenso wie Utensilien, müssen vorab Stück für Stück sorgfältig gespült werden (siehe Tipps zum Sterilisieren, Seite 34). Stellen Sie die Gläser nach dem Spülen in noch heißem Zustand und behutsam auf ein feuchtes Tuch, damit nicht jetzt noch Kanten angeschlagen werden.

MASSVOLL EINFÜLLEN

Während des Erhitzens kocht der Inhalt der Gläser auf. Dabei können kleine Mengen des Einkochguts zwischen den Glasrand und den anfangs noch nicht ganz festsitzenden Deckel geraten, sodass er nachher nicht fest aufliegt und das Vakuum nicht oder nicht dauerhaft gesichert ist. Füllen Sie daher vorgegarten stückigen oder festen Inhalt nur bis 2 Zentimeter unterhalb des Randes und pürierte sowie musige Qualitäten nur bis 4 Zentimeter unterhalb der Oberkante ein. Aber nicht alles auf einmal hineingeben: Fangen Sie mit einer kleinen Menge an, damit sich das Glas langsam an die Hitze gewöhnen kann, und füllen Sie nach und nach auf. Anschließend sofort verschließen.

SICHER VERSCHLIESSEN

Der wesentliche Unterschied zwischen den Gläsern besteht in der Art und Weise, wie man sie verschließt (siehe Seite 26). Bei losen Glasdeckeln hat man es mit mehreren Einzelteilen zu tun: Auf den Glasrand kommt erst ein Gummiring und dann darauf der Glasdeckel. Er wird mit dem Spannbügel fixiert. Bei Drahtbügelgläsern zieht man den Gummiring auf den Glasdeckel und schließt diesen mit dem Drahtbügel wie den Schnappverschluss einer Bierflasche. Schraubdeckel dreht man unmittelbar nach dem Einfüllen fest auf das Glas. Wer Einmachhaut verwenden möchte, feuchtet sie an und zieht sie mit der nassen Seite nach oben straff über die Öffnung. Einen stramm sitzenden Gummi oder eine eng anliegende Kordel unter dem Glasrand anbringen, fertig. Es passiert immer wieder einmal, dass beim Einfüllen etwas auf den Glasrand tropft, er sollte dann vor dem Verschließen sorgfältig abgewischt werden.

KONSERVIEREN IM EINKOCHTOPF UND IM NORMALEN TOPF

LUFT LASSEN

Am einfachsten geht das Sterilisieren in voluminösen Töpfen mit Drahteinsatz, die Sie im Handel als Einmachtopf bekommen (siehe Seite 22). Diese Töpfe fassen vergleichsweise viele Gläser auf einmal und haben oft ein eigenes Thermometer. Die gefüllten und verschlossenen Gläser stellt man einzeln oder in Gläserständern hinein. Die Gläser dürfen ruhig unterschiedlich hoch sein und Sie können sie ohne Probleme übereinanderstapeln, aber Sie sollten darauf achten, dass sie locker-beweglich nebeneinander stehen. Probieren Sie, zu viele Gläser in den Topf zu pressen, stehen sie unter Spannung und können beim Erhitzen zerbrechen. Gläser mit Einmachhaut können natürlich nicht gestapelt werden. Mit einem normalen Topf geht man im Prinzip auf dieselbe Weise vor.

WASSERPEGEL UND -TEMPERATUR ERMITTELN

Nun wird Wasser eingefüllt. Besonders wichtig: Das Wasser muss etwa dieselbe Temperatur haben wie der Inhalt der Gläser, weil sich sonst die Garzeit nicht exakt bestimmen lässt. Das heißt, dass alle Gläser in einem Topf die gleiche Füllung haben sollten – kombinieren Sie also keine heiße Erdbeermarmelade mit rohem Gemüse im selben Topf. Die Höhe des Wasserspiegels spielt ebenfalls eine wichtige Rolle, denn sie hat sich nach dem obersten oder dem höchsten Glas zu richten. Dieses sollte zu drei Viertel im Wasser stehen. Wenn die unteren oder niedrigen Gläser feste Deckel haben, stört es nicht, wenn diese dann vollständig mit Wasser bedeckt werden.

TEMPERATUR KONSTANT HALTEN

Topfdeckel auflegen und dann das Thermometer und die Uhr im Auge behalten! Es ist wichtig, dass Sie die Wassertemperatur konstant auf dem im Rezept angegebenen Wert halten. Die Einkochzeit beginnt aber erst dann zu laufen, wenn das Thermometer die angepeilte Marke erreicht hat. Wer einen normalen Topf verwendet, sollte zwischendurch die Temperatur mit einem normalen Küchenthermometer überprüfen. Durch die hohen Temperaturen werden alle Bakterien abgetötet, man nennt diesen Vorgang Sterilisieren. Perfekt sterilisierte Konserven können sich ohne Qualitätsverlust mehrere Jahre halten.

GEDULDIG ABKÜHLEN LASSEN

Nun kommt der heikelste Teil der Prozedur. Sobald die Einkochphase vorbei ist, heben Sie die Gläser sofort und sehr behutsam heraus. Reihen Sie sie vorsichtig an einem nicht zu kalten und nicht zugigen Plätzchen auf einem Küchentuch auf. Sie sollten die Gläser aber nicht von oben abdecken, weil sie sonst zu langsam abkühlen und nachgaren; dabei kann das Obst und Gemüse zu weich werden. Deshalb ist es so wichtig, dass Sie die Gläser gleich am Ende der Einkochzeit aus dem Topf holen. Gläser mit Schraubverschluss stellt man heiß auf den Kopf, damit sich der Deckel noch besser auf das Glas zieht. Am besten kümmern Sie sich jetzt gar nicht weiter um Ihre Schätze, denn das Auskühlen dauert mehrere Stunden. Und noch drei Regeln, die ein Ungemach zu diesem Zeitpunkt verhindern können: Die heißen Behältnisse niemals schütteln und nicht auf einen kalten Steinboden stellen! Schon gar nicht sollte man die Gläser mit kaltem Wasser abschrecken, damit sie schneller abkühlen – diese Scherben bringen kein Glück.

VAKUUM PRÜFEN UND LAGERN

Erst wenn die Gläser vollständig abgekühlt sind, lässt sich feststellen, ob das Vakuumieren geklappt hat. Für Einmachgläser mit Gummiring und Klammerverschluss gilt: Klammern abnehmen und testen, ob der Deckel unverrückbar fest sitzt – wenn nicht, ist etwas schiefgegangen. Die Lasche des

WECK

Gummirings verdient ebenfalls Aufmerksamkeit, denn nur solange sie eindeutig nach unten zeigt, ist das Vakuum intakt. In den Wochen und Monaten nach dem Sterilisieren empfiehlt sich gelegentlich eine Kontrolle, denn sollten sich Bakterien vermehren, gibt das Vakuum nach, und die Lasche biegt sich nach oben. Schraubdeckelgläser testet man folgendermaßen: Wenn man mit dem Daumen in die Mitte des Deckels drückt, sollte er nicht nachgeben. Die Deckel von Twist-off-Gläsern sollten leicht ins Glasinnere gebogen sein. Leider: Beim Bügelverschluss ist eine zuverlässige Probe nicht möglich, da muss man schon auf Glück und Erfahrung vertrauen. Idealerweise stellt man die Gläser zum Lagern in den Keller. Zimmertemperatur schadet ihnen nicht, wohl aber Frost und direkte Sonneneinstrahlung. Sonneneinstrahlung bleicht das Einmachgut aus und vernichtet Vitamine, bei Frost besteht die Gefahr, dass die Gläser platzen.

Falls das Vakuumieren erkennbar fehlgeschlagen ist oder Sie Zweifel am Einkocherfolg haben, hilft nur eins: den Inhalt möglichst bald verbrauchen, so hat man wenigstens noch etwas davon. Entdecken Sie die Panne erst nach einigen Tagen oder noch später, besser das Einmachgut sofort wegwerfen, bevor Sie aus falscher Sparsamkeit Verdorbenes essen.

IM BACKOFEN

SICHTKONTAKT HALTEN

Im Backofen eines Elektro- oder Gasofens und bei Umluft kann man ebenfalls einkochen. Bei Umluft kann man die Gläser sogar in zwei Etagen anordnen. Nachteil von Herden: Die Gradeinstellungen der Geräte können von den tatsächlich erzielten Temperaturen abweichen, sodass das Einkochen nach Rezeptangabe möglicherweise nicht ganz zum gewünschten Ergebnis führt. Wer ein Ofenthermometer besitzt, sollte vorher einen Testlauf machen, um zu wissen, wie er seinen Herd präzise reguliert. Auch die Bedienungsanleitungen der Geräte haben meist ein Kapitel zum Thema Einkochen.

Und so gehen Sie vor: Die Gläser müssen alle dieselbe Größe haben. Stellen Sie sie nach dem Füllen und Verschließen berührungsfrei auf eine Fettpfanne und gießen etwa ein bis zwei Zentimeter hoch heißes Wasser an. Dann schließen Sie die Ofenklappe und schalten das Gerät ein. Die reguläre Einkochdauer beginnt erst dann, wenn in den Gläsern kleine Bläschen aufsteigen – darum immer wieder durch das Sichtfenster einen Blick in den Ofen werfen. Schmale Gläser brauchen übrigens nicht so lange wie weite, das sollten Sie berücksichtigen. Gummiringe leiden im Allgemeinen unter der trockenen, heißen Luft bei diesem Verfahren, doch Sie können sie schützen, indem Sie mehrere Lagen feuchtes Zeitungspapier auf die Gläser legen. Sobald die Einkochzeit abgelaufen ist, die Gläser noch heiß herausnehmen, damit der Inhalt nicht nachgart. Für das Abkühlen, Prüfen und Aufbewahren gelten dieselben Regeln wie beim Einkochen im Topf (siehe Seite 31).

IN DER MIKROWELLE

DAS PERLEN ABWARTEN

Die Mikrowelle lässt sich nur bedingt zum Einkochen nutzen. Sie eignet sich für festes Obst in kleineren Gläsern. Ein Glas pro Durchgang ist ideal, mehr als drei auf einmal sollten Sie lieber nicht probieren. Für Gemüse bietet sich die Mikrowelle weniger an, ebenso wenig für Beeren, die die Temperatur von etwa 100 °C nicht vertragen. Die reguläre Einkochzeit beginnt, wenn der Inhalt der Gläser anfängt zu perlen. Bügel und Deckel der Gläser dürfen nicht aus einem Metall bestehen, das in der Mikrowelle Funken sprühen würde. Es gibt Federklammern aus Metall in einer speziellen Legierung, die in Mikrowellengeräten neuerer Bauart keine Funken sprühen und somit verwendet werden können. Für das Abkühlen, Prüfen und Aufbewahren gelten dieselben Regeln wie beim Einkochen im Topf (siehe Seite 31).

Für das Haltbarmachen mit der Mikrowelle ist folgende Faustregel ein guter Ratgeber: Nur je ein Glas hineinstellen und bei 720 Watt erwärmen, bis das Perlen einsetzt; das dauert etwa 4 Minuten. Dann auf 180 Watt schalten und weitere etwa 4 Minuten garen. Kleine, breite Gläser eignen sich hierfür am besten.

IM SCHNELLKOCHTOPF

VENTIL KONTROLLIEREN

Der Schnellkochtopf bietet einen Vorteil: Der Sterilisierungsvorgang braucht weniger Zeit. Aber auch Nachteile: Mit Beeren und weichen Obstsorten kommt er nicht so gut zurecht, weil die empfindlichen Früchtchen genaue Temperatureinstellungen benötigen, und die Temperatur – es gibt bekanntlich nur zwei Stufen – lässt sich nicht auf jedes Einkochgut präzise einstellen. Außerdem kann der Inhalt der Gläser bis zum Öffnen des Topfs nachgaren. Bevor Sie die Gläser hineinstellen (bis zu drei kleinere Gläser auf einmal), vergessen Sie nicht, ein Drahtgitter (gibt's in der Küchenabteilung von Kaufhäusern oder in Geschäften für Küchenbedarf) auf den Boden zu legen. Der Topf wird bis zur halben Höhe der Gläser mit Wasser gefüllt. Dann auf das Ventil achten: Der reguläre Kochvorgang startet, sobald die erste Rille sichtbar wird. Nach dem Ende des Einkochens dürfen Sie auf keinen Fall das Ventil öffnen, um den Druck abzulassen, sondern müssen warten, bis er sich von allein abgebaut hat! Der plötzliche Druckabfall würde die Gläser augenblicklich zum Platzen bringen.

Man kann sich an dieser Faustregel orientieren: Am besten nur zwei Gläser hineinsetzen und 250 ml Wasser angießen. Wenn die erste Rille des Ventils sichtbar wird, 12 bis 15 Minuten garen. Bei der Verwendung sehr großer oder kleiner Töpfe unbedingt die Angaben des Herstellers beachten!

Tipps zum Sterilisieren

/ Grundsätzlich nur einwandfreies Obst und Gemüse bester Qualität verwenden. Mit überreifen oder faulen Früchten erhöhen Sie die Risiken, dass trotz des Sterilisierens Gärungsprozesse einsetzen und die Konserven verderben.

/ Rohes Gemüse einkochen: Nach dem Waschen putzen und gegebenenfalls zerkleinern. Bis zum Rand in die Gläser füllen und kaltes Wasser bis 2 Zentimeter unterhalb der Oberkante angießen.

/ Vorgekochtes Gemüse einkochen: Nach Rezeptangabe vorgaren und bis 2 Zentimeter unter den Glasrand einfüllen, bei püriertem Gemüse 4 Zentimeter, und dann heißes oder kaltes Wasser angießen.

/ Obst nie mit Streuzucker konservieren, sondern immer mit Zuckerlösung begießen (siehe Seite 100). Obst lässt sich auch ohne Zucker einkochen, nimmt ihn später aber nicht mehr gut auf.

/ Für einen Liter Glasinhalt braucht man durchschnittlich 330 bis 500 ml Flüssigkeit.

/ Einkochtemperaturen und -zeiten für Obst- und Gemüsesorten siehe Tabelle Seite 235.

/ Nach dem Einfüllen und vor dem Verschließen kurz und kräftig mit der Handfläche gegen das Glas stoßen, damit sich der Inhalt besser verdichtet.

/ Nur unbeschädigte Gläser verwenden: Bei abgesprungenen Kanten könnten Splitter ins Einmachgut geraten. Außerdem ist die Dichtigkeit nicht mehr gewährleistet, sodass erst gar kein Vakuum entsteht oder es sich innerhalb kürzester Zeit verflüchtigt.

/ Lieber für jedes Einkochen neue Gummiringe kaufen, als verdorbene Gläser riskieren! Ansonsten gilt: Neue und wiederverwendete Gummiringe vor dem Gebrauch in Essigwasser kurz aufkochen, abspülen und in Wasser legen. Brüchig gewordene oder eingerissene alte Gummiringe unbedingt durch neue ersetzen.

/ Gummiringe vor dem Verschließen nass auf den Glasrand legen.

/ Gläser, Deckel und Ringe vorab reinigen: Alle Teile entweder in der Spülmaschine bei einem Programm mit höchster Temperaturstufe keimarm machen oder mit möglichst heißem Wasser und Spülmittel reinigen.

/ Wer auf Nummer sicher gehen will, sterilisiert sie: Gläser für 10 Minuten in einen Topf mit sprudelndem Wasser setzen; sie müssen vom Wasser völlig bedeckt sein. Anschließend im Backofen bei 80 °C trocknen.

/ Alternativ die geöffneten Gläser bei 100 °C für einige Minuten in den Backofen stellen.

/ Mit Gummi beschichtete Deckel und Schraubdeckel immer nur einmal verwenden.

/ Zur Sicherheit das Thermometer testen: Halten Sie es in sprudelnd kochendes Wasser. Zeigt es nicht 100 °C an, kaufen Sie ein neues!

/ Nicht vergessen: Kleben Sie auf alle Gläser ein Etikett mit Angaben zum Inhalt und Herstellungsdatum. Weitere Angaben, zum Beispiel ob es sich um Bio- oder konventionelles Gemüse handelt, können später beim Probieren hilfreich sein.

/ Bei sachgemäßer Sterilisation und Lagerung ist sogar eine mehrjährige Haltbarkeit möglich, beachten Sie beim Öffnen die typischen Zeichen des Verderbprozesses (siehe Seite 16).

VERSCHLIESSEN MIT EINMACHHAUT

EINFACH AUFLEGEN

Als es noch keine Einmachgläser und Schraubverschlüsse gab, wurden die Gläser und Krüge mit Einmachhaut verschlossen. Sie besteht aus luftdurchlässigem Cellophan und hält daher den Inhalt nicht ganz so lange frisch, als wenn er mit einem Deckel verschlossen würde. Trotzdem ist Einmachhaut nach wie vor beliebt, weil sie einfach anzuwenden ist und eine nostalgische Anmutung hat. Besonders dekorativ sieht es aus, wenn Sie die Haut zusätzlich mit einem bunten Tuch überziehen, in dieser Aufmachung ist Selbsteingemachtes ein reizvolles Geschenk.

Wenn die Gläser gefüllt sind, befeuchten Sie die Einmachhaut mit einem sehr sauberen Schwamm, legen sie mit der feuchten Seite nach oben über die Öffnung, ziehen sie glatt und drücken sie an. Damit sie nicht verrutscht, wird sie im Halsbereich mit einer Schnur umwickelt. Beim Abkühlen zieht sich die Luft zusammen und saugt die Haut etwas nach innen.

RHABARBER-ERDBEER-KOMPOTT, SEITE 38

Rezepte zum

STERILISIEREN VON OBST

Traditionelle und neue, raffinierte Rezepte für ganze Früchte, Kompotte, Muse und lecker gewürzte Kompositionen, die sich viele Monate oder sogar Jahre halten. Gerade für große Erntemengen die geeignete Konservierungsmethode.

Das Entsteinen macht zwar etwas Arbeit, aber dafür darf man sich später auf einen ungetrübten Genuss freuen!

SAUERKIRSCHEN IM EIGENEN SAFT

4 kg feste, reife Sauerkirschen
600 g Zucker nach Geschmack

Für 8 bis 10 Gläser à 500 ml
Haltbarkeit (ungeöffnet): bis zu 1 Jahr

1. Sauerkirschen waschen, gut abtropfen lassen, Stiele entfernen und die Früchte entsteinen.
2. Kirschen mit dem Zucker in einem Topf erwärmen, bis er sich vollständig gelöst hat.
3. Sauerkirschen zusammen mit dem entstandenen Saft in die Gläser füllen, dabei 1 bis 2 Zentimeter Abstand zum Rand halten. Gläser fest verschließen.
4. Einkochen im Einkochtopf: Gläser in den Topf stellen. Wasser zu drei Viertel der Glashöhe einfüllen. Topf schließen, Wasser erhitzen. Bei 85 °C 20 bis 30 Minuten einkochen. Im Backofen: Gläser in die Fettpfanne stellen, Wasser 1 bis 2 Zentimeter hoch einfüllen. Bei 175 °C so lange einkochen, bis es in den Gläsern zu perlen beginnt. Weitere 20 Minuten im abgeschalteten Ofen stehen lassen. Im Schnellkochtopf: Je 1 Glas in den Schnellkochtopf stellen, 250 ml Wasser hineingeben und Topf schließen. Wenn die erste Rille des Ventilstiftes sichtbar wird, ungefähr 12 bis 15 Minuten garen. In der Mikrowelle: Je 1 Glas bei 720 Watt erwärmen, bis es darin zu perlen beginnt (etwa 4 Minuten). Auf 180 Watt schalten, 4 Minuten weitergaren lassen.

Wenn der letzte Rhabarber auf die ersten Erdbeeren trifft, verpassen Sie es nicht, das perfekte Duo zu konservieren!

RHABARBER-ERDBEER-KOMPOTT

2 kg Rhabarber
500 g Erdbeeren
2 Vanilleschoten
1 unbehandelte Zitrone
300 g Zucker

Für 6 Gläser à 500 ml
Haltbarkeit (ungeöffnet): bis zu 1 Jahr

1. Rhabarber von den Blattansätzen befreien. Stangen waschen und abziehen. In ungefähr 1 Zentimeter dicke Scheiben schneiden. Erdbeeren waschen, Stielansätze entfernen, Früchte verlesen und pürieren.
2. Vanilleschoten der Länge nach aufschlitzen, Mark herausschaben. Die Schoten dritteln. Zitronenschale abreiben, Saft auspressen.
3. Rhabarber, Erdbeerpüree, Vanilleschoten und -mark, abgeriebene Zitronenschale und -saft mit dem Zucker mischen, in die Gläser füllen, dabei etwa 4 Zentimeter Abstand zum Rand halten, und fest verschließen.
4. Einkochen im Einkochtopf: Gläser in den Topf stellen. Wasser zu drei Viertel der Glashöhe einfüllen. Topf schließen, Wasser erhitzen. Bei 80 °C ungefähr 15 bis 20 Minuten einkochen. Im Backofen: Gläser in die Fettpfanne stellen, Wasser 1 bis 2 Zentimeter hoch einfüllen. Bei 175 °C so lange einkochen, bis es in den Gläsern zu perlen beginnt. Weitere 30 Minuten im abgeschalteten Ofen stehen lassen. Im Schnellkochtopf: Je 2 Gläser in den Schnellkochtopf stellen, 250 ml Wasser hineingeben und Topf schließen. Wenn die erste Rille des Ventilstiftes sichtbar wird, etwa 5 bis 6 Minuten darin garen. In der Mikrowelle: Je 1 bis 2 Gläser bei 720 Watt erwärmen, bis es darin zu perlen beginnt (etwa 4 Minuten). Auf 180 Watt schalten, 4 Minuten weitergaren lassen.

Variation: Ein fein gewürfeltes Stück Ingwer für mehr Pfiff mitkochen.

Ein ganz einfacher und schnell gemachter Begleiter zu klassischen Nachspeisen wie Milchreis, Vanilleeis oder zu Eierpfannkuchen.

KARAMELLBIRNEN

1,5 kg feste, reife Birnen

150 g Zucker

Für 2 Gläser à 1 l
Haltbarkeit (ungeöffnet): bis zu 1 Jahr

1. Birnen schälen, halbieren oder vierteln, Kerngehäuse und Fruchtansätze entfernen.
2. Den Zucker in einer Pfanne (keine Teflonbeschichtung) karamellisieren. Mit 750 ml heißem Wasser ablöschen und aufkochen, bis der Zucker gelöst ist.
3. Birnen in die Gläser füllen, mit dem Karamellsaft ganz bedecken, dabei 1 bis 2 Zentimeter Abstand zum Rand halten. Gläser fest verschließen.
4. Einkochen im Einkochtopf: Gläser in den Topf stellen. Wasser zu drei Viertel der Glashöhe einfüllen. Topf schließen, Wasser erhitzen. Bei 90 °C 25 bis 30 Minuten einkochen. Im Backofen: Gläser in die Fettpfanne stellen, Wasser 1 bis 2 Zentimeter hoch einfüllen. Bei 175 °C so lange einkochen, bis es in den Gläsern zu perlen beginnt. Weitere 30 Minuten im abgeschalteten Ofen stehen lassen. Im Schnellkochtopf: Je 1 Glas in den Schnellkochtopf stellen, 250 ml Wasser hineingeben und Topf schließen. Wenn die erste Rille des Ventilstiftes sichtbar wird, etwa 10 bis 12 Minuten garen.
In der Mikrowelle: Je 1 Glas bei 720 Watt erwärmen, bis es darin zu perlen beginnt (etwa 4 Minuten). Auf 180 Watt schalten, 4 Minuten weitergaren lassen.

Variation: Mit dem Saft einer Orange und etwas Zimt bekommen die Karamellbirnen nicht nur einen frischen Geschmack, sondern auch eine herrlich kräftige Farbe.
Tipp: Eine Teflonpfanne eignet sich für das Karamellisieren weniger, da sich hier die Temperatur schlechter regulieren lässt, das Karamellisieren aber eine sehr sensible Temperaturregulierung benötigt. Außerdem lassen sich die Rückstände unter Umständen schwer aus der Pfanne lösen. Alternativ eignet sich ein flacher Topf.

Das klassische Mus ist ein Muss für jeden, der einkocht. Es ist ganz einfach herzustellen und passt zu vielen Gerichten. Da die Äpfel nicht geschält werden, nimmt das Mus die schöne Färbung der Apfelschalen an.

APFELMUS

3,5 kg reife Äpfel

Saft von 1 Zitrone

Zucker nach Geschmack und Süße der Äpfel

Für 7 Gläser à 500 ml
Haltbarkeit (ungeöffnet): bis zu 1 Jahr

1. Äpfel waschen, abtrocknen und mit Schale und Kerngehäuse in grobe Stücke schneiden. Mit Zitronensaft und 500 ml Wasser in einen Topf geben.
2. Zugedeckt bei schwacher Hitze etwa 20 Minuten dünsten, bis die Äpfel weich sind. Anschließend mit dem Pürierstab pürieren oder durch ein Passiergerät geben.
3. Nach Belieben mit Zucker süßen und noch warm in die Gläser füllen, dabei etwa 4 Zentimeter Abstand zum Rand halten. Gläser fest verschließen.
4. Einkochen im Einkochtopf: Gläser in den Topf stellen. Wasser zu drei Viertel der Glashöhe einfüllen. Topf schließen, Wasser erhitzen. Bei 90 °C 25 bis 30 Minuten einkochen. Im Backofen: Gläser in die Fettpfanne stellen, Wasser 1 bis 2 Zentimeter hoch einfüllen. Bei 175 °C so lange einkochen, bis es in den Gläsern zu perlen beginnt. Weitere 30 Minuten im abgeschalteten Ofen stehen lassen. Im Schnellkochtopf: Je 2 Gläser in den Schnellkochtopf stellen, 250 ml Wasser hineingeben und Topf schließen. Wenn die erste Rille des Ventilstiftes sichtbar wird, etwa 12 bis 15 Minuten garen.
In der Mikrowelle: Je 1 bis 2 Gläser bei 720 Watt erwärmen, bis es darin zu perlen beginnt (etwa 4 Minuten). Auf 180 Watt schalten, 4 Minuten weitergaren lassen.

Tipp: Eine Prise Zimt ist die klassische Würzung für Apfelmus. Aber auch etwas frisch geriebene Muskatnuss macht sich hervorragend.

Mit diesem Kompott lässt sich viel anfangen: Es eignet sich nicht nur als Nachspeise, sondern auch als Kuchenbelag und Brotaufstrich.

ZWETSCHGENKOMPOTT

4 kg feste, reife Zwetschgen
400 g Zucker
2 Zimtstangen

Für 7 Gläser à 500 ml
Haltbarkeit (ungeöffnet): bis zu 1 Jahr

1. Die Zwetschgen waschen, entsteinen und halbieren.
2. Zucker mit 1 Liter Wasser und den zerkleinerten Zimtstangen mehrmals wallend aufkochen. Das Zuckerwasser abkühlen lassen.
3. Die Zwetschgen mit den Innenseiten nach unten in die Gläser füllen, mit dem Zuckerwasser begießen, dabei 1 bis 2 Zentimeter Abstand zum Rand halten. Die Zimtstangen gleichmäßig in den Gläsern verteilen, Gläser fest verschließen.
4. Einkochen im Einkochtopf: Gläser in den Topf stellen. Wasser zu drei Viertel der Glashöhe einfüllen. Topf schließen, Wasser erhitzen. Bei 85 °C etwa 20 bis 30 Minuten einkochen. Im Backofen: Gläser in die Fettpfanne stellen, Wasser 1 bis 2 Zentimeter hoch einfüllen. Bei 180 °C so lange einkochen, bis es in den Gläsern zu perlen beginnt. Weitere 25 Minuten im abgeschalteten Ofen stehen lassen. Im Schnellkochtopf: Je 1 Glas in den Schnellkochtopf stellen, 250 ml Wasser hineingeben und Topf schließen. Wenn die erste Rille des Ventilstiftes sichtbar wird, etwa 5 bis 6 Minuten darin garen.
In der Mikrowelle: Je 1 Glas bei 720 Watt erwärmen, bis es darin zu perlen beginnt (etwa 4 Minuten). Auf 180 Watt schalten, 4 Minuten weitergaren lassen.

Tipp: Einige Zwetschgensteine mit in die Gläser geben, das intensiviert den Geschmack.

Die süß-sauren Aprikosen bilden mit den knackigen Mandeln ein reizvolles Duett – optisch und geschmacklich. Ideal als Kompott zum Beispiel zu Eis.

MANDELAPRIKOSEN

100 g Mandeln
3 kg Aprikosen
400 g Zucker
1 unbehandelte Zitrone

Für 5 bis 6 Gläser à 750 ml
Haltbarkeit (ungeöffnet): bis zu 1 Jahr

1. Mandeln mit kochendem Wasser überbrühen und einige Minuten darin stehen lassen, damit die Haut auf den Kernen weich wird. Dann die Mandeln einzeln von ihrer Haut befreien.
2. Aprikosen vorsichtig waschen, mit kochendem Wasser überbrühen und mit kaltem Wasser abschrecken. Früchte häuten, halbieren und entsteinen.
3. 1,5 Liter Wasser zusammen mit dem Zucker in einem Topf aufkochen. Zitronenschale mit dem Zestenreißer abziehen oder mit einem Messer hauchdünn schälen und in sehr feine Streifen schneiden. Saft auspressen und in den Topf geben.
4. Aprikosen, Mandeln und Zitronenschale in Gläser füllen. Früchte mit dem Zuckerwasser bedecken, dabei 1 bis 2 Zentimeter Abstand zum Rand halten. Gläser fest verschließen.
5. Einkochen im Einkochtopf: Gläser in den Topf stellen. Wasser zu drei Viertel der Glashöhe einfüllen. Topf schließen, Wasser erhitzen. Bei 85 °C 20 bis 30 Minuten einkochen. Im Backofen: Gläser in die Fettpfanne stellen, Wasser 1 bis 2 Zentimeter hoch einfüllen. Bei 175 °C so lange einkochen, bis es in den Gläsern zu perlen beginnt. Weitere 25 Minuten im abgeschalteten Ofen stehen lassen. Im Schnellkochtopf: Je 1 Glas in den Schnellkochtopf stellen, 250 ml Wasser hineingeben und Topf schließen. Wenn die erste Rille des Ventilstiftes sichtbar wird, etwa 10 bis 12 Minuten garen.
In der Mikrowelle: Je 1 bis 2 Gläser bei 720 Watt erwärmen, bis es darin zu perlen beginnt (etwa 4 Minuten). Auf 180 Watt schalten, 4 Minuten weitergaren lassen.

Vanille verleiht den Äpfeln eine wunderbare süße, weiche Milde, die sich prima mit dem herben Cidre verträgt.

VANILLEÄPFEL MIT CIDRE

- *1 unbehandelte Zitrone*
- *250 ml Apfelsaft*
- *300 ml trockener Cidre*
- *1/2 TL gemahlene Bourbonvanille*
- *150 g Gelierzucker 1:1*
- *2 kg kleine säuerliche Äpfel (z. B. Boskop)*

Für 7 Gläser à 500 ml
Haltbarkeit (ungeöffnet): bis zu 1 Jahr

1. Zitronenschale mit dem Zestenreißer abziehen oder mit einem Messer hauchdünn schälen und in sehr feine Streifen schneiden.
2. Zitronenschale, Apfelsaft, Cidre und Vanillepulver mit dem Gelierzucker aufkochen, beiseitestellen.
3. Äpfel waschen, schälen, vierteln und die Kerngehäuse entfernen. Die Äpfel in Gläser schichten.
4. Anschließend den Sud in die Gläser füllen, dabei 1 bis 2 Zentimeter Abstand zum Rand halten, und die Gläser fest verschließen.
5. Einkochen im Einkochtopf: Gläser in den Topf stellen. Wasser zu drei Viertel der Glashöhe einfüllen. Topf schließen, Wasser erhitzen. Bei 90 °C 25 bis 30 Minuten einkochen. Im Backofen: Gläser in die Fettpfanne stellen, Wasser 1 bis 2 Zentimeter hoch einfüllen. Bei 175 °C so lange einkochen, bis es in den Gläsern zu perlen beginnt. Weitere 30 Minuten im abgeschalteten Ofen stehen lassen. Im Schnellkochtopf: Je 2 Gläser in den Schnellkochtopf stellen, 250 ml Wasser hineingeben und Topf schließen. Wenn die erste Rille des Ventilstiftes sichtbar wird, etwa 10 bis 12 Minuten garen.
In der Mikrowelle: Je 1 bis 2 Gläser bei 720 Watt erwärmen, bis es darin zu perlen beginnt (etwa 4 Minuten). Auf 180 Watt schalten, 4 Minuten weitergaren lassen.

Würzige Beilage zu Fleischpasteten und Roastbeef.

PIKANT GEWÜRZTE HOLUNDERBEEREN

- *1,5 kg Holunderbeeren*
- *500 g Roh-Rohrzucker*
- *1 Stück frischer Ingwer (ca. 1 Zentimeter)*
- *500 ml Rotweinessig*
- *1 TL schwarze Pfefferkörner*
- *3 Pimentkörner*
- *5 Gewürznelken*
- *1 EL geriebener Meerrettich*
- *1 Zimtstange*
- *1 Messerspitze Muskatblüte (Macis)*

Für 3 Gläser oder Flaschen à 500 ml
Haltbarkeit (ungeöffnet): bis zu 1 Jahr

1. Holunderbeeren verlesen, die grünen Beeren aussortieren, Beeren waschen und von den Stielen zupfen. Mit 250 g Zucker mischen und in die Gläser füllen.
2. Ingwer schälen, mit Essig, Gewürzen und restlichem Zucker 10 Minuten stark kochen, durch ein Sieb in die Gläser verteilen, 1 bis 2 Zentimeter Abstand zum Rand halten. Gläser bzw. Flaschen fest verschließen.
3. Einkochen im Einkochtopf: Gläser bzw. Flaschen in den Topf stellen. Wasser zu drei Viertel der Glashöhe einfüllen. Topf schließen, Wasser erhitzen. Bei 80 °C 25 bis 30 Minuten einkochen. Im Backofen: Gläser bzw. Flaschen in die Fettpfanne stellen, Wasser 1 bis 2 Zentimeter hoch einfüllen. Bei 175 °C so lange einkochen, bis es in den Gläsern zu perlen beginnt. Weitere 15 bis 30 Minuten im abgeschalteten Ofen stehen lassen. Im Schnellkochtopf: Je 2 Gläser bzw. Flaschen in den Schnellkochtopf stellen, 250 ml Wasser hineingeben und Topf schließen. Wenn die erste Rille des Ventilstiftes sichtbar wird, etwa 7 bis 8 Minuten darin garen. In der Mikrowelle: Je 1 Glas bzw. eine Flasche bei 720 Watt erwärmen, bis es darin zu perlen beginnt (etwa 4 Minuten). Auf 180 Watt schalten, 4 Minuten weitergaren lassen.

Mit Koriander, Kreuzkümmel und Orangenaroma exotisch angehaucht, passt das bissfeste Obst gut zu Wildgerichten und anderem dunklen Fleisch.

GEWÜRZBIRNEN

- *1,7 kg kleine, feste, reife Birnen (z. B. Williams Christ)*
- *400 ml Weißweinessig*
- *1 TL Koriandersamen*
- *1 TL Kreuzkümmel*
- *1 unbehandelte Orange*
- *375 ml trockener Weißwein*
- *1 EL trockener Sherry*
- *100 ml flüssiger Honig*
- *125 g Zucker*
- *Salz*
- *1 EL eingelegter rosa Pfeffer*

Für 4 Gläser à 500 ml
Haltbarkeit (ungeöffnet): bis zu 1 Jahr

1. Birnen waschen, schälen, halbieren. Kerngehäuse und Fruchtansätze entfernen. Ungefähr 8 Stunden im Essig ziehen lassen.
2. Koriander und Kreuzkümmel in einer Pfanne ohne Fett rösten, bis sie zu duften beginnen. Orange heiß abwaschen und abreiben.
3. Wein, Sherry, Honig, Zucker, Gewürze, etwas Salz und Orangenschale zusammen aufkochen. Anschließend abschmecken.
4. Die Birnen in die Gläser füllen, mit der heißen Flüssigkeit bedecken, dabei 1 bis 2 Zentimeter Abstand zum Rand halten. Gläser fest verschließen.
5. Einkochen im Einkochtopf: Gläser in den Topf stellen. Wasser zu drei Viertel der Glashöhe einfüllen. Topf schließen, Wasser erhitzen. Bei 90 °C 25 bis 30 Minuten einkochen (besonders harte Birnen bis zu 45 Minuten).

Im Backofen: Gläser in die Fettpfanne stellen, Wasser 1 bis 2 Zentimeter hoch einfüllen. Bei 175 °C so lange einkochen, bis es in den Gläsern zu perlen beginnt. Weitere 30 Minuten im abgeschalteten Ofen stehen lassen (besonders harte Birnen bis zu 45 Minuten).

Im Schnellkochtopf: Je 1 Glas in den Schnellkochtopf stellen, 250 ml Wasser hineingeben und Topf schließen. Wenn die erste Rille des Ventilstiftes sichtbar wird, etwa 12 bis 17 Minuten, je nach Härte der Birnen, garen.

In der Mikrowelle: Je 1 Glas bei 720 Watt erwärmen, bis es darin zu perlen beginnt (etwa 4 Minuten). Auf 180 Watt schalten, 4 Minuten weitergaren lassen.

Tipp: Den Essigsud aufbewahren, er eignet sich gut als Basis für würzige Salatmarinaden!

TOMATEN MIT ROSMARIN, SEITE 50

Rezepte zum

STERILISIEREN VON GEMÜSE

Wenn Tomaten, Zucchini, Gurken oder Bohnen aus dem Garten die tägliche Verarbeitungskapazität übersteigen, ist Sterilisieren die richtige Methode, große Erntemengen für lange Zeit zu konservieren.

Gurken vertragen sich mit vielen Gewürzen, ihre typischen Begleiter sind die Kräuter Dill und Borretsch. In diesem klassischen Rezept dürfen beide mitmischen, dabei werden sie von Estragon unterstützt.

GEWÜRZGURKEN

- *1 kg kleine Einmachgurken*
- *4 kleine Zwiebeln*
- *3 EL Senfkörner*
- *5 Borretschblättchen*
- *5 Estragonstängel*
- *5 Dillstängel*
- *200 ml Weinessig*
- *1 EL Salz*
- *2 EL Zucker*

Für 2 Gläser à 500 ml
Haltbarkeit (ungeöffnet): bis zu 1 Jahr

1. Gurken etwa eine halbe Stunde in kaltes Wasser legen, um eventuell vorhandene Bitterstoffe auszuschwemmen, dann abwaschen und mit Zwiebeln, Kräutern und Gewürzen in die Gläser schichten.
2. Essig, Salz, Zucker und 1,25 Liter Wasser zusammen aufkochen, anschließend abkühlen lassen. Gurken mit dem Sud bedecken. Gläser fest verschließen.
3. Einkochen im Einkochtopf: Gläser in den Topf stellen. Wasser zu drei Viertel der Glashöhe einfüllen. Topf schließen, Wasser erhitzen. Bei 98 °C 25 Minuten einkochen. Im Backofen: Gläser in die Fettpfanne stellen, Wasser 1 bis 2 Zentimeter hoch einfüllen. Bei 175 °C so lange einkochen, bis es in den Gläsern zu perlen beginnt. Weitere 25 Minuten im abgeschalteten Ofen stehen lassen. Im Schnellkochtopf: Gläser in den Schnellkochtopf stellen, 250 ml Wasser hineingeben und Topf schließen. Wenn die erste Rille des Ventilstiftes sichtbar wird, etwa 10 Minuten garen. In der Mikrowelle: Gläser bei 720 Watt erwärmen, bis es darin zu perlen beginnt (etwa 4 Minuten). Auf 180 Watt schalten, 4 Minuten weitergaren lassen.

Variation: Wer es lieber feurig scharf mag, ersetzt Borretsch und Estragon durch 100 g in Scheiben geschnittenen Meerrettich, 2 Chilischoten und 2 Lorbeerblätter.

So bekommen Sie die Zucchinischwemme in den Griff und haben ein schön anzusehendes Mitbringsel, das sich zu Brotzeiten empfiehlt.

SÜSS-SAURE ZUCCHINI UND PAPRIKA

- 2 große Zwiebeln
- 5 Knoblauchzehen
- 3 rote Spitzpaprika
- 750 g Zucchini
- 500 ml Apfelessig
- 400 g Zucker
- 2 EL Salz
- 1 TL Senfkörner
- 1/2 TL Chilipulver

Für 4 Gläser à 500 ml
Haltbarkeit (ungeöffnet): bis zu 1 Jahr

1. Zwiebeln und Knoblauch schälen und fein würfeln, Paprika putzen und grob würfeln. Zucchini schälen, entkernen und grob würfeln. Alles in die Gläser schichten.
2. Apfelessig, Zucker, Salz, Senfkörner und Chilipulver in einem Topf mischen und kochen, bis sich der Zucker gelöst hat. 5 Minuten weiter sprudelnd kochen lassen. Den heißen Sud in die Gläser füllen. Gläser fest verschließen.
3. Einkochen im Einkochtopf: Gläser in den Topf stellen. Wasser zu drei Viertel der Glashöhe einfüllen. Topf schließen, Wasser erhitzen. Bei 90 °C etwa 20 Minuten einkochen. Im Backofen: Gläser in die Fettpfanne stellen, Wasser 1 bis 2 Zentimeter hoch einfüllen. Bei 175 °C so lange einkochen, bis es in den Gläsern zu perlen beginnt. Noch 30 Minuten im abgeschalteten Ofen stehen lassen. Im Schnellkochtopf: Je 2 Gläser in den Schnellkochtopf stellen, 250 ml Wasser hineingeben und Topf schließen. Wenn die erste Rille des Ventilstiftes sichtbar wird, etwa 10 Minuten garen. In der Mikrowelle: Je 1 bis 2 Gläser bei 720 Watt erwärmen, bis es darin zu perlen beginnt (etwa 4 Minuten). Auf 180 Watt schalten, 4 Minuten weitergaren lassen.

ASIA-BLUMENKOHL

- 1 kleiner Blumenkohl, 1 rote Paprikaschote
- 4 Knoblauchzehen, 200 g Perlzwiebeln
- 5 kleine rote Chilischoten, 12 Blätter Thai-Basilikum
- 2 Stangen Zitronengras, 1 Stück Ingwer
- 1 EL Salz, 1 EL Roh-Rohrzucker
- 175 ml Weißweinessig, ½ Sternanis

Für 2 Gläser à 500 ml
Haltbarkeit (ungeöffnet): bis zu 1 Jahr

1. Blumenkohl putzen, in Röschen zerteilen. Paprika putzen, in Streifen schneiden. Knoblauch, Perlzwiebeln schälen. Chilischoten waschen. Basilikum waschen, trocknen, Blätter abzupfen. Zitronengras von den harten äußeren Blättern befreien und in passende Stücke schneiden. Ingwer schälen, in Scheiben schneiden.
2. 700 ml Wasser mit Salz, Zucker und Essig zum Kochen bringen. Blumenkohl, Paprika, Knoblauch, Zwiebeln und Zitronengras nacheinander jeweils 5 Minuten kochen, abtropfen lassen. Essigsud aufbewahren.
3. Das gegarte Gemüse abwechselnd mit Basilikumblättern und Chilischoten in das vorbereitete Glas schichten.
4. 650 ml Essigsud, wenn nötig mit Wasser ergänzen, in den Topf geben, mit Sternanis bei starker Hitze aufkochen. Den Sud sofort kochend heiß in das Glas gießen, das Gemüse vollständig bedecken, 1 bis 2 Zentimeter Abstand zum Rand halten. Gläser fest verschließen.
5. Einkochen im Einkochtopf: Gläser in den Topf stellen. Wasser zu drei Viertel der Glashöhe einfüllen. Topf schließen, Wasser erhitzen. Bei 90 °C etwa 20 Minuten einkochen. Im Backofen: Gläser in die Fettpfanne stellen, Wasser 1 bis 2 Zentimeter hoch einfüllen. Bei 175 °C so lange einkochen, bis es in den Gläsern zu perlen beginnt. Noch 30 Minuten im abgeschalteten Ofen stehen lassen. Im Schnellkochtopf: Je 2 Gläser in den Schnellkochtopf stellen, 250 ml Wasser hineingeben und Topf schließen. Wenn die erste Rille des Ventilstiftes sichtbar wird, etwa 10 Minuten garen. In der Mikrowelle: Je 1 bis 2 Gläser bei 720 Watt erwärmen, bis es darin zu perlen beginnt (etwa 4 Minuten). Auf 180 Watt schalten, 4 Minuten weitergaren lassen.

ROTE BETE MIT ZWIEBELN UND NELKEN

Diese beliebte Zubereitung für die erdig, aber auch süßlich schmeckenden Knollen ist eine rustikale Beilage zu warmen und kalten Gerichten und zu einer herzhaften Brotzeit.

ROTE BETE MIT ZWIEBELN UND NELKEN

- *1,5 kg rote Bete, etwa gleich große Knollen*
- *5 Zwiebeln*
- *375 ml Weißweinessig*
- *1/2 TL Salz*
- *6 bis 8 Gewürznelken*
- *175 bis 200 g Zucker*
- *6 Lorbeerblätter*

Für 6 Gläser à 500 ml
Haltbarkeit (ungeöffnet): bis zu 1 Jahr

1. Backofen auf 180 °C vorheizen. Rote Bete gründlich waschen, Wurzeln und Stiele bis auf 2 Zentimeter abschneiden, die Knollen einzeln in Alufolie wickeln. Auf einem Blech im Ofen in 45 bis 60 Minuten weich garen. Zwiebeln schälen.
2. Die Haut der Roten Bete mit einem Messer abziehen. Knolle in Scheiben und Zwiebeln in Ringe schneiden.
3. 750 ml Wasser, Weinessig, ein halber TL Salz, Nelken und Zucker aufkochen. Rote-Bete-Scheiben, Zwiebelringe und je 1 Lorbeerblatt in die Gläser füllen und mit der Essig-Zucker-Lösung bedecken. Gläser fest verschließen.
4. Einkochen im Einkochtopf: Gläser in den Topf stellen. Wasser zu drei Viertel der Glashöhe einfüllen. Topf schließen, Wasser erhitzen. Bei 98 °C etwa 90 Minuten einkochen. Im Backofen: Gläser in die Fettpfanne stellen, Wasser 1 bis 2 Zentimeter hoch einfüllen. Bei 175 °C so lange einkochen, bis es in den Gläsern zu perlen beginnt. Dann den Ofen auf 150 °C herunterschalten, nach 80 Minuten ausschalten. Noch 30 Minuten im Ofen stehen lassen. Im Schnellkochtopf: Je 2 Gläser in den Schnellkochtopf stellen, 250 ml Wasser hineingeben und Topf schließen. Wenn die erste Rille des Ventilstiftes sichtbar wird, etwa 25 bis 30 Minuten garen. In der Mikrowelle: Je 1 bis 2 Gläser bei 720 Watt erwärmen, bis es darin zu perlen beginnt (etwa 4 Minuten). Auf 180 Watt schalten, 4 Minuten weitergaren lassen.
5. Vor dem Verzehr mindestens 4 Wochen gut durchziehen lassen.

Tipp: Es lohnt sich, die Rote Bete nicht im Topf, sondern im Ofen zu garen, auch wenn es etwas mehr Geduld erfordert. Die Knollen werden dabei sehr viel süßer, während sie vom Kochwasser ausgelaugt werden. Gekochte Knollen verwässern zudem durch ihren höheren Wassergehalt die Säure des Sudes.

Wenn im Sommer die Tomatensträucher von reifen Früchten nur so leuchten, gibt es kaum eine bessere Lösung, das sommerliche Aroma in konzentrierter Form einzufangen.

TOMATENMARK

5 kg reife Tomaten

Für 8 bis 10 Gläser à 250 ml
Haltbarkeit (ungeöffnet): bis zu 1 Jahr

1. Tomaten waschen, Stielansätze entfernen und Früchte zerkleinern. Saft auffangen. Alles in einen Topf geben und mit dem Kartoffelstampfer etwas zerdrücken.
2. Unter Rühren zum Kochen bringen und etwas einkochen lassen. Anschließend die Tomatenmasse durch ein Sieb streichen und in die Gläser füllen. Gläser fest verschließen.
3. Einkochen im Einkochtopf: Gläser in den Topf stellen. Wasser zu drei Viertel der Glashöhe einfüllen. Topf schließen, Wasser erhitzen. Bei 90 °C 25 bis 30 Minuten einkochen. Im Backofen: Gläser in die Fettpfanne stellen, Wasser 1 bis 2 Zentimeter hoch einfüllen. Bei 175 °C so lange einkochen, bis es in den Gläsern zu perlen beginnt. Weitere 30 Minuten im abgeschalteten Ofen stehen lassen. Im Schnellkochtopf: Je 3 bis 4 Gläser in den Schnellkochtopf stellen, 250 ml Wasser hineingeben und Topf schließen. Wenn die erste Rille des Ventilstiftes sichtbar wird, etwa 12 bis 15 Minuten darin garen. In der Mikrowelle: Je 1 bis 2 Gläser bei 720 Watt erwärmen, bis es darin zu perlen beginnt (etwa 4 Minuten). Auf 180 Watt schalten, 4 Minuten weitergaren lassen.

Davon sollte man immer einen schönen Vorrat im Haus haben, denn diese mediterran gewürzte Köstlichkeit ist die ideale Grundlage für eine schnelle Tomatensauce, einfach erhitzen und mit frisch gekochter Pasta mischen.

TOMATEN MIT ROSMARIN

1,5 kg festfleischige, reife Tomaten
2 Knoblauchzehen
1 Schalotte
1 TL gehackte Rosmarinnadeln
2 EL Olivenöl
1 EL Balsamessig
1 TL Zucker nach Geschmack

Für 2 Gläser à 500 ml
Haltbarkeit (ungeöffnet): bis zu 1 Jahr

1. Tomaten kreuzweise einritzen, mit kochendem Wasser überbrühen, kurz im Wasser liegen lassen, enthäuten und entkernen. Tomatenfleisch grob würfeln. Knoblauch und Schalotte schälen und fein würfeln.
2. Schalotte und Knoblauch 10 Minuten dünsten, dann Tomaten, Rosmarin, Öl, Essig und Zucker dazugeben und weitere 10 Minuten bei mittlerer Hitze dünsten. In Gläser füllen dabei 1 bis 2 Zentimeter Abstand zum Rand halten. Gläser fest verschließen.
3. Einkochen im Einkochtopf: Gläser in den Topf stellen. Wasser zu drei Viertel der Glashöhe einfüllen. Topf schließen, Wasser erhitzen. Bei 90 °C 25 Minuten einkochen. Im Backofen: Gläser in die Fettpfanne stellen, Wasser 1 bis 2 Zentimeter hoch einfüllen. Bei 175 °C so lange einkochen, bis es in den Gläsern zu perlen beginnt. Noch 30 Minuten im abgeschalteten Ofen stehen lassen. Im Schnellkochtopf: Je 2 Gläser in den Schnellkochtopf stellen, 250 ml Wasser hineingeben und Topf schließen. Wenn die erste Rille des Ventilstiftes sichtbar wird, etwa 10 Minuten garen. In der Mikrowelle: Je 1 bis 2 Gläser bei 720 Watt erwärmen, bis es darin zu perlen beginnt (etwa 4 Minuten). Auf 180 Watt schalten, 4 Minuten weitergaren lassen.

Eine reizvolle Beilage mit asiatischem Touch. Nach Geschmack mit Honig süßen und zum Beispiel für Wraps verwenden.

INGWERGURKEN

2,4 kg gelbe Schälgurken
250 g in Sirup eingelegter Ingwer
(aus dem Asienladen)
350 ml Weißweinessig
700 ml trockener Weißwein
1 TL Salz
flüssiger Honig nach Geschmack

Für 7 Gläser à 500 ml
Haltbarkeit (ungeöffnet): bis zu 1 Jahr

1. Gurken waschen, schälen, der Länge nach halbieren und die Kerne mit einem Löffel herausschaben. Hälften nochmals längs teilen, dann quer in 2 Zentimeter breite Streifen schneiden.
2. Ingwer in Scheiben schneiden. Ingwersirup mit Essig, Wein und Salz aufkochen. Nach Geschmack mit Honig süßen.
3. Gurken und Ingwer in die Gläser schichten, dabei 1 bis 2 Zentimeter Abstand zum Rand halten. Gläser fest verschließen.
4. Einkochen im Einkochtopf: Gläser in den Topf stellen. Wasser zu drei Viertel der Glashöhe einfüllen. Topf schließen, Wasser erhitzen. Bei 98 °C 25 Minuten einkochen. Im Backofen: Gläser in die Fettpfanne stellen, Wasser 1 bis 2 Zentimeter hoch einfüllen. Bei 175 °C so lange einkochen, bis es in den Gläsern zu perlen beginnt. Weitere 25 Minuten im abgeschalteten Ofen stehen lassen. Im Schnellkochtopf: Je 2 Gläser in den Schnellkochtopf stellen, 250 ml Wasser hineingeben und Topf schließen. Wenn die erste Rille des Ventilstiftes sichtbar wird, etwa 10 Minuten garen. In der Mikrowelle: Je 1 bis 2 Gläser bei 720 Watt erwärmen, bis es darin zu perlen beginnt (etwa 4 Minuten). Auf 180 Watt schalten, 4 Minuten weitergaren lassen.

FENCHEL-SELLERIE-SALAT

1,5 kg Fenchel, 200 g Bleichsellerie
100 g Schalotten, 1 TL Koriandersamen
2 TL schwarzer Pfefferkörner, 4 EL Olivenöl
100 ml Zitronensaft, Salz
2 Lorbeerblätter

Für 4 Gläser à 500 ml
Haltbarkeit (ungeöffnet): bis zu 1 Jahr

1. Harte Rippen und Wurzelansatz der Fenchelknollen entfernen, Stiele kürzen. Fenchelgrün beiseitelegen, die Knollen in 1 cm breite Streifen schneiden. Sellerie putzen, Ringe schneiden. Schalotten schälen, fein hacken.
2. Fenchel in 3 l kochendem Wasser portionsweise blanchieren, in Eiswasser abschrecken und in einem Sieb abtropfen lassen.
3. Koriander und Pfefferkörner in einem Mörser zerstoßen und in einem Topf ohne Fett anrösten. Öl zugeben und erhitzen, Sellerie und Schalotten unter Rühren 5 Minuten dünsten. 500 ml Wasser zugeben und aufkochen.
4. Mit Zitronensaft und Salz würzen, durch ein Sieb geben und den Sud im Topf auffangen.
5. Fenchel, Sellerie und Fenchelkraut mischen und in die Gläser füllen. Den Sud aufkochen lassen und kochend heiß über das Gemüse gießen, dabei 1 bis 2 Zentimeter Abstand zum Rand halten. In jedes Glas ½ Lorbeerblatt geben und die Gläser fest verschließen.
6. Einkochen im Einkochtopf: Gläser in den Topf stellen. Wasser zu drei Viertel der Glashöhe einfüllen. Topf schließen, Wasser erhitzen. Bei 90 °C etwa 20 Minuten einkochen. Im Backofen: Gläser in die Fettpfanne stellen, Wasser 1 bis 2 Zentimeter hoch einfüllen. Bei 175 °C so lange einkochen, bis es in den Gläsern zu perlen beginnt. Noch 30 Minuten im abgeschalteten Ofen stehen lassen. Im Schnellkochtopf: Je 2 Gläser in den Schnellkochtopf stellen, 250 ml Wasser hineingeben und Topf schließen. Wenn die erste Rille des Ventilstiftes sichtbar wird, etwa 10 Minuten garen. In der Mikrowelle: Je 1 bis 2 Gläser bei 720 Watt erwärmen, bis es darin zu perlen beginnt (etwa 4 Minuten). Auf 180 Watt schalten, 4 Minuten weitergaren lassen.

SENFFRÜCHTE, SEITE 57

DAS HEISSEINFÜLLEN

Es soll schnell gehen? Kein Problem: Obst und Gemüse nach kurzer Vorbereitungszeit heiß in Gläser füllen, Spezialdeckel aufschrauben, fertig! Die etwas kürzere Haltbarkeit dürfte aber kein Thema sein, denn die süßen und herzhaften Leckereien haben noch nie lange gebraucht, bis sie auf den Teller kamen.

In den vergangenen Jahren hat die Methode des Heißeinfüllens das klassische Einkochen zwar nicht verdrängt, ist aber sehr viel beliebter geworden. Die Gründe liegen auf der Hand: Zum einen hat man nicht so viel Arbeit. Zum anderen gibt es mittlerweile Gläser mit speziellen Deckeln, die für dieses Verfahren ideal sind. Es handelt sich um Schraubdeckel mit einer münzgroßen Wölbung, die durch den eintretenden Unterdruck ins Glasinnere gesogen beziehungsweise deutlich sichtbar abgeflacht wird. Entwickelt sich der gewünschte Unterdruck nicht, bleibt die Wölbung erhalten und man muss den Vorgang wiederholen. Auch wenn Heißeingefülltes nur einige Monate bis zu maximal einem Jahr haltbar ist, währt die Freude an den Leckereien aus der eigenen Küche immer noch lang genug. Für die Herstellung von Marmeladen, Gelees, Konfitüren, Chutneys oder Relishes ist dieses Verfahren die beste Wahl. Natürlich kann man sich die Arbeit mit der Sterilisationsprozedur machen (siehe Seite 30), dann hält das Einmachgut fast ohne Ende – aber wo wäre der Vorteil, wenn alles bis zur nächsten Saison aufgegessen sein wird? Das Heißeinfüllen eignet sich für nahezu alles, was man einkochen kann, also für ganzes Obst, Gemüse und Pilze. Da bei Gemüse durch diese Methode womöglich nicht alle schädlichen Mikroorganismen abgebaut werden, sollte man eine weitere Konservierungsmethode damit kombinieren. Ideal sind Rezepte mit natürlichen Konservierungsmitteln wie Essig oder Alkohol. Überhaupt: Was man heiß einfüllen kann, lässt sich sterilisieren und umgekehrt – der Unterschied liegt in der Zuverlässigkeit der Methode, in der Haltbarkeit und natürlich im Aufwand.

DIE GLÄSER

NACH DEM ANBRECHEN KÜHL STELLEN

Zum Heißeinfüllen eignen sich im Prinzip alle Gläser, die man auch für das Sterilisieren verwenden kann. Von Vorteil sind die wiederverschließbaren Modelle, da so das angebrochene Glas verschlossen zur Aufbewahrung in den Kühlschrank gestellt werden kann. Gläser mit losem Deckel und Drahtbügel sind daher weniger praktisch. Am besten sind Gläser mit einem Schraubdeckel, der sich nach dem Erkalten in der Mitte nach unten wölbt. Daran kann man erkennen, dass sich ein Vakuum gebildet hat. Bei Gläsern mit Bügelverschluss hat man diese Kontrolle nicht, aber sie eignen sich ebenso gut.

EINFÜLLEN UND SOFORT VERSCHLIESSEN

Das Prinzip ist simpel: Der Inhalt wird möglichst heiß eingefüllt, dann müssen die Gläser sofort verschlossen werden. Die Hitze des Inhalts reicht aus, dass beim Abkühlen ein Vakuum entsteht. Es ist zwar nicht so intensiv wie das, das sich beim Sterilisieren bildet, hat aber trotzdem einen nachhaltig konservierenden Effekt.

Tipps zum Heißeinfüllen

/ Je eher man die Gläser nach dem Einfüllen verschließt, desto stärker entwickelt sich das Vakuum.

/ Bei einfachen Glasdeckeln (mit Klammerverschluss) kann man das Vakuum zusätzlich durch ein kurzes Flambieren begünstigen: Auf die Unterseite des Deckels 1 EL 54-prozentigen Rum oder Weingeist geben, den Alkohol anzünden und den Deckel sofort fest auf das Glas drücken. Dann den Bügelverschluss anbringen. Wenn man so verfahren will, sollte man darauf achten, dass der Glasinhalt 1 Zentimeter unter dem Rand endet. Das Glas soll noch etwas Sauerstoff enthalten, der den Alkohol brennen und ein Vakuum entstehen lässt, sobald der Sauerstoff verbraucht ist. Ansonsten sollten die Gläser beim Heißeinfüllen bis oben hin gefüllt sein, damit möglichst wenig Raum für verbleibenden Sauerstoff vorhanden ist.

/ Für die Vorbereitung der Gläser gelten dieselben Empfehlungen wie beim Sterilisieren (siehe Seite 34).

Rezepte zum

HEISSEINFÜLLEN VON OBST

Eben noch am Baum oder auf dem Feld und ehe man sich versieht, schon eingemacht: Die süßen Früchte halten zwar nicht so lange wie mit der Sterilisiermethode, dafür sind sie aber umso schneller in den Gläsern. Wer sie länger aufbewahren möchte, kann sie natürlich auch noch sterilisieren.

Die herbe Süße der Birnen und das süß-saure Ananasaroma gehen eine reizvolle Liaison ein, die dank Anis und Pfeffer Temperament entwickelt.

ANANAS-BIRNEN-KOMPOTT

- *1 Ananas (ca. 700 g)*
- *1 kg feste, reife Birnen*
- *4 Sternanis*
- *1 EL bunter Pfeffer*
- *300 g Gelierzucker 2:1*

Für 2 Gläser à 500 ml
Haltbarkeit (ungeöffnet): bis zu 1 Jahr

1. Ananas von Strunk und Blattenden befreien, gut schälen und in Scheiben schneiden. Den holzigen Innenteil herausschneiden, Fruchtfleisch in erbsengroße Würfel schneiden. Birnen waschen, schälen, vierteln. Kerngehäuse und Fruchtansatz entfernen. Fruchtfleisch in dünne Scheiben schneiden.
2. 500 g der Ananaswürfel mit dem beim Schneiden aufgefangenen Saft, 225 ml Wasser und Gewürzen zum Kochen bringen. 20 Minuten sanft köcheln, bis die Ananaswürfel weich sind.
3. Dann die Birnenscheiben dazugeben und zugedeckt weitere 10 Minuten unter Rühren köcheln, bis auch die Birnen weich sind.
4. Den Gelierzucker unterrühren, 3 Minuten unter ständigem Rühren kochen lassen.
5. Sofort in die Gläser geben, Gläser fest verschließen und auf den Kopf stellen. 5 Minuten umgedreht stehen lassen.

Ob selbst gesammelt oder eingekauft: Preiselbeeren schmecken eingemacht am besten und erst recht zu Wild, in Desserts oder Kuchen.

PREISELBEERKOMPOTT

- *500 g Preiselbeeren*
- *125 g Zucker*

Für 4 Gläser à 200 ml
Haltbarkeit (ungeöffnet): bis zu 1 Jahr

1. Preiselbeeren verlesen und waschen. Mit 125 ml Wasser und dem Zucker aufkochen und etwa 5 Minuten leise köcheln lassen.
2. Sofort in die Gläser geben, Gläser fest verschließen und auf den Kopf stellen. 5 Minuten umgedreht stehen lassen.

Zugegeben, das Vorbereiten der Hagebutten ist etwas für Überzeugungstäter, denn die Prozedur dauert ihre Zeit. Aber als pikante Beilage zu Fleisch oder als Begleiter zu Fondues und Raclettes sind sie beinahe unschlagbar.

SÜSS-SAURE HAGEBUTTEN

- *1 kg Hagebutten*
- *250 ml Obstessig*
- *500 g Zucker*

Für 2 Gläser à 500 ml
Haltbarkeit (ungeöffnet): bis zu 1 Jahr

1. Hagebutten von Stielen und Blütenansätzen befreien und waschen. Früchte halbieren und mit einem Teelöffel die Kerne herauskratzen. Früchte nochmals waschen.
2. Essig mit Zucker und 250 ml Wasser erhitzen. Hagebutten hineingeben und weich kochen. Dann mit einer Schaumkelle herausnehmen und in die Gläser füllen.
3. Kochsud noch etwa 10 Minuten ohne Deckel kochen, dann die Gläser damit bis zum Rand auffüllen, sofort verschließen und auf den Kopf stellen. 5 Minuten umgedreht stehen lassen.

Die herbstliche Früchtemischung bekommt durch die Würze einen pikanten Touch und macht als köstlicher Begleiter zu Käse viel Freude.

SENFFRÜCHTE

- *500 g Birnen*
- *500 g kernlose grüne Trauben*
- *500 g Aprikosen*
- *500 g Zwetschgen*
- *250 ml Weißweinessig*
- *750 g Zucker*
- *50 g Senfpulver*

Für 3 bis 4 Gläser à 500 ml
Haltbarkeit (ungeöffnet): bis zu 1 Jahr

1. Das Obst waschen und abtropfen lassen. Birnen schälen, vierteln und die Kerngehäuse entfernen. Die Viertel nochmals quer halbieren. Trauben halbieren, Aprikosen und Zwetschgen halbieren und entsteinen.
2. Essig mit 250 ml Wasser und dem Zucker aufkochen. Früchte nacheinander hineingeben und glasig kochen.
3. Früchte herausnehmen und in einer Schüssel vorsichtig vermischen. Dann in die Gläser füllen.
4. Kochsud mit dem Senfpulver aufkochen, 10 Minuten etwas einkochen lassen. Kochend heiß in die Gläser füllen. Die Gläser fest verschließen und auf den Kopf stellen. 5 Minuten umgedreht stehen lassen. Mindestens 2 Tage ziehen lassen.

Variation: Diese pikant-süße Zubereitung passt für alle Früchte, ob einheimisch oder exotisch. Mit Rosinen und Chili, die man nach dem Kochen der Früchte in den Sud gibt, lässt sich das Geschmackserlebnis noch einmal steigern.

Wer sich die Mühe macht, den Sud mehrere Male aufkochen und ziehen zu lassen, verlängert die Haltbarkeit der süßen, roh eingefüllten Früchte.

SÜSS-SAURE MIRABELLEN

- *1,5 kg Mirabellen*
- *12 EL Essigessenz (25 %)*
- *1 Vanilleschote*
- *3 Sternanis*
- *750 g Zucker*
- *1/2 TL Salz*

Für 4 Gläser à 500 ml
Haltbarkeit (ungeöffnet): bis zu 1 Jahr

1. Mirabellen waschen, abtropfen lassen, mehrmals mit einer Gabel oder einem Messer einstechen und in die Gläser füllen.
2. 750 ml Wasser mit der Essigessenz, der längs aufgeschlitzten Vanilleschote, dem Anis, dem Zucker und dem Salz 2 Minuten sprudelnd kochen.
3. Vanilleschote herausnehmen und in Stücke schneiden. Zusammen mit dem Sternanis in die Gläsern verteilen. Die Mirabellen mit der Flüssigkeit bedecken.
4. Gläser fest verschließen und über Nacht ziehen lassen. Am nächsten Tag den Sud abgießen, erneut aufkochen in die Gläser geben. Diesen Vorgang 1 bis 2 Mal wiederholen. Eventuell etwas Essigessenz nachfüllen.

Tipp: Herkömmliches Sterilisieren (20 Minuten bei 90 °C im Einkochtopf) verlängert die Haltbarkeit ebenfalls, das mehrmalige Aufkochen entfällt dann natürlich.

Weinbergpfirsiche auf orientalische Art: Mit Ingwer, Anis und Kardamom lösen die kleinen aromareichen Früchte eine wahre Geschmacksexplosion aus.

WEINBERGPFIRSICHE MIT INGWER

- *1,5 kg Weinbergpfirsiche*
- *1 Stück frischer Ingwer (ca. 3 Zentimeter)*
- *200 ml Weißweinessig*
- *450 bis 500 g Zucker*
- *1/4 TL Kardamomsamen*
- *2 bis 3 Sternanis*
- *2 bis 3 Macisstücke*

Für 2 bis 3 Gläser à 500 ml
Haltbarkeit (ungeöffnet): bis zu 1 Jahr

1. Pfirsiche kreuzweise einritzen und je nach Reifegrad 10 bis 30 Sekunden blanchieren. Früchte abschrecken, die Haut abziehen und die Früchte in Spalten schneiden.
2. Ingwer schälen und in sehr dünne Scheiben schneiden. Essig, 100 ml Wasser, Zucker und Gewürze zum Kochen bringen. Die Pfirsiche darin 2 Minuten köcheln. Dann in die Gläser verteilen.
3. Kochsud bei starker Hitze 2 Minuten einkochen lassen, die Gläser damit bis zum Rand auffüllen, sofort verschließen und auf den Kopf stellen. 5 Minuten umgedreht stehen lassen.

Variation: Gelbe oder weiße Pfirsiche, Nektarinen oder Aprikosen können nach dem gleichen Rezept eingemacht werden.

Eine wunderbare Begleitung zu Wildgerichten. Das Rezept eignet sich auch für Äpfel oder Birnen.

ROTWEINQUITTEN

- *3 kg reife Quitten*
- *750 ml trockener Rotwein*
- *400 g Kandiszucker*
- *1 Zimtstange*
- *6 Gewürznelken*
- *1 Stück frischer Ingwer (ca. 1 Zentimeter)*
- *2 Kardamomkapseln*

Für 4 Gläser à 1 l
Haltbarkeit (ungeöffnet): bis zu 1 Jahr

1. Quitten dünn schälen, vierteln, Kerngehäuse und Fruchtansätze entfernen.
2. Rotwein mit Kandiszucker, Gewürzen und 1 Liter Wasser zum Kochen bringen und unter gelegentlichem Rühren so lange köcheln, bis der Zucker gelöst ist.
3. Quitten im Gewürzsud etwa 10 Minuten sanft köcheln. Herausheben und in die Gläser schichten.
4. Sud etwas einkochen lassen und kochend heiß über die Quitten geben, sodass die Früchte ganz bedeckt sind.
5. Gläser fest verschließen und auf den Kopf stellen. 5 Minuten umgedreht stehen lassen. Ungefähr 1 Monat ziehen lassen.

KÜRBIS MIT LIMETTEN IN SHERRYESSIG, SEITE 63

Rezepte zum

HEISSEINFÜLLEN VON GEMÜSE

Für überschaubare Mengen von Zwiebeln, Tomaten, Pilzen, Mischgemüse oder Kürbis ist das Heißeinfüllen die ideale Lösung – vorausgesetzt, man erhöht die Haltbarkeit noch durch eine weitere Konservierungsmethode, zum Beispiel durch die Zugabe von Essig, Zucker oder Alkohol. Bei üppiger Ernte sollte man einen Teil durch Sterilisieren dauerhafter haltbar machen.

Die kleinen, sauer eingemachten Zwiebelchen, auch Silberzwiebeln genannt, sind immer beliebt zu Brotzeiten, Fondues und Raclettes.

PERLZWIEBELN MIT ESTRAGON

- *1 kg Perlzwiebeln*
- *2 EL Salz*
- *2 Bund Estragon*
- *2 Knoblauchzehen*
- *500 ml Weißweinessig*
- *250 ml trockener Weißwein*
- *250 g Zucker*
- *1/2 EL weiße Pfefferkörner*
- *2 Lorbeerblätter*

Für 4 bis 5 Gläser à 200 ml
Haltbarkeit (ungeöffnet): bis zu 1 Jahr

1. Zwiebeln schälen. In 500 ml Wasser mit 1 EL Salz aufkochen und 10 Minuten kochen lassen. Herausnehmen und abkühlen lassen.
2. Zwiebeln mit dem Estragon in Gläser schichten.
3. Knoblauch schälen, fein hacken und mit 1 EL Salz zerdrücken. Mit Essig, 250 ml Wasser, Wein, Zucker, Pfeffer und Lorbeerblättern kurz aufkochen und in die Gläser füllen. Die Gläser fest verschließen und auf den Kopf stellen. 5 Minuten umgedreht stehen lassen. Mindestens 1 Woche ziehen lassen.

Wenn man Kürbis einlegt, dann immer noch am besten süß-sauer. Zur Abwechslung hier einmal mit Mandeln und Rosinen. Und wer's klassisch am liebsten mag, lässt diese Zutaten einfach weg.

SÜSS-SAURER KÜRBIS MIT MANDELN UND ROSINEN

- *ca. 2 kg Kürbis (ergibt 1,5 kg Kürbisfleisch)*
- *1 l Weißweinessig*
- *500 g Zucker*
- *1 TL Gewürznelken*
- *100 g Rosinen*
- *100 g geschälte Mandeln*

Für 5 bis 6 Gläser à 500 ml
Haltbarkeit (ungeöffnet): bis zu 1 Jahr

1. Kürbis schälen und die Kerne mit einem Löffel herauskratzen, Fruchtfleisch würfeln.
2. Essig, Zucker und Nelken zusammen aufkochen. Kürbis portionsweise darin 5 Minuten garen. Kürbisstücke, Rosinen und Mandeln in die Gläser füllen.
3. Sud aufkochen und den Kürbis damit bedecken. Die Gläser fest verschließen und auf den Kopf stellen. 5 Minuten umgedreht stehen lassen. Mindestens 1 Woche ziehen lassen.

Damit der Kürbis aus dem Glas auf Dauer nicht zum Langweiler wird, hier eine weitere süß-saure Variante – mit Sherryessig, Honig und Limetten.

KÜRBIS MIT LIMETTEN IN SHERRYESSIG

- *ca. 2 kg Kürbis (ergibt 1,5 kg Kürbisfleisch)*
- *4 unbehandelte Limetten*
- *300 ml Sherryessig*
- *350 g Roh-Rohrzucker*
- *4 EL Honig*
- *2 Zimtstangen*
- *12 Wacholderbeeren*

Für 5 bis 6 Gläser à 500 ml
Haltbarkeit (ungeöffnet): bis zu 1 Jahr

1. Kürbis schälen und die Kerne mit dem Löffel herauskratzen. Fruchtfleisch würfeln. Limetten heiß abwaschen. 2 Limetten in dünne Scheiben schneiden, von den anderen beiden Limetten die Schale abreiben und die Früchte auspressen.
2. Essig, Limettensaft und -schale, Zucker, Honig, Zimtstangen und Wacholderbeeren zusammen aufkochen. Kürbiswürfel darin 5 bis 7 Minuten kochen und herausnehmen. Kochsud auffangen.
3. Kürbiswürfel und Limettenscheiben in die Gläser füllen. Sud aufkochen und den Kürbis damit bedecken. Die Gläser fest verschließen und auf den Kopf stellen. 5 Minuten umgedreht stehen lassen. Mindestens 1 Woche ziehen lassen.

Variation: Sie können die Limetten durch Zitronen ersetzen und erhalten so eine herb-säuerliche Note!

Kleine Tomate, großes Aroma! Im Gewürzsud sind die Früchte ein Highlight für die Wintermonate.

WÜRZIGE CHERRYTOMATEN

- *1 kg reife Cherrytomaten*
- *4 Schalotten*
- *2 Knoblauchzehen*
- *500 ml Weißweinessig*
- *1 EL Salz*
- *1 EL Zucker*
- *2 Wacholderbeeren*
- *1 Gewürznelke*
- *1 EL bunte Pfefferkörner*
- *1 EL Senfkörner*
- *1 Dillstängel*

Für 2 Gläser à 750 ml
Haltbarkeit (ungeöffnet): bis zu 1 Jahr

1. Tomaten waschen, Stielansätze entfernen. Jede Tomate 2 bis 3 Mal mit einer Gabel einstechen. Schalotten und Knoblauch schälen und zusammen mit den Tomaten in die Gläser füllen.
2. Essig, 125 ml Wasser, Salz, Zucker, Wacholderbeeren, Nelke, Pfeffer- und Senfkörner und Dill zusammen zum Kochen bringen, kurz aufkochen lassen.
3. Die Tomaten mit der Flüssigkeit bedecken. Die Gläser sofort verschließen und auf den Kopf stellen. 5 Minuten umgedreht stehen lassen. Mindestens 3 Tage ziehen lassen.

Sommerliche Gemüsemischung querbeet – der scharfe englische Klassiker wird zu Würstchen oder kaltem Fleisch wie Schinken und Schweinebraten serviert, passt aber auch zu Käse und Bratkartoffeln.

PICCALILLI

- 300 g Zwiebeln
- 300 g Möhren
- 400 g Salatgurke
- 300 g Blumenkohl
- je 1 grüne und rote Paprika
- 600 g Weißkohl (helle Blätter)
- 600 ml Weißweinessig
- 2 Chilischoten
- 2 EL Kurkuma
- 2 EL Ingwerpulver
- 4 EL Senfpulver
- 6 EL Zucker
- 1 EL Salz

Für 7 Gläser à 500 ml
Haltbarkeit (ungeöffnet): bis zu 1 Jahr

1. Gemüse putzen und waschen. Zwiebeln, Möhren und Gurke schälen, das ganze Gemüse in mundgerechte Stücke schneiden.
2. Die Hälfte des Essigs mit 500 ml Wasser aufkochen. Die Gemüsesorten einzeln je 2 Minuten darin blanchieren, in der Reihenfolge hell zu dunkel. Dann eiskalt abschrecken und abtropfen lassen. Sud auffangen und durch ein Tuch seihen. Gemüse in die Gläser schichten.
3. Gewürze mit 50 ml Essig verrühren. Dann zusammen mit dem restlichen Essig im Sud aufkochen.
4. Kochend heiß in die Gläser füllen. Die Gläser fest verschließen und auf den Kopf stellen. 5 Minuten umgedreht stehen lassen. Mindestens 1 Woche ziehen lassen.

Variation: Für Piccalilli-Bohnen das Gemüse bis auf die Zwiebeln durch 1,5 kg gelbe Wachsbohnen und 1 kg gelben Paprika ersetzen und mit fein gehacktem Meerrettich ergänzen.

Pikant gewürzte Champignons für echte Knoblauchfans. Weil die Zehen blanchiert werden, verlieren sie an Schärfe und hinterlassen nicht die sonst typischen Düfte.

KNOBLAUCHCHAMPIGNONS

- *1 kg kleine Champignons*
- *3 Knoblauchknollen*
- *350 ml Weinessig*
- *7 EL Senfkörner*
- *5 EL schwarze Pfefferkörner*
- *60 g Zucker*
- *2 EL Salz*
- *3 Lorbeerblätter*
- *3 Rosmarinstängel*
- *3 Chilischoten*
- *50 ml Olivenöl*

Für 3 Gläser à 500 ml

Haltbarkeit (ungeöffnet): bis zu 1 Jahr

1. Champignons eventuell mit einem Pinsel oder einem weichen Tuch säubern. Bräunliche Stielenden abschneiden. Die Abschnitte in 300 ml Wasser 1 Minute kochen.
2. Pilzsud durch ein Sieb geben und in einem Topf aufkochen lassen. Champignons dazugeben, zugedeckt 5 Minuten kochen. Abgießen und gut abtropfen lassen, Sud auffangen.
3. Knoblauch in Zehen zerteilen und schälen. In den Pilzsud geben, 1 Minute darin kochen, dann zu den Pilzen geben.
4. 500 ml vom Pilzsud abmessen, mit Essig, Senf- und Pfefferkörnern, Zucker und Salz aufkochen. Pilze, Knoblauch, je 1 Lorbeerblatt, Rosmarinstängel und Chilischote in die Gläser geben, mit dem Sud bedecken. Mit etwas Olivenöl bedecken, um einen luftdichten Abschluss zu erhalten, der längere Haltbarkeit garantiert. Die Gläser fest verschließen. Mindestens 3 Tage ziehen lassen.

Variation: Es geht auch weniger scharf: Rosmarin und Chili durch einen halben Bund Dill ersetzen.

Eine kräftig-würzige Basis für viele Saucen und Suppen.

PILZEXTRAKT

- *450 g gemischte Pilze*
- *200 ml trockener Rotwein*
- *60 ml dunkle Sojasauce*
- *1 TL Salz*
- *1 Thymianzweig*

Für 2 Gläser à 200 ml

Haltbarkeit (ungeöffnet): bis zu 2 Monate

1. Pilze putzen und grob hacken. Alle Zutaten mit 30 ml Wasser in einem Topf aufkochen und ohne Deckel 45 Minuten köcheln lassen. Den Sud abgießen und auffangen, die Pilze möglichst gut ausdrücken und in die Gläser verteilen.
2. Den Sud auf die Hälfte einkochen. Kochend heiß in die Gläser füllen. Die Gläser fest verschließen und auf den Kopf stellen. 5 Minuten umgedreht stehen lassen und im Kühlschrank aufbewahren.

Tipp: Der Extrakt hält sich etwa 2 Monate. Um die Haltbarkeit zu verlängern, kann man ihn sterilisieren oder in Eiswürfelformen einfrieren.

KALT GERÜHRTE HIMBEERKONFITÜRE MIT VANILLE, SEITE 71

GELEE, KONFITÜRE UND MARMELADE

Die eigene Marmelade oder Konfitüre aufs Frühstücksbrötchen streichen – so sieht ein guter Start in den Tag aus. Die grenzenlose Vielzahl an Kombinationsmöglichkeiten unter den Früchtesorten inspiriert nicht nur bei der Zubereitung, sondern steigert auch die Freude am Genuss des Selbstgemachten.

HEISS RÜHREN

Früher war laut Gesetz eine Marmelade ein Aufstrich ohne sichtbare Fruchtstücke, während eine Konfitüre sichtbare Stücke enthalten musste. Im allgemeinen Sprachgebrauch hat sich diese Unterscheidung bis heute weitgehend erhalten, obwohl die sogenannte Konfitürenverordnung von 1982 die Handelsbezeichnungen für die beiden Produkte neu festlegte. Danach darf sich im Handel ein Produkt nur dann Marmelade nennen, wenn es ausschließlich aus Zitrusfrüchten besteht. Eine Konfitüre hingegen kann alle Obstsorten enthalten. Für eine Konfitüre „extra" mit höherem Fruchtanteil ist die Auswahl der Zutaten noch strenger reglementiert, sie darf beispielsweise kein konzentriertes Fruchtmark enthalten. Gelees werden ausschließlich aus Saft gewonnen, der als Grundzutat keinen zugesetzten Zucker enthalten darf. Erst bei der Zubereitung darf er sich mit Zucker anfreunden und je nach verwendeter Fruchtart mit möglichst natürlichen Gelierhilfen wie Pektin oder Agar-Agar (siehe Seite 20).

RÜHREN, ABSCHÄUMEN, GELIERPROBEN MACHEN

Bei der Zubereitung von Marmeladen und Konfitüren sollte der Inhalt des Topfes immer in Bewegung bleiben, damit sich alle Zutaten gut vermengen und sich die gewünschte Konsistenz bildet. Und das heißt: rühren, rühren, rühren!

Je eiweißreicher Früchte sind, desto mehr Schaum entsteht beim Kochen auf der Oberfläche. Erdbeeren beispielsweise schäumen sehr stark. Früher fügten die Hausfrauen deshalb einen Stich Butter hinzu, um mit dem Fett den Schaum zu bremsen. Viele Gelierzucker enthalten deshalb gehärtetes Palmfett, um denselben Effekt zu erzielen. Wer aber auf diesen Zusatz verzichten möchte, muss aufs Etikett schauen und dann mit der Schaumkelle immer wieder fleißig abschäumen oder den Schaum stetig unterrühren. Abschöpfen bringt Vorteile, denn der Schaum kann Trübstoffe und Verunreinigungen enthalten, die später die Haltbarkeit beeinträchtigen. Außerdem gibt er der Oberfläche eine unschöne Farbe.

Unverzichtbar: Bevor die Gläser gefüllt werden, sollte man auf Nummer sicher gehen und eine Gelierprobe machen. Denn sonst wird möglicherweise der Inhalt nicht fest und man muss sich später Fruchtsuppe aufs Brot löffeln. Zum Testen gibt man am Ende der Zubereitung 1 bis 2 Teelöffel der Fruchtmasse heiß auf einen kalten Teller (am besten vorher in den Kühlschrank legen). Wenn sie dann so fest wird, wie man sie haben möchte, ist alles in Ordnung. Ansonsten sollte man am besten alles noch etwas weiterkochen oder aber eine (möglichst) natürliche Gelierhilfe wie Agar-Agar zufügen (siehe Seite 20). Eine weitere Gelierprobe beseitigt alle Zweifel. In den Gläsern kann es übrigens eine ganze Woche dauern, bis der Inhalt erstarrt ist.

KONFITÜRE AUS DEM KUPFERKESSEL

Früher wurde Konfitüre im Kupfer- oder Messingkessel gerührt, was heute noch einige Vorteile hat: Das wärmeleitfähige Metall nimmt die Hitze schnell auf und gibt sie ebenso schnell an das Kochgut weiter. Dazu kommt die antioxidative Wirkung des Metalls, wodurch Inhaltsstoffe, Geschmack und Farbe der Früchte weitgehend erhalten bleiben. Ein weiteres Plus: Man kann gänzlich auf Geliermittel verzichten, normaler Zucker reicht zum Marmeladekochen aus. Der Trick dabei ist: Weil die Früchte in blanken Messing- oder Kupfertöpfen nicht so schnell oxidieren, Erdbeeren also beispielsweise nicht braun werden, kann man sie auch länger in diesen Töpfen kochen. Und genau das ist nötig, wenn man auf Geliermittel verzichten möchte.

Aber das Marmeladekochen mit Zucker ohne Geliermittel dauert je nach Obstsorte keine Ewigkeit: Schnell gelierende Früchte wie Äpfel oder Johannisbeeren sind schon nach einigen Minuten geliert, pektinarme wie Erdbeeren und Himbeeren jedoch benötigen eine gute halbe Stunde. Wie beim Einkochen mit Geliermittel stellt man durch die Gelierprobe fest, ob die Masse geliert ist. Daneben erkennt man den Beginn des Gelierprozesses daran, dass die anfangs beträchtliche Schaumbildung nachlässt.

Ein Kupferkessel kann allerdings nur auf dem Gasherd verwendet werden, für Elektro- oder Induktionsherde ist er ungeeignet. Wenn Sie einen verwenden wollen, kaufen Sie einen Kessel von 7 bis 12 Liter Inhalt.

Tipps zum Heißeinfüllen von Gelee, Konfitüre und Marmelade

/ Höchstens 2 kg Früchte beziehungsweise 1 Liter Saft (für Gelees) auf einmal verarbeiten. Größere Mengen müssen sehr lange erhitzt werden, damit genug Flüssigkeit verdunstet, und damit wäre ein Geschmacksverlust verbunden.

/ Einen ausreichend großen Topf wählen: Für 2 Kilo Einmachgut sollte der Topf daher mindestens 3 Liter Fassungsvermögen haben.

/ Mit Zucker gemischte Früchte für Konfitüren und Marmeladen am besten mehrere Stunden oder über Nacht ruhen lassen, damit die Früchte Saft ziehen.

/ Der Pektingehalt der Früchte bestimmt die Kochzeit. Süße Früchte haben im Allgemeinen weniger Pektin als herbe oder saure wie Quitten, Äpfel oder Johannisbeeren; siehe Tabelle Seite 230. Auf jeden Fall die auf der Einmachzuckerpackung angegebene Mindestkochzeit einhalten.

/ Bei pektinarmen Früchten hilft der Zusatz von Zitronensaft, um die Gelierfähigkeit zu erhöhen.

/ Sie können auch einfachen Zucker verwenden. Der Vorteil besteht darin, dass man bei stark pektinhaltigen Früchten wie Äpfeln und Quitten nur wenig Geliermittel zusetzen muss. Beachten Sie gegebenenfalls die Hinweise auf den Verpackungen der Geliermittel.

/ Für die Vorbereitung der Gläser gelten dieselben Empfehlungen wie beim Sterilisieren (siehe Seite 34).

KALT RÜHREN

Immer mehr in Mode kommt die roh gerührte Konfitüre. Dabei werden zerdrückte oder zermuste Früchte zusammen mit Zucker so lange gerührt, bis ein Fruchtbrei entstanden ist, der sich verdickt. Gelierprobe nicht vergessen! Besonders pektinreiches Obst, zum Beispiel Aprikosen, Brombeeren, Johannisbeeren und Stachelbeeren, ist die beste Wahl, man kann es mit anderen Sorten mischen (siehe Tabelle Seite 230). Apfel, Birne oder Quitte eignen sich wegen ihrer Festigkeit für dieses Verfahren gar nicht. Roh gerührte Konfitüre sollte nach spätestens drei Monaten verbraucht sein, und wegen der kurzen Haltbarkeit sollten Sie nur kleine Mengen herstellen. Wer dennoch länger etwas von dem fruchtigen Vergnügen haben will oder eine größere Erntemenge verarbeiten möchte, friert die Gläser einfach ein. Beim Geschmack scheiden sich die Geister: Die einen loben die besondere Frische und Unverfälschtheit des Fruchtaromas, die anderen vermissen die beim Kochen entstehende typische Konfitürennote.

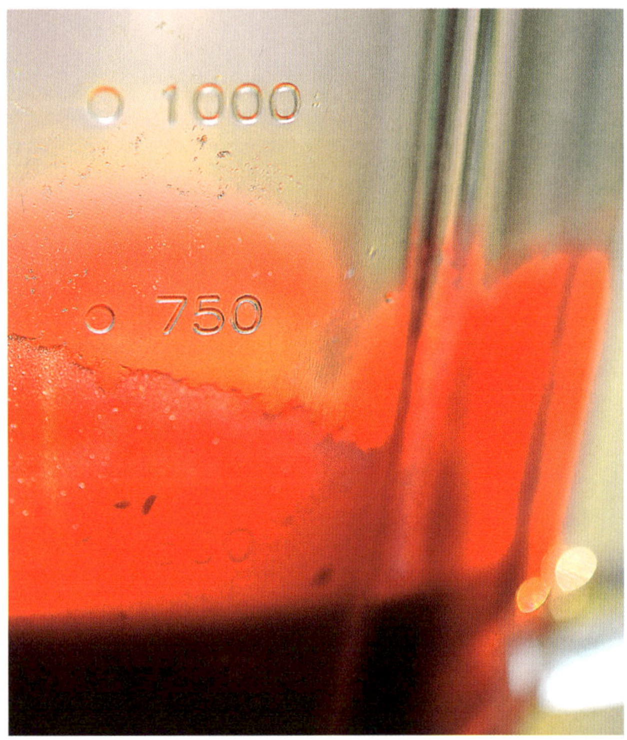

Süß und mit ausgeprägtem Fruchtgeschmack, ist diese roh gerührte Konfitüre ein echtes Highlight zum Frühstück.

KALT GERÜHRTE HIMBEER-KONFITÜRE MIT VANILLE

- *500 g Himbeeren*
- *500 g Zucker*
- *1/2 Vanilleschote*
- *1/2 TL Agar-Agar*
- *Saft von 1 Zitrone*

Für 4 Gläser à 200 ml
Haltbarkeit (ungeöffnet und gekühlt): bis zu 2 Monate

1. Himbeeren verlesen und waschen. Etwas zerdrücken und mit dem Zucker vermischt über Nacht ziehen lassen. Vanilleschote aufschlitzen und das Mark herausschaben, unterrühren und so lange mit dem Mixer verrühren, bis eine dickliche Masse entstanden ist.
2. Agar-Agar mit Zitronensaft anrühren. 200 ml heißes Wasser unterrühren und mit der Fruchtmasse verrühren.
3. Die heiße Konfitüre in Gläser füllen, mit einem Küchentuch abdecken und erst nach etwa 2 Stunden mit den Deckeln verschließen, damit die eingerührte Luft entweichen kann.

Knackige Pistazienstückchen geben diesem Aprikosenaufstrich Biss.

KALT GERÜHRTE APRIKOSEN-KONFITÜRE MIT PISTAZIEN

- *550 g Aprikosen*
- *500 g Gelierzucker 1:1*
- *Saft von 1 Zitrone*
- *50 g Pistazien*
- *20 ml Aprikosenbrand*

Für 4 Gläser à 200 ml
Haltbarkeit (ungeöffnet und gekühlt): bis zu 2 Monate

1. Aprikosen waschen und entsteinen, 500 g abwiegen. Zitronensaft darüber verteilen und mit dem Gelierzucker mischen. Über Nacht am besten im Kühlschrank ziehen lassen. Pistazien grob hacken.
2. Am nächsten Tag so lange mit dem Mixer verrühren, bis eine dickliche Masse entstanden ist. Das dauert 15 bis 20 Minuten. Zum Schluss die gehackten Pistazien unterrühren.
3. Gläser mit Aprikosenbrand ausspülen und die Konfitüre einfüllen. Nach 2 bis 3 Stunden den restlichen Aprikosenbrand darüberträufeln und die Gläser verschließen.

Variation: Auch Pfirsiche, Nektarinen und süße oder saure Kirschen harmonieren hervorragend mit Pistazien.

Rezepte für

GELEE, KONFITÜRE UND MARMELADE

Ob süß oder süß-pikant – es gilt: Sterilisieren erhöht die Haltbarkeit. Im Allgemeinen halten sich die fruchtigen Aufstriche wegen der hohen Zuckermengen aber auch nach dem Heißeinfüllen sehr lange. Übrigens: In allen Rezepten wird Gelierzucker verwendet, aber einfacher Raffinadezucker zusammen mit einem Geliermittel erfüllt denselben Zweck.

ERDBEER-PFIRSICH-SCHICHTKONFITÜRE MIT MANDELN, SEITE 80

ZITRONENGELEE MIT WEISSWEIN

Zitronig-frischer Brotaufstrich, der sich gern mit gebratenem Fisch anfreundet, zu dem man ihn wie einen Dip servieren kann.

ZITRONENGELEE MIT WEISSWEIN

10 Zitronen, davon 1 unbehandelt
300 ml trockener Weißwein (z. B. Silvaner)
1 kg Gelierzucker 1:1

Für 6 Gläser à 200 ml
Haltbarkeit (ungeöffnet): bis zu 1 Jahr

1. Unbehandelte Zitrone heiß abwaschen, sehr dünn schälen und die Schale in feine Streifen schneiden. Dann die Frucht zusammen mit den übrigen Zitronen auspressen. 500 ml Saft abmessen.
2. Zitronensaft und Weißwein zusammen mit der Zitronenschale in einem Topf mit dem Gelierzucker verrühren. 4 Minuten unter Rühren sprudelnd kochen lassen, dann den Topf von der Platte ziehen. Gelierprobe machen, eventuell noch kurz weiterkochen lassen.
3. Das heiße Gelee in die Gläser füllen. Die Gläser fest verschließen und auf den Kopf stellen. 5 Minuten umgedreht stehen lassen. Gläser während des Erkaltens öfter drehen, damit sich die Zitronenschale besser verteilt.

Reines Beerenaroma ohne lästige Kernchen.

BROMBEERGELEE

2 kg Brombeeren
Saft von 1 Zitrone
1 kg Gelierzucker 1:1
1 Vanilleschote

Für 5 bis 6 Gläser à 200 ml
Haltbarkeit (ungeöffnet): bis zu 1 Jahr

1. Brombeeren waschen und in einem Topf grob zerdrücken, 500 ml Wasser hinzufügen und bei geringer Hitze weich kochen, bis alle Beeren aufgeplatzt sind. Dann den Deckel aufsetzen und die Beeren aufkochen lassen, Deckel wieder abnehmen.
2. In ein mit einem feuchten Küchentuch ausgelegtes Sieb geben und über einer Schüssel den Saft ablaufen lassen. Zum Schluss den Brombeerbrei im Tuch ausdrücken. 1 Liter Brombeersaft abmessen.
3. Vanilleschote längs aufschlitzen und Mark auskratzen. Saft mit Schote und Mark, Zitronensaft und Gelierzucker in einem Topf verrühren und zum Kochen bringen. 4 Minuten unter Rühren sprudelnd kochen lassen, dann den Topf von der Platte ziehen. Gelierprobe machen, eventuell kurz weiterkochen lassen. Vanilleschote entfernen.
4. Das heiße Gelee in die Gläser füllen. Die Gläser fest verschließen und auf den Kopf stellen. 5 Minuten umgedreht stehen lassen.

Variationen: Auf die gleiche Weise lässt sich Himbeer- und Johannisbeergelee zubereiten. Eine besonders schöne Mischung ergibt sich durch die Kombination mit Pfirsichen: 1 kg Brombeeren zusammen mit 1 kg grob zerkleinerten Pfirsichen (vorbereitet gewogen, siehe Tabelle Seite 237) wie im Rezept angegeben verarbeiten.
Tipp: Die Früchte sollten aufgeplatzt sein, damit sie genug Saft abgeben. Sonst müsste reichlich Wasser zugegeben werden und das Gelee würde an Aroma verlieren.

Als Brotaufstrich zeigen sich die im rohen Zustand pelzigen und harten Früchte von ihrer besten Seite, denn Quitten entfalten im Gelee vollständig ihr zart-blumiges Aroma.

QUITTENGELEE

1,75 kg Quitten
1 kg Gelierzucker 1:1

Für 5 Gläser à 200 ml
Haltbarkeit (ungeöffnet): bis zu 1 Jahr

1. Den pelzigen Flaum der Quitten abreiben, Früchte waschen, Blütenansätze und Kerne entfernen und das Fruchtfleisch vierteln. 40 Minuten bei schwacher Hitze mit 1,25 Liter Wasser kochen.
2. In ein mit einem feuchten Küchentuch ausgelegtes Sieb geben und über einer Schüssel den Saft ablaufen lassen. Zum Schluss den Quittenbrei im Tuch ausdrücken. 850 ml Quittensaft abmessen.
3. Saft und Gelierzucker in einem Topf verrühren und zum Kochen bringen. 4 Minuten unter Rühren sprudelnd kochen lassen, dann den Topf von der Platte ziehen. Gelierprobe machen, eventuell kurz weiterkochen lassen.
4. Das heiße Gelee in die Gläser füllen. Die Gläser fest verschließen und auf den Kopf stellen. 5 Minuten umgedreht stehen lassen.

Variationen: In Streifen geschnittene Blättchen von einigen Basilikumstängeln in das gekochte Gelee geben. Dieses pikant-würzige Gelee schmeckt hervorragend zu frischem Quark, Frischkäse und Camembert. Für ein leichtes Orangenaroma mit Orangensaft statt Wasser kochen und vor dem Abfüllen 20 ml Cointreau zugeben.

Mit dem feinen, duftigen Aroma der filigranen Holunderblütendolden eignet sich dieses Gelee besonders als kulinarisches Mitbringsel.

APFELGELEE MIT HOLUNDERBLÜTEN

1,5 kg Äpfel
800 g Gelierzucker 1:1
8 schöne kleine Holunderblütendolden (locker in die Gläser passend)

Für 2 Gläser à 500 ml
Haltbarkeit (ungeöffnet): bis zu 1 Jahr

1. Äpfel waschen, vierteln und mit 500 ml Wasser bedeckt weich kochen. In ein mit einem feuchten Küchentuch ausgelegtes Sieb geben und über einer Schüssel den Saft ablaufen lassen. Zum Schluss den Fruchtbrei im Tuch ausdrücken. 800 ml Apfelsaft abmessen.
2. Saft und Gelierzucker in einem Topf verrühren und zum Kochen bringen. 4 Minuten unter Rühren sprudelnd kochen lassen, dann den Topf von der Platte ziehen. Gelierprobe machen, eventuell kurz weiterkochen lassen.
3. In jedes Glas eine Holunderblütendolde geben.
4. Das heiße Gelee in die Gläser auf die Holunderblüten füllen. Die Gläser fest verschließen und auf den Kopf stellen. 5 Minuten umgedreht stehen lassen.

Variationen: Es müssen nicht unbedingt Holunderblüten sein, auch andere dekorative und aromareiche Blüten, Früchte und Kräuter können das Gelee verfeinern:
Für Apfel-Rosen-Gelee zwei Handvoll Rosenblätter zu einem Drittel in feine Streifen schneiden, die restlichen beiden Drittel mitkochen und anschließend abfiltern.
Für Apfel-Veilchen-Gelee einige Veilchen und für Apfel-Basilikum-Gelee fein geschnittene Basilikumblätter mit in das Glas geben.

Einfach spritzig-köstlich, diese Kombination aus süßen Früchten und herbem Sekt!

PFIRSICH-SEKT-GELEE

1 kg Pfirsiche
200 ml trockener Sekt
500 g Gelierzucker 1:1

Für 4 Gläser à 200 ml
Haltbarkeit (ungeöffnet): bis zu 1 Jahr

1. Pfirsiche kreuzweise einritzen, mit kochendem Wasser überbrühen, wenige Minuten im heißen Wasser liegen lassen und mit kaltem Wasser abschrecken. Haut abziehen. Früchte entsteinen und in Würfel schneiden. Mit dem beim Schneiden entstandenen Saft bei geringer Hitze mit 500 ml Wasser weich kochen.
2. In ein mit einem feuchten Küchentuch ausgelegtes Sieb geben und über einer Schüssel den Saft ablaufen lassen. Zum Schluss den Pfirsichbrei im Tuch ausdrücken. 550 ml Pfirsichsaft abmessen.
3. Saft, Sekt und Gelierzucker in einem Topf verrühren und zum Kochen bringen. 4 Minuten unter Rühren sprudelnd kochen lassen, dann den Topf von der Platte ziehen. Gelierprobe machen, eventuell noch kurz weiterkochen lassen.
4. Das heiße Gelee in die Gläser füllen. Die Gläser fest verschließen und auf den Kopf stellen. 5 Minuten umgedreht stehen lassen.

Die Säure des Rhabarbers ergänzt sich hervorragend mit den süßen Erdbeeren, während die weiche Milde der Vanille den Geschmack abrundet.

ERDBEER-RHABARBER-KONFITÜRE MIT VANILLE

1,5 kg Erdbeeren
650 g Rhabarber
2 kg Gelierzucker 1:1
1 Vanilleschote

Für 8 Gläser à 200 ml
Haltbarkeit (ungeöffnet): bis zu 1 Jahr

1. Erdbeeren und Rhabarber waschen. Stielansätze der Erdbeeren entfernen, Rhabarber schälen. Früchte in grobe Stücke schneiden. Mit dem Gelierzucker mischen und 30 Minuten ziehen lassen.
2. Anschließend mit etwa 100 ml Wasser zum Kochen bringen. 4 Minuten unter Rühren sprudelnd kochen lassen, dann den Topf von der Platte ziehen. Gelierprobe machen, eventuell noch kurz weiterkochen lassen. Das ausgekratzte Vanillemark unterrühren.
3. Die heiße Konfitüre in die Gläser füllen. Die Gläser fest verschließen und auf den Kopf stellen. 5 Minuten umgedreht stehen lassen.

Variation: Erdbeeren harmonieren mit vielen anderen Früchten. Beliebte Kombinationen sind zum Beispiel die Mischungen aus zwei Dritteln Erdbeeren plus einem Drittel Orangen oder Kirschen.

APFEL-BIRNEN-GELEE MIT MINZE

Geschmacksintensive Fruchtmischung, die mit klein geschnittenen Minzeblättchen zu einem köstlichen Frühstücks-Muntermacher wird.

APFEL-BIRNEN-GELEE MIT MINZE

800 g Äpfel
1 kg Birnen
1/2 Bund Minze
1 kg Gelierzucker 1:1

Für 6 Gläser à 200 ml
Haltbarkeit (ungeöffnet): bis zu 1 Jahr

1. Früchte waschen, vierteln und getrennt mit jeweils 125 ml Wasser bedeckt weich kochen. Apfel- und Birnenbrei getrennt jeweils in ein mit einem feuchten Küchentuch ausgelegtes Sieb geben und über einer Schüssel den Saft ablaufen lassen. Zum Schluss die Fruchtbreie in den Tüchern ausdrücken.
2. Je 400 ml Apfelsaft und Birnensaft abmessen. Minzeblättchen abzupfen und in Streifen schneiden.
3. Säfte und Gelierzucker in einem Topf verrühren und zum Kochen bringen. 4 Minuten unter Rühren sprudelnd kochen lassen, dann den Topf von der Platte ziehen. Gelierprobe machen, eventuell noch kurz weiterkochen lassen. Minze unterrühren.
4. Das heiße Gelee in die Gläser füllen. Die Gläser fest verschließen und auf den Kopf stellen. 5 Minuten umgedreht stehen lassen.

Endlich Erdbeerzeit! Mit selbst gemachter Erdbeerkonfitüre lässt sich der Geschmack des Frühsommers auf das ganze Jahr verteilen. Übrigens: Je frischer die Konfitüre ist, desto besser schmeckt sie.

ERDBEERKONFITÜRE

1 kg Erdbeeren
Saft von 2 Zitronen
1 kg Gelierzucker 1:1

Für 7 Gläser à 200 ml
Haltbarkeit (ungeöffnet): bis zu 1 Jahr

1. Erdbeeren waschen, den Stielansatz entfernen. Früchte zusammen mit dem Zitronensaft pürieren. Mit dem Gelierzucker mischen und 30 Minuten ziehen lassen.
2. In einen Topf geben und zum Kochen bringen. 4 Minuten unter Rühren sprudelnd kochen lassen, dann den Topf von der Platte ziehen. Gelierprobe machen, eventuell noch kurz weiterkochen lassen.
3. Die heiße Konfitüre in die Gläser füllen. Die Gläser fest verschließen und auf den Kopf stellen. 5 Minuten umgedreht stehen lassen.

Variationen: Scharf und peppig, passt gut zu Käse oder Wild: Erdbeer-Chili-Konfitüre mit Cassislikör. Dafür etwas weniger Erdbeeren verwenden (etwa 900 g). Mit 2 bis 3 sehr fein gewürfelten, entkernten Chilischoten und 100 ml Cassislikör kochen. Eine weitere reizvolle Mischung ist die Erdbeer-Basilikum-Konfitüre. Dafür nach dem Kochen einfach fein geschnittene Blättchen von einem Topf Basilikum unterrühren.

Eine raffinierte Methode, mehrere Fruchtsorten zu kombinieren: Schichtweise in Gläser gefüllt, behält jede Sorte ihr eigenes Aroma und kann doch mit dem anderen nach Belieben gemischt werden.

ERDBEER-PFIRSICH-SCHICHT-KONFITÜRE MIT MANDELN

- *50 g Mandelblättchen*
- *550 g Pfirsiche*
- *1 kg Gelierzucker 1:1*
- *450 g Erdbeeren*
- *3 EL Zitronensaft*

Für 5 Gläser à 200 ml
Haltbarkeit (ungeöffnet): bis zu 1 Jahr

1. Mandelblättchen in einer Pfanne ohne Fett goldbraun rösten und abkühlen lassen.
2. Pfirsiche kreuzweise einritzen, mit kochendem Wasser überbrühen, wenige Minuten im heißen Wasser liegen lassen und mit kaltem Wasser abschrecken. Haut abziehen. Früchte entsteinen und in Würfel schneiden. 500 g abwiegen und mit 250 g Gelierzucker in einem Topf verrühren, 30 Minuten ziehen lassen. Erdbeeren waschen, Stielansätze entfernen.
3. 450 g Erdbeeren abwiegen und in Stücke schneiden. Mit Zitronensaft und dem restlichen Gelierzucker verrühren, ebenfalls 30 Minuten ziehen lassen.
4. Erdbeeren mit Zucker 4 Minuten unter Rühren sprudelnd kochen lassen, dann den Topf von der Platte ziehen. Gelierprobe machen, eventuell noch kurz weiterkochen lassen.
5. Die heiße Erdbeerkonfitüre jeweils halbhoch in die Gläser füllen und die Mandeln in Schichten darübergeben. Dann die Pfirsiche mit dem Zucker 4 Minuten unter Rühren sprudelnd kochen lassen, anschließend den Topf von der Platte ziehen. Gelierprobe machen, eventuell noch kurz weiterkochen lassen.
6. Die Pfirsichmasse in die halbvollen Gläser füllen. Die Gläser fest verschließen und nach etwa 15 Minuten auf den Kopf stellen. 5 Minuten umgedreht stehen lassen.

Variation: Nur zwei Drittel der Mandeln als Schicht über die Erdbeermasse geben und die restlichen Mandeln nach dem Kochen in die Pfirsichmasse rühren.

Hier treffen kräftige Fruchtaromen zu einer herb-süßen Mischung zusammen, die die Düfte des Herbstes einfängt.

HOLUNDER-BIRNEN-BROMBEER-KONFITÜRE

- *860 g Holunderbeeren*
- *oder 350 ml Holundersaft*
- *300 g Brombeeren*
- *250 g Birnen*
- *1 kg Gelierzucker 1:1*

Für 5 Gläser à 200 ml
Haltbarkeit (ungeöffnet): bis zu 1 Jahr

1. Holunderbeeren waschen und verlesen, 600 g abwiegen. Mit 350 ml Wasser zum Kochen bringen, ungefähr 30 Minuten kochen. In ein mit einem feuchten Küchentuch ausgelegtes Sieb geben und über einer Schüssel den Saft ablaufen lassen, möglichst über Nacht. Zum Schluss den Holunderbeerbrei im Tuch ausdrücken. 350 ml Holunderbeersaft abmessen.
2. Brombeeren kurz waschen und verlesen, Birnen schälen, entkernen und in Stücke schneiden. Holundersaft mit Brombeeren und Birnen in einem Topf mit dem Gelierzucker vermischen und etwa eine halbe Stunde ziehen lassen. Dann zum Kochen bringen. 4 Minuten unter Rühren sprudelnd kochen lassen, anschließend den Topf von der Platte ziehen. Gelierprobe machen, eventuell noch kurz weiterkochen lassen.
3. Die heiße Konfitüre in die Gläser füllen. Die Gläser fest verschließen und auf den Kopf stellen. 5 Minuten umgedreht stehen lassen.

Variation: Zu dieser Fruchtkombination passt ein wenig Ingweraroma. Einfach ein sehr fein geschnittenes Stück Ingwer (etwa 1 Zentimeter) vor dem Abfüllen in die Konfitüre rühren.

Wunderbare Winterkonfitüre: Die Brombeeren steuern den Sommer bei, die Walnüsse den Herbst und Marzipan und Zimt einen Hauch Weihnachten.

BROMBEER-WALNUSS-KONFITÜRE MIT MARZIPAN

- *800 g Brombeeren*
- *100 g Walnusskerne*
- *50 g Marzipan-Rohmasse*
- *Saft von 1 Zitrone*
- *1 kg Gelierzucker 1:1*
- *50 ml roter Traubensaft*
- *etwas Zimt nach Geschmack*

Für 7 Gläser à 200 ml
Haltbarkeit (ungeöffnet): einige Monate

1. Brombeeren verlesen, waschen und 800 g abwiegen. Walnusskerne hacken, Marzipan-Rohmasse fein würfeln.
2. Alles in einem Topf mit dem Zitronensaft, dem Gelierzucker und dem Zimt vermischen und 30 Minuten ziehen lassen. Dann zum Kochen bringen. 4 Minuten unter Rühren sprudelnd kochen lassen, anschließend den Topf von der Platte ziehen und den Traubensaft dazugeben. Gelierprobe machen, eventuell noch kurz weiterkochen lassen.
3. Die heiße Konfitüre in die Gläser füllen. Die Gläser fest verschließen und auf den Kopf stellen. 5 Minuten umgedreht stehen lassen.

Tipp: Wegen der Walnüsse und des Marzipans ist diese Konfitüre nur einige Monate haltbar. Daher am besten gleich im ersten Winter verbrauchen.

Sanddorn, Aprikose und Orangen sind kräftig orangefarbene Früchte, die zusammen nicht nur einen Sonnentupfer, sondern auch viel Geschmack auf Brot, in Müsli, Quark und Joghurt zaubern.

APRIKOSEN-SANDDORN-KONFITÜRE

- *1,1 kg Aprikosen*
- *300 g Sanddornbeeren*
- *1 kg Gelierzucker 1:1*
- *Saft von 1 Orange*
- *50 ml Aprikosenlikör*

Für 5 Gläser à 200 ml
Haltbarkeit (ungeöffnet): bis zu 1 Jahr

1. Aprikosen waschen und entsteinen, Sanddornbeeren waschen und von den Stielen befreien. 800 g Aprikosen und 200 g Sanddornbeeren abwiegen. Die Sanddornbeeren mit wenig Wasser kochen und durch ein Sieb streichen.
2. Sanddornbrei in einem Topf mit dem Gelierzucker, den Aprikosen und dem Orangensaft mischen und über Nacht ziehen lassen. Anschließend 4 Minuten unter Rühren sprudelnd kochen lassen, dann den Topf von der Platte ziehen. Den Aprikosenlikör unterrühren. Gelierprobe machen, eventuell noch kurz weiterkochen lassen.
3. Die heiße Konfitüre in die Gläser füllen. Die Gläser fest verschließen und auf den Kopf stellen. 5 Minuten umgedreht stehen lassen.

Der süße Pfirsichgeschmack profitiert von einer sauren Komponente, die hier von den Stachelbeeren beigesteuert wird. Die Zitronenmelisse bringt noch mehr Frische hinein.

PFIRSICH-STACHELBEER-KONFITÜRE

- *550 g Pfirsiche*
- *600 g rote oder gelbe Stachelbeeren*
- *1 kg Gelierzucker 1:1*
- *einige Blättchen Zitronenmelisse*
- *2 EL Pfirsichlikör*

Für 5 Gläser à 200 ml
Haltbarkeit (ungeöffnet): bis zu 1 Jahr

1. Pfirsiche kreuzweise einritzen, mit kochendem Wasser überbrühen und mit kaltem Wasser abschrecken. Haut abziehen. Früchte entsteinen und in Würfel schneiden, 500 g abwiegen. Stachelbeeren waschen und putzen.
2. Pfirsiche mit Stachelbeeren und Gelierzucker in einem Topf verrühren und 1 Stunde zugedeckt ziehen lassen. Zitronenmelissenblättchen fein hacken.
3. Früchte mit Zucker grob pürieren und 4 Minuten unter Rühren sprudelnd kochen lassen, dann den Topf von der Platte ziehen. Gelierprobe machen, eventuell noch kurz weiterkochen lassen. Likör und Melissenblättchen unterrühren.
4. Die heiße Konfitüre in die Gläser füllen. Die Gläser fest verschließen und auf den Kopf stellen. 5 Minuten umgedreht stehen lassen.

PFIRSICH-STACHELBEER-KONFITÜRE

Bitter-süße Köstlichkeit mit viel Frische.

ORANGEN-GRAPEFRUIT-ZITRONEN-MARMELADE

- *5 unbehandelte Orangen*
- *1 unbehandelte Grapefruit*
- *1 unbehandelte Zitrone*
- *1 kg Gelierzucker 1:1*

Für 6 Gläser à 200 ml
Haltbarkeit (ungeöffnet): bis zu 1 Jahr

1. Orangen, Grapefruit und Zitrone heiß abwaschen und schälen, dabei die weiße, bittere Haut ganz entfernen. Das Fruchtfleisch in kleine Stücke schneiden. Die Schale von 2 Orangen und einer halben Grapefruit ebenfalls von der weißen Haut befreien und in sehr feine Streifen schneiden. Die Früchte, die Schale und den Gelierzucker verrühren und 30 Minuten ziehen lassen. Anschließend zum Kochen bringen.
2. Fruchtmasse 4 Minuten unter Rühren sprudelnd kochen lassen, dann den Topf von der Platte ziehen. Gelierprobe machen, eventuell noch kurz weiterkochen lassen.
3. Die heiße Konfitüre in die Gläser füllen. Die Gläser fest verschließen und auf den Kopf stellen. 5 Minuten umgedreht stehen lassen.

Variationen: Eine besonders schöne Farbe bekommt die Marmelade mit Blutorangen. Klein geschnittener frischer Ingwer, ungefähr 1 Zentimeter, ergänzt die Marmelade mit würziger Schärfe.

Preiselbeeren und Birnen: eine bewährte und beliebte Fruchtkombination zu Wildgerichten oder gebackenem Camembert. Natürlich macht sich die Konfitüre als Brotaufstrich hervorragend.

PREISELBEER-BIRNEN-KONFITÜRE

- *400 g Birnen*
- *Saft von 1 Zitrone*
- *600 g Preiselbeeren*
- *1 kg Gelierzucker 1:1*

Für 5 Gläser à 200 ml
Haltbarkeit (ungeöffnet): bis zu 1 Jahr

1. Birnen schälen, Kerngehäuse herausschneiden. Früchte grob würfeln und mit Zitronensaft beträufeln. Preiselbeeren waschen, mit Birnen und Gelierzucker in einem Topf vermischen. Über Nacht ziehen lassen.
2. Fruchtmasse 4 Minuten unter Rühren sprudelnd kochen lassen, dann den Topf von der Platte ziehen. Gelierprobe machen, eventuell noch kurz weiterkochen lassen.
3. Die heiße Konfitüre in die Gläser füllen. Die Gläser fest verschließen und auf den Kopf stellen. 5 Minuten umgedreht stehen lassen.

Variation: Mit 20 ml Birnenbrand oder trockenem Rotwein verfeinern. Statt der Preiselbeeren kann man Heidelbeeren verwenden und so eine fein-herbe Note erzielen.

Eine schöne, leicht herbe Kombination zu Käse oder auf dem Frühstücksbrot – etwas Besseres kann den beim Herbstspaziergang gesammelten Früchten nicht passieren.

HAGEBUTTEN-APFEL-KONFITÜRE

- *800 g Hagebutten*
- *550 g grüne Äpfel*
- *50 ml trockener Rotwein*
- *1 unbehandelte Orange*
- *800 g Gelierzucker 1:1*

Für 6 Gläser à 200 ml
Haltbarkeit (ungeöffnet): bis zu 1 Jahr

1. Hagebutten waschen, Stiel und Blüte entfernen und die Früchte halbieren. Kerne herauskratzen, Früchte nochmals waschen. In 200 ml Wasser und dem Rotwein etwa 20 Minuten weich kochen. Dann durch ein Sieb streichen und 500 g Fruchtmark abwiegen.
2. Äpfel schälen, entkernen, 500 g abwiegen und fein würfeln. Orangenschale abreiben und Saft auspressen. Mit dem Hagebuttenfruchtmark, den Äpfeln und dem Gelierzucker vermischen und 30 Minuten ziehen lassen. Anschließend 4 Minuten unter Rühren sprudelnd kochen lassen, dann den Topf von der Platte ziehen. Gelierprobe machen, eventuell noch kurz weiterkochen lassen.
3. Schaum abschöpfen und die heiße Konfitüre in die Gläser füllen. Die Gläser fest verschließen und auf den Kopf stellen. 5 Minuten umgedreht stehen lassen.

Variation: Für Hagebutten-Orangen-Konfitüre können Sie aus dem gekochten Hagebuttenmark mit 250 ml Orangensaft Konfitüre zubereiten, den Rotwein lassen Sie dann weg.

Mit Zimt und Nelken ist diese Konfitüre eine köstliche Leckerei für kalte Wintertage und stimmt schon ein wenig auf Weihnachten ein.

WINTERAPFEL

- *50 g Rosinen*
- *4 EL Rum*
- *1,25 kg Äpfel*
- *2 TL Schale von einer unbehandelten Zitrone*
- *5 EL Zitronensaft*
- *1 kg Gelierzucker 1:1*
- *1 Vanilleschote*
- *1 TL Zimt*
- *1/2 TL gemahlene Gewürznelken*

Für 6 Gläser à 200 ml
Haltbarkeit (ungeöffnet): bis zu 1 Jahr

1. Rosinen 30 Minuten in Rum einweichen. Äpfel schälen, entkernen und in Würfel schneiden. 1 kg Fruchtfleisch abwiegen, mit Zitronensaft und -schale mischen.
2. Äpfel und Gelierzucker in einem Topf vermischen und etwa 1 Stunde ziehen lassen. Das Mark aus der Vanilleschote kratzen und zusammen mit Rosinen, Zimt und Nelken zu den Äpfeln geben.
3. Fruchtmasse 4 Minuten unter Rühren sprudelnd kochen lassen, dann den Topf von der Platte ziehen. Gelierprobe machen, eventuell noch kurz weiterkochen lassen.
4. Die heiße Konfitüre in die Gläser füllen. Die Gläser fest verschließen und auf den Kopf stellen. 5 Minuten umgedreht stehen lassen.

Eine aromareiche Kombination:
Das herbe Aroma der schwarzen Beeren wird durch die süßeren roten Früchte gemildert.

SCHWARZ-ROTE JOHANNISBEERKONFITÜRE

- *je 500 g rote und schwarze Johannisbeeren*
- *Saft von 1 Zitrone*
- *1 kg Gelierzucker 1:1*

Für 4 Gläser à 200 ml
Haltbarkeit (ungeöffnet): bis zu 1 Jahr

1. Johannisbeeren waschen und von den Rispen streifen. In einer Schüssel mit dem Zitronensaft und dem Gelierzucker mischen und im Kühlschrank 15 Minuten ziehen lassen.
2. In einen Topf umfüllen und 4 Minuten unter Rühren sprudelnd kochen lassen, dann den Topf von der Platte ziehen. Gelierprobe machen, eventuell noch kurz weiterkochen lassen.
3. Schaum abschöpfen und die heiße Konfitüre in die Gläser füllen. Die Gläser fest verschließen und auf den Kopf stellen. 5 Minuten umgedreht stehen lassen.

Variation: Sie können die roten Johannisbeeren durch süße oder saure Kirschen ersetzen – das ergibt ebenfalls eine köstliche Mischung.
Tipp: Zum Abziehen der Beeren von den Rispen eignet sich eine Gabel. Rispen einfach direkt über der Schüssel durch die Zinken der Gabel ziehen.

Das klassische Zwetschgenmus benötigt Zeit, früher köchelte es viele Stunden auf dem Herd vor sich hin, bis es dick und von schwarzer Farbe war.

ZWETSCHGENMUS

- *3,2 kg Zwetschgen*
- *2 Zimtstangen*
- *2 Sternanis*
- *1 EL Essig*
- *bis zu 500 g Zucker, je nach Süße der Früchte*

Für 10 Gläser à 200 ml
Haltbarkeit (ungeöffnet): bis zu 1 Jahr

1. Zwetschgen waschen, entsteinen und 3 kg abwiegen. Die Früchte grob pürieren. Das Püree in der Fettpfanne des Backofens verteilen und mit Zimt, Anis und Essig vermischen. Über Nacht ziehen lassen. Anschließend bei 175 °C im Ofen ungefähr 2,5 Stunden einkochen, dabei immer umrühren, wenn sich eine Haut gebildet hat. Die Backofentür dabei mit einem Kochlöffelstil einen Spalt offen halten.
2. Fruchtmasse in einen Topf umfüllen und wenn nötig mit Zucker vermischen. 4 Minuten unter Rühren sprudelnd kochen lassen, dann den Topf von der Platte ziehen. Zimtstange und Sternanis herausnehmen, Gelierprobe machen, eventuell noch kurz weiterkochen lassen.
3. Das heiße Mus in die Gläser füllen. Die Gläser fest verschließen und auf den Kopf stellen. 5 Minuten umgedreht stehen lassen.

Tipps: Das Zwetschgenmus eignet sich nicht nur als Brotaufstrich, sondern auch als Füllung für Knödel, Kuchen und Gebäck. Selbst als Verfeinerung von Bratensaucen ist es ideal. Bei großen Mengen empfiehlt sich wie in diesem Rezept die Zubereitung im Backofen. Süße, reife Zwetschgen benötigen keinen Zuckerzusatz, weder für den Geschmack noch für die Haltbarkeit. Durch das starke Einkochen der Früchte ist die natürliche Fruchtzuckerkonzentration hoch genug, um die Haltbarkeit zu gewährleisten.

Eine Konfitüre, die durch ganze Fruchtstücke und die feine Schokoladennote besticht. Puristen lassen für unverfälschten Kirschgeschmack einfach Zimt, Kakao und Kakaolikör weg.

SAUERKIRSCHKONFITÜRE MIT SCHOKOLADE

- *1,25 kg Sauerkirschen*
- *1 kg Gelierzucker 1:1*
- *1 TL Zimt*
- *3 EL Zitronensaft*
- *1 EL Kakaopulver*
- *40 ml Kakaolikör*

Für 6 Gläser à 200 ml
Haltbarkeit (ungeöffnet): bis zu 1 Jahr

1. Kirschen waschen, entsteinen und Stiele entfernen. Die Hälfte der Früchte mit dem Gelierzucker mischen und zudeckt über Nacht ziehen lassen. Anschließend pürieren und mit der anderen Hälfte der Kirschen vermischen, 30 Minuten ziehen lassen.
2. Fruchtmasse 4 Minuten unter Rühren sprudelnd kochen lassen, dann den Topf von der Platte ziehen. Zimt und Zitronensaft dazugeben. Gelierprobe machen, eventuell noch kurz weiterkochen lassen. Dann Kakaopulver und -likör unterrühren.
3. Die heiße Konfitüre in die Gläser füllen. Die Gläser fest verschließen und auf den Kopf stellen. 5 Minuten umgedreht stehen lassen.

Variationen: Wenn Kinder von dem schokoladigen Vergnügen nicht ausgeschlossen werden sollen, einfach 1 bis 2 EL Kakaopulver mehr verwenden und den Likör weglassen. Köstlich und schön anzusehen sind auch untergerührte Schokoladenstückchen oder -raspeln.

Klingt ungewöhnlich, ist aber so köstlich, dass sich selbst Skeptiker überzeugen lassen.

MÖHREN-BIRNEN-KONFITÜRE

- *1 kg Möhren*
- *320 g Birnen*
- *80 ml Zitronensaft*
- *1 kg Gelierzucker 1:1*
- *1 Vanilleschote*
- *1 TL Zimt*

Für 5 Gläser à 200 ml
Haltbarkeit (ungeöffnet): bis zu 1 Jahr

1. Möhren waschen, schälen und in Scheiben schneiden. Birnen waschen, entkernen, in feine Scheiben schneiden und 300 g abwiegen. Möhren und Birnen in einen Topf geben, mit 125 ml Wasser und 1 EL Zitronensaft garen.
2. Die Masse pürieren und mit Gelierzucker, restlichem Zitronensaft, dem ausgekratzten Mark der Vanilleschote und Zimt mischen, 30 Minuten ziehen lassen.
3. 4 Minuten unter Rühren sprudelnd kochen lassen, dann den Topf von der Platte ziehen. Gelierprobe machen, eventuell noch kurz weiterkochen lassen.
4. Schaum abschöpfen und die heiße Konfitüre in die Gläser füllen. Die Gläser fest verschließen und auf den Kopf stellen. 5 Minuten umgedreht stehen lassen.

Eine herrlich frische Kombination, die sich als Brotaufstrich, in Quark oder Joghurt und als Tortenfüllung anbietet.

KÜRBIS-ORANGEN-KONFITÜRE

2 unbehandelte Orangen
1,4 kg Kürbis (Butternut oder Hokkaido)
1 kg Gelierzucker 1:1

Für 4 Gläser à 200 ml
Haltbarkeit (ungeöffnet): bis zu 1 Jahr

1. Orangen heiß abwaschen und ungeschält vierteln, dann in Scheiben schneiden. Mit 150 ml Wasser in einem Topf etwa 20 Minuten köcheln, bis die Schalen weich sind. Orangenscheiben herausnehmen und beiseitestellen. Kürbis schälen, Kerne entfernen, Fruchtfleisch würfeln und 1 kg abwiegen.
2. Kürbis in einem großen Topf zusammen mit dem Kochwasser der Orangen zugedeckt weich kochen und mit dem Kartoffelstampfer zerdrücken.
3. Gelierzucker einrühren und so lange rühren, bis er sich aufgelöst hat. Gekochte Orangenscheiben zugeben und aufkochen. Dann vom Herd nehmen und 10 Minuten ruhen lassen.
4. Die heiße Konfitüre in die Gläser füllen. Die Gläser fest verschließen und auf den Kopf stellen. 5 Minuten umgedreht stehen lassen.

Variation: Statt der Orangen können Sie 750 g grob geraspelte Äpfel unter das Kürbismus mischen: mit 150 ml Wasser und dem Gelierzucker aufkochen und 3 EL Kürbiskerne zugeben.

Pikant und doch süß – die Zwiebelkonfitüre vereint beide Noten und passt so hervorragend zu gebratenem Fleisch und Fisch, Käse oder einfach nur zu geröstetem Brot.

ROTE ZWIEBELKONFITÜRE

800 g rote Zwiebeln
60 g Butter
1 Prise Salz
125 g Roh-Rohrzucker
6 EL Balsamessig
3 EL Cassislikör

Für 5 Gläser à 200 ml
Haltbarkeit (ungeöffnet): bis zu 1 Jahr

1. Zwiebeln schälen und in feine Streifen schneiden. Die Butter in einem Topf bei mittlerer Hitze leicht bräunen, bis sie einen nussigen Duft verströmt. Zwiebeln darin weich dünsten und salzen. Dann Zucker und Essig zufügen und so lange kochen, bis fast die ganze Flüssigkeit verdampft ist. Cassis-Likör zugeben, 1 Minute mitdünsten.
2. Die heiße Konfitüre in die Gläser füllen. Die Gläser fest verschließen und auf den Kopf stellen. 5 Minuten umgedreht stehen lassen.

SÄFTE

Saft aus Obst oder Gemüse selbst zu machen war lange aus der Mode. Längst ist es aber aus der betulich anmutenden Selbstversorgungsecke wieder ins Rampenlicht gerückt. In diesem Fall kann man sagen, dass der Wellness-Wahn sein Gutes hat: Saftbars, die mit Vitaminen locken, findet man allerorten, und viele Köche versuchen sich an immer wieder neuen und überraschenden Smoothie-Kreationen.

Für den Gartenbesitzer, der sein Soll beim Einmachen bereits erfüllt hat, aber noch Berge von Beeren und zu erntende Bete vor sich hat, bietet das Saften eine willkommene Alternative: Flüssiges Obst und Gemüse in Flaschen ist mehr ein Durst- als Hungerstiller und lässt sich im Sommer gut gekühlt als Erfrischung servieren, besonders wenn es mit Wasser gemischt wird. Und gegen Mixideen aus der Hausbar ist nichts einzuwenden. Aus Obstsaft und Kräutern lassen sich konzentrierte Sirupe herstellen, die zum Trinken verdünnt werden. Außerdem sind Säfte und Sirupe eine willkommene Zutat bei der Zubereitung von Eis, Saucen und allen möglichen Desserts.

SAFT GEWINNEN

Es gibt drei Möglichkeiten, haltbaren Saft zuzubereiten. Für größere Mengen: Beim Dampfentsaften werden die Zellwände der Gemüse und Früchte durch heißen Wasserdampf zum Platzen gebracht, und der Saft tritt aus. Für größere Mengen sollte man sich einen speziellen Dampfentsafter anschaffen. Wie man mit dem jeweiligen Gerät umgeht, erläutert die Betriebsanleitung. Der so gewonnene Saft ist über viele Monate haltbar.

Für kleinere Mengen bietet es sich an, gekochten Obstsaft beziehungsweise gekochten Gemüsesaft in einem normalen Kochtopf, besser noch einem Dampfdrucktopf herzustellen. Gemüsesaft erscheint vielen zunächst suspekt, schmeckt aber gut und kann wie Obstsaft hergestellt werden. Das Obst oder Gemüse wird je nach Sorte vorbereitet (geschält, zerkleinert) und mit Wasser gekocht. Es entsteht ein Fruchtbrei, der zum Ablaufen in ein Tuch gegeben wird, das man aufhängt oder in ein Sieb legt. Der abgetropfte Saft wird mit Zucker aufgekocht, heiß in Flaschen gefüllt und sofort verschlossen. Er ist monatelang haltbar.

Um rohen Obstsaft herzustellen, braucht man Zitronensäure (erhältlich in Drogerien und Apotheken), die den Saft aus den Zellen holt. Sie wird in Wasser gelöst und über die Früchte gegossen. Dann stellt man alles für 24 Stunden kühl. Man verschließt sie zum Schutz gegen Verunreinigungen mit einem Mullläppchen. Anschließend wird der Saft gefiltert, mit Zucker verrührt, bis dieser sich aufgelöst hat, und in Flaschen gefüllt, die anschließend fest verschlossen werden. Man bewahrt sie in einem kühlen Raum auf. Der Saft enthält noch sämtliche Vitalstoffe, hält fit und gesund. Die Haltbarkeit ist allerdings sehr begrenzt, nach ein bis drei Monaten sollten Sie die Flaschen verbraucht haben. Wenn man Pech hat, fängt's an zu gären, und die ganze Mühe war umsonst. Roher Saft lässt sich zu herrlich fruchtigem Gelee weiterverarbeiten (siehe Seite 68). Natürlich kann man den Saft auch kochen und heiß in Flaschen füllen, aber dann handelt es sich nicht mehr um rohen Saft. Falls man statt der Zitronensäure Weinsteinsäure verwendet, darf der Saft aber nicht mehr gekocht werden und ist nicht zur Herstellung von Gelee mit Zucker geeignet.

Tipps für die Saftherstellung

/ Die Grundprodukte sollten von einwandfreier Qualität und ausgereift sein. Verwenden Sie kein gespritztes oder chemisch behandeltes Obst, das beeinträchtigt die Haltbarkeit.

/ Eingefrorenes Obst (siehe Seite 100) bietet sich zum Saftmachen an. Diese Situation kann eintreten, wenn die Erntemengen die Verarbeitungskapazitäten überstiegen hatten und ein Teil im Tiefkühler vorübergehend geparkt werden musste.

/ Verschiedene Säfte zu mischen ist vor allem dann sinnvoll, wenn man aromastarke Sorten mit weniger aromatischen zusammenbringen kann: Zum Beispiel Rhabarber und Erdbeeren oder herbe mit süßen Sorten, wie Preiselbeeren und Birnen.

/ Für die Vorbereitung der Gläser und Flaschen gelten dieselben Empfehlungen wie beim Sterilisieren (siehe Seite 34).

Rezepte für

DIE SAFTHERSTELLUNG

Säfte werden meist schnell verbraucht, denn man mischt sie gern mit Mineralwasser zu Schorle oder serviert sie pur als Dessertzutat. Es reicht also aus, sie nach den bewährten und hier beschriebenen Verfahren herzustellen, die eine monatelange Haltbarkeit versprechen. Natürlich kann man sie auch sterilisieren, dann halten sie sich deutlich länger, da unter der intensiveren Hitzeeinwirkung zuverlässig alle Keime abgetötet werden.

Ein bewährtes Hausmittel, das heiß getrunken bei Erkältungen wahre Wunder wirkt. Gut gekühlt und mit Mineralwasser verdünnt, nimmt es der Saft im Sommer mit jedem Durst auf.

HOLUNDERBEERSAFT MIT ZIMT UND NELKEN

- *1 unbehandelte Zitrone*
- *2 Zimtstangen*
- *5 Gewürznelken*
- *2 kg Holunderdolden*
- *180 bis 200 g Zucker*

Für 3 Flaschen à 500 ml
Haltbarkeit (ungeöffnet): bis zu 6 Monate

1. Zitrone in Scheiben schneiden und mit 1,25 Liter Wasser, Zimt und Nelken etwa 30 Minuten kochen. Holunderbeeren von den Dolden zupfen, dabei grüne Beeren aussortieren, waschen und mit einem Kartoffelstampfer zerdrücken. In das Wasser geben, nochmals aufkochen und über Nacht ziehen lassen.
2. Die Masse in ein über eine Schüssel gehängtes Safttuch geben und den Saft ablaufen lassen, am besten über Nacht. Das Tuch mit dem Fruchtbrei ausdrücken. Saftmenge abmessen und mit Zucker vermengen. Auf 1 Liter gewonnenen Saft 130 bis 150 g Zucker verwenden. Einmal aufkochen lassen, Schaum abschöpfen. Saft sofort in die Flaschen füllen und fest verschließen.

Variation: Ohne Zitrone und Gewürze lässt sich der Saft noch einfacher herstellen: Die vorbereiteten Holunderbeeren zerdrücken, zusammen mit dem Wasser aufkochen. Dann durch das Tuch ablaufen lassen, mit dem Zucker verrühren, nochmals aufkochen und in die Flaschen füllen.

Erfrischend sauer und mit Mineralwasser als Schorle ein Hit!

RHABARBERSAFT

- *5 kg Rhabarber*
- *2 Sternanis*
- *240 bis 550 g Zucker*

Für 6 bis 7 Flaschen à 500 ml
Haltbarkeit (ungeöffnet): bis zu 6 Monate

1. Rhabarber waschen, Stil- und Blattenden abschneiden. Stangen ungeschält in Stücke schneiden. In einem großen Topf mit 1 Liter Wasser und Sternanis zugedeckt weich kochen, ab und zu umrühren.
2. Die Masse in ein über eine Schüssel gehängtes Safttuch geben und den Saft ablaufen lassen, am besten über Nacht. Das Tuch mit dem Fruchtbrei ausdrücken. Saftmenge abmessen und mit Zucker vermengen. Auf 1 Liter gewonnenen Saft 80 bis 180 g Zucker verwenden. Einmal aufkochen lassen, Schaum abschöpfen. Saft sofort in die Flaschen füllen und fest verschließen.

Tipp: Rhabarbersaft eignet sich für einen tollen Longdrink: 4 cl Wodka mit 200 ml gut gekühltem Rhabarbersaft auffüllen.

RHAB

Ein supergesunder herb-fruchtiger Saft mit legendär hohem Vitamin-C-Gehalt, der das Immunsystem stärkt. Durch das Erhitzen und Entsaften reduziert sich der Vitamingehalt zwar etwas, ist aber immer noch erfreulich hoch.

SANDDORNSAFT

- *5 kg Sanddornbeeren*
- *240 bis 550 g Zucker*

Für 6 bis 7 Flaschen à 500 ml
Haltbarkeit (ungeöffnet): 6 Monate bis 1 Jahr

1. Sanddorn waschen. In einem großen Topf mit 2 Liter Wasser zugedeckt weich kochen, ab und zu umrühren.
2. Die Masse in ein über eine Schüssel gehängtes Safttuch geben und den Saft ablaufen lassen, am besten über Nacht. Das Tuch mit dem Fruchtbrei ausdrücken. Saftmenge abmessen und mit Zucker vermengen. Auf 1 Liter gewonnenen Saft 80 bis 180 g Zucker verwenden. Einmal aufkochen lassen, Schaum abschöpfen. Saft sofort in die Flaschen füllen und fest verschließen.

Variation: Zwei Teile Sanddorn mit je einem Teil Hagebutten und Äpfeln entsaften, das nimmt dem Sanddorn etwas von seiner Herbheit.
Tipp: Vitamin C wird durch den Kontakt mit Metallen schneller abgebaut. Daher bei der Verarbeitung möglichst keine metallenen Geräte mit Ausnahme von rostfreiem Stahl verwenden.

Sommer in der Flasche: Johannisbeeren überraschen zusammen mit Sauerkirschen und späten Erdbeersorten als wahres Fruchtwunder.

FÜNF-FRÜCHTE-SAFT

- *1,5 kg rote Johannisbeeren*
- *500 g schwarze Johannisbeeren*
- *1 kg Himbeeren*
- *1 kg Erdbeeren*
- *1 kg Sauerkirschen*
- *240 bis 550 g Zucker*

Für 6 bis 7 Flaschen à 500 ml
Haltbarkeit (ungeöffnet): bis zu 6 Monate

1. Johannisbeeren von den Stielen zupfen, Blütenansätze von Himbeeren und Erdbeeren entfernen, Kirschen entstielen. Früchte waschen. In einem großen Topf mit 1,25 Liter Wasser zugedeckt aufkochen.
2. Die Masse in ein über eine Schüssel gehängtes Safttuch geben und den Saft ablaufen lassen, am besten über Nacht. Das Tuch mit dem Fruchtbrei ausdrücken. Saftmenge abmessen und mit Zucker vermengen: Auf 1 Liter gewonnenen Saft 80 bis 180 g Zucker verwenden. Einmal aufkochen lassen, Schaum abschöpfen. Saft sofort in die Flaschen füllen und fest verschließen.

Tipp: Dieser Saft ist die ideale Grundlage für rote Grütze: Einfach aufkochen und mit in kaltem Wasser angerührter Stärke andicken. Wer möchte, rührt frische oder aufgetaute Beeren und Kirschen darunter.

Die gelbe Paprika ergänzt die süßlichen Möhren mit würzigem Schwung und peppt die betakarotinhaltigen Möhren mit Vitamin C auf.

MÖHREN-PAPRIKA-SAFT

5 kg Möhren
1 gelbe Paprika
1 TL Zucker
Saft von 2 Zitronen

Für 6 bis 7 Flaschen à 500 ml
Haltbarkeit (ungeöffnet): bis zu 6 Monate

1. Möhren und Paprika waschen. Möhren in dicke Scheiben und Paprika in Würfel schneiden. In einem großen Topf in 2 Liter Wasser zugedeckt sehr weich kochen, ab und zu umrühren.
2. Die Masse in ein über eine Schüssel gehängtes Safttuch geben und den Saft ablaufen lassen, am besten über Nacht. Das Tuch mit dem Fruchtbrei ausdrücken. Saftmenge abmessen und mit dem Zucker und dem Zitronensaft vermengen. Einmal aufkochen lassen, Schaum abschöpfen. Saft sofort in die Flaschen füllen und fest verschließen.

Ein dickflüssiger, nahrhafter und dabei wohlschmeckender Gemüsesaft, der schon fast eine kleine Mahlzeit ersetzt.

WÜRZIGER TOMATENSAFT

5 kg rote, reife Tomaten
250 g Zwiebeln
2 Bund Petersilie
einige Liebstöckelzweige
Salz und Zucker nach Geschmack
Saft von 1/2 Zitrone
einige Tropfen Tabasco, nach Belieben

Für 6 bis 7 Flaschen à 500 ml
Haltbarkeit (ungeöffnet): bis zu 6 Monate

1. Tomaten waschen und vierteln. Zwiebeln schälen und grob hacken. Petersilie und Liebstöckel waschen. Alles zusammen mit Salz, Zucker, Zitronensaft und eventuell Tabasco weich kochen.
2. Die Masse in ein über eine Schüssel gehängtes Safttuch geben und den Saft ablaufen lassen, am besten über Nacht. Das Tuch mit dem Fruchtbrei ausdrücken. Einmal aufkochen lassen, Schaum abschöpfen. Saft sofort in die Flaschen füllen und fest verschließen.

DAS EINFRIEREN

Das Einfrieren ist die jüngste Methode des dauerhaften Konservierens und eine der beliebtesten, weil es nahezu in jedem Haushalt eine Tiefkühlmöglichkeit gibt.

Der Vorteil des Tiefkühlens besteht darin, dass man große Erntemengen, die man nicht sofort verarbeiten kann, auf diese Weise schnell auf der sicheren Seite hat. Und ebenso schnell hat man sie wieder verfügbar. Im Übrigen sind „frische" Erdbeeren aus dem eigenen Garten als Weihnachtsdessert eine Besonderheit. Erfreulich: Wertvolle Nährstoffe, vor allem die Vitamine (insbesondere Vitamin C) bleiben weitgehend erhaltenen. Weniger erfreulich: Da Eingefrorenes nicht steril ist, bleiben die Mikroorganismen erhalten, selbst wenn sie sich in der Kälte nur langsam weiterentwickeln. Die meisten Haushaltsgeräte kühlen bis etwa –20 °C (nur wenige erreichen –40 °C), doch erst jenseits von –40 °C können sich die Mikroorganismen nicht mehr richtig weitervermehren. Im Tiefkühler können Lebensmittel daher verderben, wenn auch schleichend (auf Tiefkühlprodukten aus dem Handel gibt es deshalb Hinweise zur maximalen Haltbarkeit). Beim Auftauen werden die Keime wieder sehr lebendig, und die Lebensmittel müssen zügig weiterverarbeitet werden.

GEMÜSE

Gemüse muss vor dem Einfrieren blanchiert werden, damit es seine frische Farbe und die Konsistenz behält. Blanchieren deaktiviert außerdem die Enzyme, die später Vitamine abbauen würden. Zudem werden so schon Bakterien abgetötet. Das heißt, man gibt das Gemüse für einen kurzen Moment in sprudelndes gesalzenes Wasser und schreckt es nach dem Herausnehmen mit möglichst kaltem Wasser ab (Siehe Tabelle Seite 237).

OBST

Viele Obstsorten aus dem eigenen Garten lassen sich einfrieren: Beeren, Pflaumen, Aprikosen, Kirschen, Äpfel, Birnen und Rhabarber (botanisch eigentlich ein Gemüse). Da nicht alle Sorten gleichermaßen auf Kälte reagieren, müssen sie zum Teil unterschiedlich vorbereitet werden. Der wichtigste Helfer ist Zucker, der mal mit den Früchten gemischt, mal als Zuckerlösung eingesetzt wird. Vorab gilt: Waschen Sie die Früchte behutsam, und putzen Sie sie. Äpfel und Birnen werden geschält, entkernt und in Stücke geschnitten, Steinobst wird ebenfalls entkernt. Kombinieren Sie Beerenfrüchte, Kernobst und Steinobst nach folgenden Faustregeln mit Zucker: Saure Früchte werden im Verhältnis 5 zu 1 gemischt (100 g Zucker auf 500 g Früchte), süße im Verhältnis 10 zu 1 (100 g Zucker auf 1000 g Früchte). Früchte und Zucker behutsam vermengen und anschließend sofort einfrieren. Äpfel, Birnen und Quitten sowie Pfirsiche, Aprikosen und anderes Steinobst überstehen den Kälteschlaf am besten in einer Zuckerlösung. Dafür wird Zucker in heißem Wasser aufgelöst und nach dem Abkühlen über die vorbereiteten Früchte gegeben. Saure Früchte benötigen eine 40- bis 45-prozentige Zuckerlösung (in etwa 370 g Zucker auf 500 ml Wasser), süße eine 35-prozentige Lösung (270 g Zucker auf 500 ml Wasser). Anschließend einfrieren (den Tiefkühler auf die höchste Leistungsstufe stellen), siehe Tipps.

KRÄUTER

Kräuter frieren Sie am besten in Eiswürfelschalen ein. Einfach die fein gehackten Kräuter, sortenrein oder gemischt, in die Vertiefungen geben und anschließend mit einem Esslöffel Wasser auffüllen. Die Eiswürfel kann man später in Saucen, Suppen und Dressings geben. Auftauen ist nicht nötig.

PILZE

Festfleischige Sorten wie zum Beispiel Champignons eignen sich am besten für einen Kälteschlaf. Nach dem Putzen geben Sie die Pilze für etwa 1 Minute in kochendes Salzwasser. Gut abtropfen lassen und nebeneinander auf einem mit Papier belegten Blech in den Tiefkühler schieben. Wenn sie hart geworden sind, können Sie sie in Tiefkühlbeutel verpacken und zurücklegen. Steinpilze müssen nicht vorgekocht werden, man schneidet sie einfach in Scheiben und friert sie ein.

Tipps zum Einfrieren

/ Damit die einzelnen Obst- und Gemüseexemplare in der Kälte nicht zusammenkleben und später einzeln entnommen werden können, sollten Sie sie wie die Pilze vorfrosten: Nebeneinander auf ein Blech legen und in die Tiefkühlung schieben. Sobald die Stücke hart geworden sind, verpackt man sie in Tüten und legt sie zurück in die Kälte.

/ Essbare Blüten lassen sich ebenso wie Kräuter in Wasser einfrieren.

/ Steinobst muss nicht, darf aber entsteint werden. Eventuell ersetzt man den Stein durch ein Stück Würfelzucker oder Marzipan, damit die natürliche Form weitgehend erhalten bleibt. Außerdem verleiht der neue Inhalt der Frucht einen süßen Geschmack.

/ In der Tiefkühltruhe fühlen sich gar nicht wohl: Äpfel, Birnen und Quitten, wenn man sie im Ganzen lässt. Außerdem rohe Kartoffeln, Gurken, rohe Zwiebeln, Rettich, Radieschen und Blattsalate. Kartoffeln wandeln ihre Stärke durch den Kälteaufenthalt in Zucker um und schmecken nicht mehr, stark wasserhaltige Sorten wie Gurken, Radieschen und Salat zerfallen nach dem Auftauen, werden unansehnlich und sind dann nicht mehr appetitlich.

/ Achten Sie darauf, dass die Dosen oder Tiefkühlbeutel nicht beschädigt sind oder Löcher haben.

/ Beschriften Sie Ihr Tiefkühlgut, damit Sie einschätzen können, bis wann Sie es verwendet haben sollten (siehe Tabelle Seite 237).

Rezepte zum

EINFRIEREN

Für das Einfrieren von Obst und Gemüse braucht man im Grunde keine Rezepte, denn die Methode ist denkbar einfach. Hier aber einige Ideen für schöne Mischungen und Zubereitungen, die vielseitig verwendbar sind.

Zuckrige Leckerei zum Garnieren von Torten, Gebäck und Cocktails.

DEKO-ERDBEEREN

- *1 kg gleich große, reife Erdbeeren*
- *50 g Puderzucker*

Für 4 Gefrierdosen à 250 ml
Haltbarkeit (ungeöffnet): bis zu 1 Jahr

1. Erdbeeren in kaltes Wasser tauchen und einzeln auf einem Küchentuch ausgelegt etwas trocknen lassen.
2. Puderzucker in einen tiefen Teller sieben und die Erdbeeren einzeln darin wenden, um sie gleichmäßig mit einer Puderzuckerschicht zu umhüllen.
3. Mit etwas Abstand auf ein Blech oder Tablett legen und einige Stunden im Tiefkühlgerät tiefgefrieren. Herausnehmen und einzeln in Gefrierdosen geben, Dosen verschließen. Zurück ins Gefrierfach stellen.

Variation: Genauso lassen sich Himbeeren und ganze Johannisbeerrispen zubereiten.

Beerenmischung, die sich hervorragend zur Zubereitung von roter Grütze oder Kompott eignet.

BEERENCOCKTAIL

- *750 g Erdbeeren*
- *750 g Himbeeren*
- *750 g rote Johannisbeeren*
- *750 g Brombeeren*
- *200 g Zucker*

Für 6 Gefrierdosen à 750 ml
Haltbarkeit (ungeöffnet): bis zu 1 Jahr

1. Beeren in kaltes Wasser tauchen und einzeln auf einem Küchentuch ausgelegt trocknen lassen.
2. 50 g weichere Erdbeeren aussortieren und mit 50 g Zucker aufkochen. Durch ein Sieb passieren und abkühlen lassen. Die restlichen Erdbeeren vorsichtig damit mischen und in Gefrierdosen verteilen, einfrieren.
3. Je 700 g Himbeeren, Johannisbeeren und Brombeeren getrennt voneinander auf Blechen oder Tabletts mit etwas Abstand verteilen und tiefgefrieren. Restliche Himbeeren, Johannisbeeren und Brombeeren getrennt mit je 50 g Zucker aufkochen und durch ein Sieb passieren. Die gefrorenen Früchte vorsichtig damit mischen und in Schichten auf die Erdbeeren in den Gefrierdosen geben. Einfrieren.

Variation: Einen schönen Farbtupfer erzielt man mit Heidelbeeren, die entweder zusätzlich oder statt der Brombeeren zu dem Cocktail gegeben werden.
Tipp: Das getrennte Einfrieren der einzelnen Beerensorten macht zwar ein wenig Arbeit, sorgt aber dafür, dass die Früchte auch nach dem Auftauen noch frisch und fest aussehen.

Klassische Mischung, die vielseitig verwendet werden kann. Sie können sie beispielsweise in Suppen oder Saucen unaufgetaut erhitzen oder in Butter geschwenkt als Gemüsebeilage servieren.

BUNTE GEMÜSEMISCHUNG

500 g Knollensellerie
750 g Möhren
750 g Lauch
2 EL Salz

Für 4 Gefrierbeutel à 500 g
Haltbarkeit (ungeöffnet): bis zu 1 Jahr

1. Sellerie und Möhren waschen und schälen. In streichholzdünne Stifte schneiden, kürzere Stücke würfeln. Lauch putzen und waschen und ebenfalls in sehr dünne Streifen schneiden oder würfeln.
2. 2 Liter Wasser mit dem Salz aufkochen und das Gemüse getrennt darin hintereinander blanchieren: Sellerie und Möhren je 1 Minute, Lauch 5 Sekunden. Jeweils mit der Schaumkelle herausnehmen.
3. Nach dem Blanchieren sofort in Eiswasser abschrecken, abtropfen lassen und abtrocknen. In Gefrierbeutel geben, die Luft herausstreichen, Beutel verschließen und einfrieren.

Zartes Frühlingsgemüse zu jeder Jahreszeit – tiefgefroren und wieder aufgetaut schmeckt es so gut wie frisch geerntet.

FRÜHLINGSGEMÜSE

750 g weißer Spargel
750 g junge Möhren
750 g Zuckerschoten
1 EL Salz

Für 3 bis 4 Gefrierbeutel à 600 g
Haltbarkeit (ungeöffnet): bis zu 1 Jahr

1. Spargel und Möhren schälen. Möhren längs in halbe Zentimeter breite Streifen schneiden, Zuckerschoten waschen und putzen. Alle Gemüse in etwa gleiche Länge schneiden.
2. In 1,5 Liter Salzwasser portionsweise 2 bis 3 Minuten blanchieren: zuerst den Spargel, dann die Möhren und zum Schluss die Zuckerschoten. Nach dem Blanchieren sofort in Eiswasser abschrecken, abtropfen lassen und abtrocknen.
3. In Gefrierbeutel geben, die Luft herausstreichen, Beutel verschließen und einfrieren.

Tipp: So ist das Gemüse schnell aufgetaut und genussbereit: Sehr wenig Wasser in einen Topf geben, dann das tiefgefrorene Gemüse dazugeben, leicht salzen und bei mittlerer Hitze ungefähr 3 Minuten auftauen.

Mit dieser Kräutergrundlage aus dem Tiefkühlfach sind Pesto, Kräutersauce und andere Zubereitungen ruck, zuck fertig!

KRÄUTERPÜREE

1 kg Spinat
300 g Petersilie
50 g frisches Basilikum
200 g gemischte Wildkräuter
(Brennnessel, Sauerampfer, Portulak etc.)

Für 8 Gefrierbeutel à 100 g
Haltbarkeit (ungeöffnet): bis zu 1 Jahr

1. Spinat und Kräuter waschen und noch nass in einen weiten Topf geben. Bei starker Hitze zusammenfallen lassen. In einem Sieb abtropfen lassen. Mit den Händen gut ausdrücken und mit einem Messer fein hacken oder im Mixer pürieren.
2. Portionsweise in Gefrierbeutel geben, die Luft herausstreichen, Beutel verschließen und einfrieren.

Tipp: Die Kräutermischung wird noch gefroren zu den übrigen Zutaten für Pesto oder Sauce gegeben. Während des Auftauens dann nur mit einer Gabel zerdrücken und verrühren.

Zur Verfeinerung von Ragouts, Hackfleischsaucen oder Cremesuppen einfach unübertroffen.

PILZFARCE

1,5 kg gemischte Pilze
(Steinpilze, Champignons, Maronen)
1/2 EL Salz
250 g Schalotten
3 EL Butter
125 ml Sahne
schwarzer Pfeffer

Für 5 Gefrierbeutel à 200 g
Haltbarkeit (ungeöffnet): bis zu 1 Jahr

1. Pilze putzen, sanft waschen, grob zerkleinern und mit einem halben EL Salz mischen. Ohne Wasser in einem Topf erhitzen und Saft ziehen lassen. In einem Sieb abtropfen lassen, die Brühe dabei auffangen. Pilze durch den Fleischwolf drehen oder fein hacken.
2. Schalotten schälen und fein würfeln. Butter zerlassen und Schalotten darin glasig braten. Pilzbrühe und Sahne dazugeben, fast vollständig einkochen. Pilze dazugeben, vermischen, mit Salz und Pfeffer abschmecken.
3. Abkühlen lassen, portionsweise in Gefrierbeutel geben, die Luft herausstreichen, Beutel verschließen und einfrieren.

ARTISCHOCKEN IN ÖL, MIXED PICKLES, FEIGEN IN CALVADOS, SEITE 119, 123 UND 141

DAS EINLEGEN

In Öl, Essig, Alkohol oder Salz: Jede Einlegemethode hat ihren ganz besonderen Reiz und harmonisiert mit bestimmten Zutaten am besten.

IN ÖL EINLEGEN

Was man in Öl einlegt, hält sich über einen längeren Zeitraum, weil es nicht mehr mit Sauerstoff und Keimen in Berührung kommt. Gemüse fühlt sich in einem langen Ölbad ausgesprochen wohl, Früchte hingegen gar nicht, für sie kommt dieses Verfahren nicht infrage. Vergessen Sie auf keinen Fall, Gläser, Flaschen oder andere Behältnisse wie unter „Tipps zum Sterilisieren" beschrieben vorher sorgfältig zu reinigen (siehe Seite 34): Das Gemüse muss vorbereitet werden, weil es nach der Entnahme aus der Flüssigkeit ohne weitere Behandlung verzehrfertig sein soll – sonst würde der gewünschte Aromagewinn stark beeinträchtigt oder ginge verloren. Entweder wird es kurz vorgegart – im Salz- oder Essigwasser kurz abkochen oder auch grillen – und anschließend mit Öl übergossen. Oder es wird direkt im Öl erhitzt, zusammen mit dem Öl in ein Behältnis gegeben und gut verschlossen. Letztgenannte Methode eignet sich vor allem für Zucchini, Paprika, Pilze und Tomaten. Bei der Auswahl von aromaspendenden Zutaten wie Gewürzen, Kräutern und Chili sind der Phantasie keine Grenzen gesetzt. Im Übrigen steuert das jeweilige Öl seinen eigenen Geschmack ebenfalls bei. Wer zum Beispiel italienische Antipasti zubereitet, ist mit Olivenöl am besten bedient. Bei der Auswahl der Ölsorte entscheiden der Geschmack und der Geldbeutel. Beispielsweise mit Olivenöl lässt sich eine mediterrane Gschmacksrichtung herstellen, Nussöle verleihen einen nussigen Akzent, Sonnenblumenöl hat einen neutralen Charakter. Wollen Sie bei der Qualität sichergehen, nutzen Sie die regelmäßigen Tests der Stiftung Warentest.

Tipps zum Einlegen in Öl

/ *Als Faustregel für die Aufbewahrungsdauer gilt: Solange das Öl gut riecht, also keinen ranzigen oder tranigen Geruch hat, ist auch der eingelegte Inhalt in Ordnung.*

/ *Im Kühlschrank hält sich die Ölkonserve etwas länger. Eventuell auftretende Ausflockungen oder Verhärtungen im Öl verlieren sich bei Zimmertemperatur und beeinträchtigen nicht die Qualität. Sollte sich aber ein eindeutig erkennbarer Schimmel gebildet haben, ist nichts mehr zu retten.*

/ *Dunkles Glas ist für den Inhalt ein besserer Schutz als helles.*

/ *Während oder nach dem Einfüllen von Öl und Gemüse sollten Sie darauf achten, dass es keine Lufteinschlüsse gibt. Die kann man zum Beispiel durch Rühren mit einem Löffelstiel beseitigen, weil sich dabei eventuell anhaftende Luftbläschen lösen.*

/ *Wenn man etwas aus dem Glas genommen hat, immer darauf achten, dass der Rest vollständig mit Öl bedeckt ist, da sonst Sauerstoff an das Eingelegte gelangt und es verderben kann. Gegebenenfalls etwas Öl nachgießen.*

/ *Für die Vorbereitung der Gläser und Flaschen gelten dieselben Empfehlungen wie beim Sterilisieren (siehe Seite 34).*

IN ESSIG EINLEGEN

Essigsäure ist einer der Erzfeinde von Gär- und Schimmelpilzen sowie Fäulnisbakterien und hat deshalb eine stark konservierende Wirkung. Man legt überwiegend Gemüse, einzeln oder nach Gusto gemischt, in Essig ein. Querbeet bietet sich alles Mögliche an: Gurken, Bohnen, kleine Maiskolben, Blumenkohl, Kürbis, Brokkoli, Zucchini, Paprika, kleine Zwiebeln und Pilze. Und immer ein bisschen Platz lassen für Kräuterzweige nach Wahl, eine Knoblauchzehe, eine Chilischote, ein Stück Meerrettich, Piment, Pfefferkörner und was sonst noch seine Aromen großzügig beisteuert. Auch einige Obstsorten, zum Beispiel Beeren, Birnen, Pflaumen und Kirschen hält die Säure jung. Obst bietet sich noch besser für die Konservierung mit einer Mischung aus Essig und Zucker an. Zum einen mildert der Zucker die Säure, was zum süßen Obst natürlich viel besser passt als die rein saure Essigkomponente. Aber auch für den konservierenden Effekt hat diese Mischung Vorteile: Zwar können die meisten Mikroorganismen im sauren Milieu nicht überleben, einige sind aber säurefest. Diesen Exemplaren wird durch die konservierende Wirkung des Zuckers zugesetzt.

Ein Vorkochen der Früchte ist nicht in jedem Fall erforderlich, was die Sache vereinfacht und die sehr alte Methode so beliebt gemacht hat. Das (süß-)saure Vergnügen hat nur einen kleinen Nachteil: Wertvolle Inhaltsstoffe können teilweise auf der Strecke bleiben. Dafür lassen sich die köstlichen Einlagen mit allen möglichen warmen und kalten Gerichten kombinieren, die das kleine Defizit locker wieder ausgleichen.

Der Essig sollte 5 bis 6 Prozent Säure haben. Am besten nimmt man aus geschmacklichen Gründen einen hochwertigen Weinessig, er hat einen feinen, unaufdringlichen Geschmack. In den meisten Rezepten wird er verdünnt, damit das zu konservierende Lebensmittel nicht zu sauer schmeckt. Die Säure darf aber nicht unter 2 Prozent liegen, um den konservierenden Effekt zu gewährleisten. Faustregel für die Mengenverhältnisse: Für 1 kg Gemüse braucht man 500 ml Essig, der mit 250 bis 500 ml Wasser verdünnt werden kann. Salz und Zucker unterstützen die konservierende Wirkung und wirken gleichzeitig als Geschmacksverstärker. Für eine Essig-Zucker-Lösung hat sich folgendes Mischungsverhältnis bewährt: Auf 1 kg Obst kommen 375 ml Essig oder eine Mischung mit Wasser im Verhältnis 2:1. Dazu kommen je nach natürlicher Süße der Obstsorte 375 bis 750 g Zucker. Der Essig wird kalt aufgegossen, damit das Obst und Gemüse über

Monate so knackig bleibt, wie man es eingelegt hat. Natürlich können Sie die auf diese Weise hergestellten Konserven zusätzlich sterilisieren (siehe Seite 30), dabei garen Sie aber den Inhalt der Gläser zumindest teilweise. Und eigentlich muss man sich diese Mühe gar nicht machen. Aufpassen müssen Sie aber bei der Wahl des Gefäßes, denn nicht jedes Material verträgt sich mit Essigsäure: Kupfer-, messing-, zink- und aluminiumhaltige Materialien werden von der Säure angegriffen, und es können unerfreuliche chemische Verbindungen entstehen. Vorsicht bei Kunststoff! Essigsauer einlegen können Sie in Gefäßen aus Keramik, Steingut oder Steinzeug, Holz und Glas. Normale Verschlüsse reichen aus.

Tipps zum Einlegen in Essig

/ Benutzen Sie keinen Branntweinessig, der schmeckt penetrant vor. Als Alternative zum Weinessig bieten sich Obst- oder Sherryessig sowie Balsamessig an.

/ Gurken kann man vor dem Einlegen über Nacht mit Salz bestreuen, damit sie später knackig bleiben. Wer sie vor dem Einlegen mit einer Gabel zusätzlich mehrfach einsticht, intensiviert das Aroma des verwendeten Essigs. Sie lassen sich aber auch unbearbeitet einlegen.

/ Bedecken Sie die Oberfläche des Einmachguts mit einer dünnen Schicht Öl, so wird der Sauerstoff abgehalten, das Einmachgut anzugreifen.

/ Vorher blanchieren: Blumenkohl, Paprika, Zwiebeln, Sellerie, Fenchel, Kürbis und Pilze. Das Einlegegut kann nach dem Ankochen besser von dem Essig durchdrungen werden und bleibt dennoch schön knackig.

/ Vorkochen: Möhren, Bohnen, rote Bete (gar kochen). Sie sind sonst zu hart, um sie sofort genießen zu können; Bohnen müssen auf diese Weise das giftige Phasin abbauen.

/ Im Sud mitkochen (bissfest): Quitten, Birnen, Aprikosen, Pfirsiche, Zwetschgen, Pflaumen, Äpfel. So tauschen sich die Aromen des Essigs und des Obstes besser aus, denn der Essig kann das Obst durchdringen.

/ Für die Vorbereitung der Gläser gelten dieselben Empfehlungen wie beim Sterilisieren (siehe Seite 34).

IN ALKOHOL EINLEGEN

So wenig Alkohol geeignet ist, Gemüse zu konservieren, so gut funktioniert es mit Früchten. Beispielsweise der Rumtopf: Für Gartenbesitzer ist es fast schon ein rituelles Muss, wenigstens einmal einen angesetzt zu haben. Und wenn der einst so populäre Genuss zeitweilig das Image des Spießbürgerlichen hatte, so ist die Freude an den hochprozentigen Früchtchen inzwischen wiederentdeckt worden. Aber nicht nur Rum, sondern auch andere Spirituosen wie Cognac, Arrak, Weinbrand, Wodka oder Doppelkorn bieten sich dem Obst für ein ausgedehntes Aromabad an. Ob Pfirsiche allein oder zusammen mit anderen Früchten in Weinbrand, Pflaumen in Armagnac oder Aprikosen in Rum – Früchte und Alkohol vertragen sich bestens. Rumtopf und Liköre sind dabei die Klassiker.

Beim Einlegen in Alkohol passiert nichts anderes als beim Trocknen. Dem Obst wird das Wasser entzogen, das die schädlichen Keime zum Leben brauchen. Außerdem hemmt Alkohol das Wachstum von Mikroorganismen und tötet sie sogar ab. Damit sich die Früchte im Alkohol besonders wohlfühlen, sollte dessen Konzentration nicht unter 14 Prozent liegen. Ansonsten kann ein unerwünschter Gärprozess in Gang kommen. Früchte brauchen im Alkohol zum Durchziehen je nach Fruchtart, abhängig von ihrem Wassergehalt und der Festigkeit sowie Frucht- beziehungsweise Stückgröße bis zu 3 Monate oder noch länger.

RUMTOPF ANSETZEN

Am besten fängt man zur Erdbeerzeit damit an: Die Früchte werden zusammen mit Zucker in ein typisches weites Steingutgefäß für Rumtopf gegeben und mit 54-prozentigen Rum begossen, bis alles bedeckt ist. Mit einem Deckel oder Einmachhaut verschließen (siehe Seite 35). Im Laufe der Saison kommt immer wieder frisches, vollreifes Obst nach Belieben – Kirschen, Aprikosen, Birnen, Weintrauben, Pfirsiche und am Ende des Jahres eventuell frische Ananasstücke – dazu, außerdem weiterer Zucker und Rum. Ab November/Dezember hat das Obst den Alkohol aufgesogen und kann zusammen mit der köstlich-fruchtigen hochprozentigen Flüssigkeit pur oder in Verbindung mit Süßspeisen genossen werden.

LIKÖR ANSETZEN

Besonders beliebt ist der Johannisbeerlikör. Pur ist er ebenso eine Freude wie als Dessertzutat. Das Verfahren ist simpel: Früchte werden zusammen mit Kandis, Alkohol und Würzzutaten für 6 bis 8 Wochen in eine Flasche gefüllt und dann abgegossen. Der Kandis kann weiß oder braun sein, das Aroma des Alkohols – beispielsweise Korn, Wodka, oder Arrak – sollte den Geschmack der Früchte nicht überlagern, und zum Würzen empfehlen sich Zimtstange oder Vanilleschote. Mit Fenchel, Anis und Kümmel sowie Minzeblättern lassen sich ebenfalls überaus reizvolle Ergebnisse erzielen. Im Gegensatz zum Rumtopf werden die Früchte nicht mitgegessen, deshalb konserviert Likör nicht die Früchte, sondern dessen Aromen. Liköre aus der eigenen Küche nennt man auch Aufgesetzte.

DIE METHODEN ZUM EINLEGEN IN ALKOHOL

Wie beim Rumtopf und Likör beschrieben, können die Früchte einfach mit Zucker und Alkohol gemischt werden, um dann in Ruhe ihr Aroma zu entwickeln. Eine andere Möglichkeit ist es, Früchte zunächst nur mit Zucker einige Stunden ziehen zu lassen, bis sich der Zucker gelöst hat und Saft gezogen ist. Erst dann wird der Alkohol zugegeben. Die Früchte bleiben dann wegen des reduzierten Wassergehalts knackiger. Feste Früchte wie Birnen oder Aprikosen blanchiert man erst in Zuckerwasserlösung (zum Mischungsverhältnis siehe Seite 100), eventuell zusammen mit Gewürzen, bevor man sie dem Alkohol anvertraut.

Tipps für das Einlegen in Alkohol

/ *Nur ausgereifte, voll aromatische Früchte verwenden, die festes Fleisch haben. Sie sollten von bester Qualität sein, weil sie dann das beste Aroma haben.*

/ *Frucht und Brand sollten miteinander harmonieren. Denn der Fruchtgeschmack verstärkt sich, wenn die Früchte im „eigenen Geist" eingelegt werden. So lassen sich beispielsweise Trauben in Birnengeist zwar haltbar machen, doch ihr Geschmack profitiert nicht davon. Besser wäre es, Trauben mit Grappa zu kombinieren, da Grappa aus dem Pressrückstand (Trester) von Weintrauben hergestellt wird und deren Aroma bereits in sich trägt.*

IN SALZ EINLEGEN

Das überzeugendste Beispiel für die konservierende Wirkung von Salz ist der Salzhering – wie schnell verdirbt normalerweise frischer Fisch! Salz bindet einen Großteil des enthaltenen Wassers und entzieht dadurch den Verderbnis erregenden Mikroorganismen die Lebensgrundlage. Eine Salzkonzentration von 6 bis 8 Prozent wird als ausreichend angesehen. Als Faustregel gilt: 1 kg Gemüse oder Kräuter benötigt 150 g Salz. Sie haben zwei Verfahren zur Auswahl: Entweder kochen Sie aus Salz und Wasser eine Lake, die nach dem Erkalten aufgegossen wird. Oder Sie reiben das Lebensmittel ein, dann bildet sich anschließend eine Lake. Salz allein kann keine dauerhafte Haltbarkeit garantieren, Sie sollten deshalb das Einsalzen mit anderen konservierenden Maßnahmen – Trocknen, Kühlen – kombinieren. Umgekehrt ist Salz ein guter Verbündeter bei fast allen anderen Konservierungsverfahren.
Zum Einsalzen eignen sich am besten erntefrisches Wurzelgemüse, frische Kräuter und Pilze. Die Aromen bleiben bei dieser Methode erhalten. Da aber beim Einsalzen und beim späteren Wässern Gewebeflüssigkeit austritt, gehen die darin enthaltenen für die Ernährung wichtigen Inhaltsstoffe, etwa Mineralstoffe und Vitamine, verloren.

Tipps zum Einlegen in Salz

/ *Gemüse und Kräuter sollten vor dem Einsalzen vollständig trocken sein.*

/ *Beim Einschichten in Gläser immer mit Salz abschließen. Man kann zusätzlich noch mit Öl einen Spiegel angießen, um die Oberfläche von Sauerstoff abzuschließen.*

/ *Pilze: Säubern wie unter „Pilze trocknen" (siehe Seite 167) beschrieben und in etwas dickere Scheiben schneiden. Im Wechsel mit Salz in ein verschließbares Glas schichten. Dabei entsteht eine Lake. Vor der Zubereitung müssten die Pilze zu kurz gewässert werden. Haltbarkeit: bis zu einem Jahr.*

/ *Nicht nur Kräuter lassen sich in Salz konservieren, sondern auch die in feine Streifen geschnittene Schale von unbehandelten Zitrusfrüchten.*

/ *Beim Nachsalzen von Gerichten, die mit eingesalzenen Zutaten zubereitet werden, ist Zurückhaltung angesagt, lieber einmal mehr als zu wenig probieren!*

/ *Wer unter Bluthochdruck leidet oder sich natriumarm ernähren muss, sollte mit Lebensmitteln, die in Salz eingelegt sind, sehr besonnen umgehen.*

MAROKKANISCHE SALZZITRONEN, SEITE 147

Rezepte zum

EINLEGEN IN ÖL

Manche Gemüse sind in Öl eingelegt einfach am leckersten, und dafür spielt die Verwendung guter Öle eine wesentliche Rolle. In Öl Eingelegtes ist in den Mittelmeerländern besonders beliebt, was sich in der Rezeptauswahl widerspiegelt.
Tipps siehe Seite 108.

GETROCKNETE TOMATEN IN ÖL MIT MINZE, SEITE 116

Hier ist die Sommersonne eingefangen!
Das Trocknen intensiviert den köstlichen Geschmack des saftigen Sommergemüses um ein Vielfaches.

GETROCKNETE TOMATEN IN ÖL MIT MINZE

- *1 kg Tomaten*
- *1 TL Salz*
- *1 TL Zucker*
- *schwarzer Pfeffer*
- *4 Knoblauchzehen*
- *2 EL getrocknete Minze*
- *500 ml Olivenöl*

Für 3 bis 4 Gläser à 250 ml
Haltbarkeit (ungeöffnet): 3 bis 4 Monate

1. Tomaten waschen, Stielansätze entfernen und die Früchte in 1 Zentimeter dicke Scheiben schneiden. Auf mit Backpapier belegten Blechen verteilen und mit einer Mischung aus Salz, Zucker und Pfeffer bestreuen. Im vorgeheizten Backofen bei 100 °C Umluft etwa 3 Stunden trocknen. Herausnehmen, abkühlen lassen und vom Papier lösen.
2. Knoblauchzehen schälen und mit Tomaten und getrockneter Minze in die Gläser schichten. Mit Olivenöl bedecken und die Gläser fest verschließen. Die Gläser mehrmals umdrehen, um Lufteinschlüsse zu entfernen. 2 bis 3 Tage im Kühlschrank ziehen lassen.

Variation: Statt Minze passen auch andere Kräuter, ganz besonders mediterrane wie Rosmarin, Thymian und Salbei.

Eine köstliche mediterrane Beilage zu warmen und kalten Speisen.

GEGRILLTE PAPRIKA IN ÖL

- *8 rote Paprika*
- *650 ml Weißweinessig*
- *4 Basilikumzweige*
- *4 Rosmarinzweige*
- *300 ml Olivenöl*

Für 6 Gläser à 250 ml
Haltbarkeit (ungeöffnet): 6 Monate

1. Paprika waschen, putzen und halbieren. Mit der Hautseite nach oben im Ofen oder Grill bei 200 °C so lange rösten, bis die Haut schwarz wird und Blasen bildet. Herausnehmen und mit einem feuchten Tuch bedeckt 10 Minuten abkühlen lassen. Dann die Haut abziehen und Kerne und weiße Trennhäute entfernen.
2. Essig aufkochen und die Paprika darin etwa 1 Minute blanchieren. Herausnehmen und abtropfen lassen. Zusammen mit Basilikum und Rosmarin in die Gläser schichten, dazwischen immer etwas Öl geben. Zum Schluss mit Öl bedecken. Gläser fest verschließen.

Die Pilzsaison ist kurz, aber in manchen Jahren findet man mehr, als man sofort essen kann. Dann ist das Einlegen in Öl eine hervorragende Konservierungsmethode für die herbstliche Beute.

WÜRZIGE WALDPILZE IN ÖL

- *1 kg gemischte Waldpilze*
- *2 Schalotten*
- *1 Stück frischer Ingwer (ca. 5 Zentimeter)*
- *2 Zitronengrasstängel*
- *1 TL Wacholderbeeren*
- *1 TL schwarze Pfefferkörner*
- *400 ml Weißweinessig*
- *1 TL Senfkörner*
- *4 Thymianzweige*
- *2 TL Salz*
- *10 Lorbeerblätter*
- *500 ml Olivenöl*

Für 6 bis 7 Gläser à 250 ml
Haltbarkeit (ungeöffnet): 6 Monate

1. Pilze putzen, Stiele entfernen, große Pilze halbieren oder in dicke Scheiben schneiden. Schalotten und Ingwer schälen und in Scheiben schneiden. Zitronengras waschen und in Scheiben schneiden. Wacholderbeeren und Pfefferkörner im Mörser anquetschen.
2. Essig mit 400 ml Wasser aufkochen. Gewürze zugeben, 5 Minuten kochen. Pilze dazugeben, 1 Minute kochen, vom Herd nehmen und abkühlen lassen. Zudecken und über Nacht im Kühlschrank ziehen lassen.
3. Marinade abgießen, Pilze und alle weiteren Zutaten dicht in Gläser schichten. Als letzte Schicht Lorbeerblätter auf die Pilze legen. Mit dem Olivenöl begießen, Gläser fest verschließen.

Mit den typisch mediterranen Zutaten steckt hier jede Menge Geschmack im Glas – und damit eine köstliche Vorspeise zu Pastagerichten.

ANTIPASTI IN RAPSÖL

- *150 g Zucchini*
- *150 g rote und gelbe Paprika*
- *150 g Auberginen*
- *5 Knoblauchzehen*
- *3 Schalotten*
- *1 rote Chilischote*
- *2 TL Kräuter der Provence*
- *500 ml Rapsöl*
- *1 EL Balsamessig*
- *1/2 TL Salz*

Für 4 bis 5 Gläser à 250 ml
Haltbarkeit (ungeöffnet): 3 bis 4 Monate

1. Gemüse waschen, putzen und in Scheiben schneiden. Chili entkernen und sehr fein hacken. Mit Gemüse und Kräutern mischen, in 125 ml Öl 1 Stunde ziehen lassen.
2. Anschließend in einer Pfanne leicht bräunen und bissfest garen. Mit Balsamessig beträufeln und in die Gläser schichten. Mit dem restlichen Öl auffüllen.

Tipp: Rapsöl hat mit seinem hohen Gehalt an essenziellen Fettsäuren die für den Körper günstigste Fettsäurezusammensetzung von allen Speiseölen und ist daher sehr gesund. Wer es aber noch italienischer liebt, verwendet ein gutes natives Olivenöl.

Mit Weißwein und Basilikum eine empfehlenswerte Konservierungsmethode für das edle Gemüse.

ARTISCHOCKEN IN ÖL

- *1,5 kg Babyartischocken*
- *3 Zitronen, davon 1 unbehandelt*
- *700 ml trockener Weißwein*
- *100 ml Weißweinessig*
- *1 EL Salz*
- *4 Knoblauchzehen*
- *1 Chilischote*
- *1 Bund Basilikum*
- *1 EL Thymian*
- *500 ml Sesamöl*

Für 3 bis 4 Gläser à 500 ml
Haltbarkeit (ungeöffnet): 6 Monate

1. Stiele der Artischocken so nah am Artischockenboden wie möglich entfernen. Äußere Blätter abzupfen, bis helle, weiche Blätter erscheinen. Zu diesem Zeitpunkt ist nur noch etwa die Hälfte der Artischocke übrig. Dann die obere Hälfte der Artischocken abschneiden. Boden glatt schneiden und harte Stellen entfernen. Alle Schnittstellen mit der Schnittfläche der halbierten, unbehandelten Zitrone einreiben. 1 Liter Wasser mit dem Saft der halben Zitrone mischen, Artischocken hineingeben.
2. Weißwein, 250 ml Wasser, Essig und Salz zum Kochen bringen. Die zweite unbehandelte Zitronenhälfte nochmals halbieren, einer Hälfte, die geschälten und halbierten Knoblauchzehen sowie die halbierten und entkernten Chili zufügen. 10 Minuten kochen lassen. Basilikum waschen, grobe Stiele entfernen und die Hälfte der Basilikumstängel in den Sud geben. Artischocken ebenfalls zugeben und weitere 10 Minuten kochen lassen. Artischocken und Knoblauchzehen mit einer Schaumkelle aus dem Sud nehmen und abtropfen lassen.
3. Die beiden restlichen Zitronen heiß abwaschen und dünn schälen. Vierteln und zusammen mit Artischocken, Knoblauch, restlichem Basilikum und Thymian in die Gläser füllen. Mit dem Sesamöl gut bedecken und Gläser verschließen.

Für märchenhafte Buffets oder zu kalten Mahlzeiten eine Versuchung wie aus Tausendundeiner Nacht.

MÖHREN À LA ORIENT

- *500 g Möhren*
- *1 EL Salz*
- *2 getrocknete Chilischoten*
- *3 EL Zucker*
- *50 ml Weißweinessig*
- *1 EL Senfkörner*
- *1/2 TL Kreuzkümmel*
- *1/2 TL Koriander*
- *1 TL gemahlene Kurkuma*
- *300 ml Olivenöl*

Für 4 bis 5 Gläser à 250 ml
Haltbarkeit (ungeöffnet): 6 Monate

1. Möhren schälen und vierteln, Viertel eventuell quer halbieren. 1 Liter Wasser mit Salz, Chilis, Zucker und Essig aufkochen. Die Möhren darin 3 bis 5 Minuten köcheln. Dann abgießen und abtropfen lassen.
2. Senfkörner, Kreuzkümmel und Koriander im Mörser zerstoßen. Das Öl in einer Pfanne erwärmen und alle Gewürze einrühren. Möhren in die Gläser füllen, mit Öl bedecken und Gläser verschließen.

Die aromatischen Pilze sind wahre Kostbarkeiten, die man – einmal gefunden und geerntet – sorgsam aufbewahren sollte.

STEINPILZE IN ÖL

- *600 ml Weißweinessig*
- *2 Knoblauchzehen*
- *500 g frische Steinpilze*
- *2 TL Salz*
- *2 TL schwarze Pfefferkörner*
- *2 Rosmarinzweige*
- *4 Lorbeerblätter*
- *500 ml Sonnenblumenöl*

Für 3 bis 4 Gläser à 250 ml
Haltbarkeit (ungeöffnet): 6 Monate

1. 200 ml Wasser mit Essig in einer Pfanne aufkochen. Knoblauch schälen und in dünne Scheiben schneiden, Pilze putzen und ebenfalls in Scheiben schneiden. Knoblauch, Pilze und Salz in die Pfanne geben und etwa 10 Minuten bei schwacher Hitze köcheln lassen, dann durch in ein Sieb abgießen.
2. Pilze und Knoblauchscheiben auf Küchenpapier abtropfen, trocken tupfen und abkühlen lassen. Dann mit Salz, Pfeffer und Kräutern in Gläser verteilen und mit Öl aufgießen. Etwas hin und her bewegen, bis keine Luftblasen mehr aufsteigen. Die Gläser mit dem Deckel gut verschließen und etwa 2 Wochen ziehen lassen.

Rezepte zum

EINLEGEN IN ESSIG

Für Gurken und Mischgemüse als Mixed Pickles einfach die beste Konservierungsmöglichkeit. Durch die Säure bilden in Essig eingelegte Spezialitäten einen schönen geschmacklichen Kontrast zu vielen kalten und warmen Mahlzeiten. *Tipps siehe Seite 108.*

Ein Klassiker zu Käse, Wurst, Fondue, Raclette und vielem mehr.

MIXED PICKLES

- *500 g Cornichons oder andere kleine Gurken*
- *1/2 kleiner Blumenkohl*
- *125 g grüne Bohnen*
- *250 g Möhren*
- *50 g Perlzwiebeln*
- *2 Lorbeerblätter*
- *10 schwarze Pfefferkörner*
- *5 Gewürznelken*
- *750 ml Weißwein- oder Kräuteressig*
- *2 TL Salz*
- *2 EL Zucker*

Für 4 Gläser à 500 ml
Haltbarkeit (ungeöffnet): 1 Jahr

1. Cornichons waschen und 12 Stunden mit Wasser bedeckt ziehen lassen. Herausnehmen, bürsten, abwaschen und einzeln abtrocknen. Blumenkohl in Röschen teilen und waschen. Bohnen putzen, waschen und in ungefähr 4 Zentimeter lange Stücke brechen. Möhren putzen, schälen und in Scheiben schneiden.
2. Blumenkohl, Bohnen und Möhren nacheinander in wenig Wasser mit 1 TL Salz je 6 bis 12 Minuten bissfest garen. Herausnehmen und abtropfen lassen. Perlzwiebeln schälen und mit Blumenkohl, Bohnen, Möhren, Gurken, Lorbeerblättern, Pfefferkörnern und Nelken in die Gläser schichten.
3. Essig mit 500 ml Wasser, restlichem Salz und Zucker aufkochen. Den Sud über das Gemüse gießen und die Gläser sofort fest verschließen.

Variation: Asiatische Pickles – 2 kg geputztes und grob geschnittenes Gemüse wie Fenchel, Möhren, Paprika, Blumenkohl und das Weiß von Frühlingszwiebeln mit 220 g Salz 10 bis 12 Stunden ziehen lassen. Abwaschen, trocken tupfen. Mit 4 Minzestängeln und 1 in Scheiben geschnittenen Stück Ingwer in die Gläser schichten, mit 2 Liter Reisessig auffüllen, Gläser schließen.

Durch Currypaste oder -pulver bekommen diese Mixed Pickles einen unverkennbar indischen Touch.

BLUMENKOHL-MÖHREN-PICKLES INDISCHE ART

- *750 g Blumenkohl*
- *500 g Möhren*
- *100 g Zwiebeln*
- *50 g Salz*
- *1 l Branntweinessig*
- *125 g Roh-Rohrzucker*
- *1 bis 2 EL Currypaste oder -pulver*
- *2 Lorbeerblätter*

Für 2 bis 3 Gläser à 500 ml
Haltbarkeit (ungeöffnet): 6 Monate

1. Blumenkohl waschen und in kleine Röschen trennen, Möhren schälen und in Scheiben schneiden. Zwiebeln schälen und in feine Ringe schneiden. Salz in einer großen Schüssel in 1 Liter kaltem Wasser auflösen und das Gemüse mindestens 6 Stunden, besser über Nacht darin ziehen lassen.
2. Salzwasser abgießen, Gemüse gründlich abspülen und auf einem Küchentuch abtropfen lassen.
3. Essig, Zucker und Currypaste oder -pulver in einen großen Topf geben. Lorbeerblätter zufügen und aufkochen. Das Gemüse hinzufügen und 10 bis 15 Minuten leise köcheln lassen, bis es bissfest ist. Sud abgießen und auffangen.
4. Gemüse in die Gläser füllen, mit dem Essigsud bedecken. Falls nötig, noch etwas Essig nachgießen.
5. Gläser fest verschließen und auf den Kopf stellen. 5 Minuten umgedreht stehen lassen. Ungefähr 1 Monat ziehen lassen.

Das Einlegen der „schwarzen Nüsse" entstammt einer Tradition aus der Pfalz. Dort sind Walnussbäume weit verbreitet und mit der Möglichkeit, die noch grünen Nüsse einzulegen, fand man einen perfekten Begleiter zu Fleisch und Käse – ganz besonders zu Edelschimmelsorten wie Camembert, Brie oder Blauschimmelkäse.

EINGELEGTE GRÜNE WALNÜSSE

- *500 g grüne Walnüsse mit Schale*
- *50 g Salz*
- *1/2 TL Senfkörner*
- *einige schwarze Pfefferkörner*
- *1 Messerspitze gemahlener Koriander*
- *1 Lorbeerblatt*
- *1 Prise Ingwerpulver*
- *einige Wacholderbeeren*
- *1 Messerspitze gemahlener Piment*
- *1 Gewürznelke*
- *1 EL getrockneter Dill*
- *600 ml Weißweinessig*

Für 7 bis 8 Gläser à 250 ml
Haltbarkeit (ungeöffnet): mehrere Jahre

1. Jede Walnuss mit einer Gabel oder einer dicken Nadel mehrmals tief einstechen. Salz in 600 ml Wasser auflösen und die Walnüsse darin 14 Tage ziehen lassen. Mit einem Teller so abdecken, dass die Nüsse völlig mit der Lake bedeckt bleiben.
2. Auf einem Tablett oder einem Tuch in der Sonne ausbreiten, gelegentlich durch Schütteln wenden. Nach 24 bis 72 Stunden sind die Walnüsse schwarz verfärbt. Wer keine Gelegenheit hat, die Nüsse in der Sonne trocknen zu lassen, kocht sie stattdessen 15 Minuten in Wasser gar.
3. Gewürze zusammen mit dem Essig 15 Minuten kochen. Dann abseihen und den Sud abkühlen lassen.
4. Walnüsse in die Gläser füllen, mit dem Sud bedecken und Gläser schließen. Mindestens 1 Monat ziehen lassen.

Variation: Eine süße Variante, die sich zum Dekorieren von Kuchen und Torten, aber auch in Saucen zu Wild und Geflügel eignet, bereitet man mit folgendem Würzsud zu: 300 g Zucker, 250 g Gelierzucker 1:1, 1 Zimtstange, 6 Gewürznelken und die in Streifen geschnittenen Schale von 1 unbehandelten Zitrone mit 600 ml Wasser aufsetzen. Die Nüsse werden vorher in ungesalzenem Wasser eingelegt.

Tipp: Nur grüne, unreife Walnüsse, die man am besten in der ersten Junihälfte pflückt, können eingelegt werden. Heruntergefallene Nüsse sind schon zu reif für diese Zubereitung.

Die würzig-saure Spezialität ist ein Klassiker der kalten Küche.

PUSZTAKRAUT

- *je 5 grüne und rote Paprika*
- *3 Zwiebeln*
- *1 kleiner Weißkohl*
- *3 Möhren*
- *2 EL Salz*
- *500 ml Weißweinessig*
- *100 g Zucker*
- *1 EL Senfkörner*
- *je 1 TL weiße und schwarze Pfefferkörner*
- *3 Lorbeerblätter*

Für 5 bis 6 Gläser à 250 ml
Haltbarkeit (ungeöffnet): 1 Jahr

1. Paprika waschen, putzen und in Streifen schneiden. Zwiebeln schälen und in feine Ringe schneiden. Weißkohl fein schneiden oder hobeln und waschen. Die Möhren schälen und in dünne Scheiben schneiden. Gemüse mit dem Salz vermengt über Nacht ziehen lassen.
2. Am nächsten Tag das Gemüse mit der Hand gut ausdrücken und einige Minuten kneten, um das Kraut mürber zu machen. Essig mit 500 ml Wasser, Zucker, Senf- und Pfefferkörnern und Lorbeerblättern aufkochen. Gemüse in den kochenden Sud geben und kurz aufkochen. Mit einer Schaumkelle herausnehmen und in die Gläser schichten. Sud nochmals aufkochen und die Gläser damit auffüllen. Gläser fest verschließen.

Gurken und Dill: Ein Traumpaar für viele Gelegenheiten.

DILL-GEWÜRZGURKEN

- *2,5 kg kleine Einlegegurken*
- *5 EL Salz*
- *500 ml Weißweinessig*
- *250 g Schalotten*
- *200 g Meerrettich*
- *3 EL Zucker*
- *5 rote Chilischoten*
- *5 Lorbeerblätter*
- *1 Bund Dill*
- *3 EL schwarze Pfefferkörner*
- *5 EL Senfkörner*

Für 5 Gläser à 1 l
Haltbarkeit (ungeöffnet): mehrere Monate

1. Gurken waschen und mit der Hälfte des Salzes gemischt 24 Stunden ziehen lassen, hin und wieder umrühren.
2. Schalotten und Meerrettich schälen und in Scheiben schneiden. Essig mit restlichem Salz, 1 Liter Wasser, Schalotten, Meerrettich und Zucker aufkochen.
3. Salz von den Gurken abwaschen. Gurken mit Chili, Lorbeerblättern, Dillstängeln und Pfeffer- und Senfkörnern in Gläser schichten, mit Essigsud bedecken. Gläser gut verschließen.

Eine scharf-pikante Kombination, die nicht nur zu Weißbier und Brezen passt.

RETTICH UND RADIESCHEN

- *400 g Radieschen*
- *500 g kleine Rettiche, z. B. Eiszapfen*
- *400 ml Weißweinessig*
- *1 gehäufter EL Salz*
- *1 TL Zucker*
- *3 Sternanis*
- *1 kleine Zimtstange*
- *1 TL Koriandersamen*
- *1 EL Senfkörner*
- *4 Lorbeerblätter*

Für 2 Gläser à 500 ml
Haltbarkeit (ungeöffnet): 1 Jahr

1. Radieschen und Rettiche waschen und putzen. Jeweils einen halben Zentimeter der Stielansätze stehen lassen, eventuell halbieren oder vierteln.
2. Essig mit Salz, Zucker, Gewürzen und 250 ml Wasser aufkochen. Rettiche und Radieschen dazugeben, kurz aufkochen lassen. Mit einer Schaumkelle herausnehmen und in die Gläser füllen. Mit dem heißen Sud bedecken. Je 2 Lorbeerblätter darauflegen. Gläser sofort fest verschließen.

Sonnenreife Tomaten, für alle Jahreszeiten würzig konserviert. Für diese Zubereitungsart eignen sich besonders gut kleine Sorten, beispielsweise Cherrytomaten.

EINGELEGTE TOMATEN

- *500 g kleine Tomaten*
- *einige Basilikumblätter*
- *750 ml Weinessig*
- *100 g Zucker*
- *1 Chilischote*
- *1 EL Korianderkörner*
- *10 schwarze Pfefferkörner*
- *2 Pimentkörner*
- *1/2 Zimtstange*
- *2 Gewürznelken*

Für 4 Gläser à 250 ml
Haltbarkeit (ungeöffnet): 1 Jahr

1. Tomaten waschen, Stielansätze entfernen. Die Haut mehrmals mit einer Gabel oder einem Messer einstechen. Tomaten zusammen mit dem Basilikum in Gläser schichten.
2. Essig mit Zucker, Chili, Koriander-, Pfeffer- und Pimentkörnern, Zimtstange und Nelken aufkochen und 2 Minuten kochen lassen. Den Sud noch heiß über die Tomaten gießen. Gläser sofort fest verschließen. Mindestens 4 bis 6 Wochen ziehen lassen.

Rezepte zum

EINLEGEN IN ESSIG-ZUCKER-LÖSUNG

Diese Konservierungsmethode vereint die beiden gegensätzlichen Geschmacksrichtungen süß und sauer optimal. Geöffnete Gläser im Kühlschrank aufbewahren!

Hier gehen süß-säuerliche Äpfel eine Melange mit mild-würzigen Paprika ein, die durch Chilis eine feurige Note bekommt.

SÜSS-SAURE ÄPFEL MIT PAPRIKA

- *1 gelbe Paprika*
- *1,5 kg Äpfel*
- *200 g Roh-Rohrzucker*
- *300 ml Apfelessig*
- *300 ml Apfelsaft*
- *1 EL Wacholderbeeren*
- *1 TL schwarze Pfefferkörner*
- *1 Chilischoten*

Für 5 bis 6 Gläser à 500 ml
Haltbarkeit (ungeöffnet): 1 Jahr

1. Paprika waschen, putzen und in Streifen schneiden. Die Äpfel schälen, vierteln, entkernen und in Spalten schneiden. Zucker, Essig und Apfelsaft mit den Gewürzen aufkochen. Äpfel und Paprika hineingeben und so lange kochen, bis die Äpfel glasig sind.
2. Äpfel und Paprika mit der Schaumkelle aus dem Sud nehmen und in die Gläser füllen. Mit dem Sud auffüllen und Gläser sofort fest verschließen.

Tipp: Wählen Sie eine festkochende Apfelsorte wie zum Beispiel Boskop, die beim Kochen nicht zerfällt.

Pikant und süß zugleich einfach perfekt zu Kurzgebratenem, Wild und Käse.

PFEFFRIGE ROSMARINKIRSCHEN

- *1 kg Sauerkirschen*
- *2 Rosmarinzweige*
- *1/2 unbehandelte Zitrone*
- *200 ml Rotweinessig*
- *150 ml Orangensaft*
- *je 2 EL grüne und schwarze Pfefferkörner*
- *Salz*
- *1 Zimtstange*
- *2 Gewürznelken*
- *500 g Gelierzucker 1:1*

Für 5 bis 6 Gläser à 500 ml
Haltbarkeit (ungeöffnet): 1 Jahr

1. Kirschen waschen, entstielen und entsteinen. Rosmarinblättchen abzupfen und fein hacken. Die Zitronenhälfte heiß abwaschen und abtrocknen, die Schale dünn abschälen.
2. Rosmarin und Zitronenschale mit Essig, Orangensaft, Pfefferkörnern, 1 Prise Salz, Zimtstange, Nelken und Gelierzucker aufkochen und ungefähr 3 Minuten bei starker Hitze kochen lassen.
3. Kirschen dazugeben und alles nochmals etwa 1 Minute kochen lassen, anschließend nach Geschmack salzen. Zitronenschale, Zimtstange und Nelken aus dem Sud nehmen. Kirschen sofort in die Gläser füllen, Gläser fest verschließen und 10 Minuten umgekehrt stehen lassen. Mindestens 3 Wochen ziehen lassen.

Eine perfekte Wurzelgemüse-Mischung, die pur als Salatbeilage genossen werden kann.

MÖHREN-SELLERIE-MIX

- *1,25 kg Knollensellerie*
- *5 große Möhren*
- *2 Zwiebeln*
- *2 EL Salz*
- *1 unbehandelte Orange*
- *2 EL gehackter Dill*
- *500 ml Apfelessig*
- *1 EL Zucker*

Für 2 Gläser à 500 ml
Haltbarkeit (ungeöffnet): 1 Jahr

1. Sellerie und Möhren schälen und grob raspeln, Zwiebeln in feine Ringe schneiden. Gemüse mit dem Salz vermischt etwa 2 Stunden ziehen lassen. Anschließend mit den Händen ausdrücken und kurz kneten.
2. Orangenschale in dünnen Streifen abschälen. Mit dem gehackten Dill unter das Gemüse mischen und in die Gläser verteilen. Orange auspressen.
3. Essig, Zucker und Orangensaft mit 150 ml Wasser aufkochen und 2 bis 3 Minuten kochen lassen. Sud abschäumen und in die Gläser füllen. Gläser sofort fest verschließen und mindestens 1 Woche ziehen lassen.

Die tiefroten, erdigen Knollen bekommen durch den Meerrettich einen Schärfekick, der es in sich hat.

ROTE BETE MIT MEERRETTICH

- *1 kg Rote Bete*
- *50 g frische Meerrettichwurzel*
- *750 ml Weißweinessig*
- *1 EL Salz*
- *3 EL Zucker*
- *1/2 TL gemahlener Kümmel*
- *1 Messerspitze gemahlener Anis*

Für 3 bis 4 Gläser à 250 ml
Haltbarkeit (ungeöffnet): 1 Jahr

1. Backofen auf 180 °C vorheizen. Rote Bete gründlich waschen, Wurzeln und Stiele bis auf 2 Zentimeter abschneiden, die Knollen einzeln in Alufolie wickeln. Auf einem Blech im Ofen in 45 bis 60 Minuten weich garen.
2. Die Haut mit einem Messer abziehen. Rote Bete in Scheiben schneiden, diese halbieren. Meerrettich schälen, fein würfeln und mit Essig, Salz, Zucker, Gewürzen und 700 ml Wasser aufkochen. Anschließend die Meerrettichwürfel mit der Schaumkelle herausnehmen.
3. Rote Bete und Meerrettich abwechselnd in die Gläser schichten. Mit dem Sud auffüllen und die Gläser verschließen.

Tipp: Zum Schälen der Roten Bete am besten Gummihandschuhe tragen. Die rote Farbe lässt sich sehr schwer von den Händen entfernen.

ROTE BETE MIT MEERRETTICH

Eine raffinierte Entdeckung mit süß-scharfem Charakter für Fenchelfreunde, die wunderbar zu Käse passt.

EINGELEGTER LIMETTENFENCHEL

- *3 bis 4 Fenchelknollen*
- *4 Knoblauchzehen*
- *Salz*
- *2 Chilischoten*
- *2 unbehandelte Limetten*
- *einige Dillzweige*
- *1/2 TL Senfkörner*
- *125 g Zucker*
- *1 EL weiße Pfefferkörner*
- *3 EL Essigessenz*

Für 4 Gläser à 250 ml
Haltbarkeit (ungeöffnet): 1 Jahr

1. Fenchel waschen und putzen. Etwas Fenchelgrün beiseitelegen. Die Knollen in Spalten schneiden, sie sollten nicht auseinanderfallen. Knoblauchzehen schälen und halbieren.
2. 500 ml Wasser mit Salz aufkochen, Fenchel portionsweise 6 bis 8 Minuten darin garen. Mit einer Schaumkelle herausnehmen, kalt abschrecken und abtropfen lassen. Kochflüssigkeit aufbewahren. Knoblauch kurz in kochendem Wasser blanchieren und abschrecken.
3. Fenchel und Knoblauch in Gläser schichten. Chilis halbieren, Kerne und weiße Trennwände entfernen. Limetten heiß abwaschen und in dünne Scheiben schneiden. Fenchelgrün, Dill, Chilis, Limettenscheiben und Senfkörner in den Gläsern verteilen.
4. Gemüsekochwasser mit Zucker, Pfefferkörnern und Essigessenz aufkochen und 3 Minuten kochen lassen. Den Sud heiß in die Gläser füllen. Gläser sofort verschließen.

Der süß-saure Sud mit Ingwer, Zimt und Nelken macht aus den Quitten eine winterliche Beilage zu dunklem Fleisch und Wild oder zu Käse.

GEWÜRZQUITTEN

- *1 Stück frischer Ingwer (ca. 2 Zentimeter)*
- *250 ml Weißweinessig*
- *250 g Zucker*
- *3 Zimtstangen*
- *10 Gewürznelken*
- *3 Lorbeerblätter*
- *1 kg Quitten*

Für 4 bis 5 Gläser à 500 ml
Haltbarkeit (ungeöffnet): 1 Jahr

1. Ingwer schälen und fein würfeln. Mit Essig, Zucker, Zimt, Nelken, Lorbeerblättern und 500 ml Wasser mischen. Die Quitten mit einem Tuch abreiben, dann waschen, vierteln, schälen, von den Kerngehäusen befreien und in Spalten schneiden. Sofort in den Essigsud legen, damit sie sich nicht verfärben.
2. Den Sud aufkochen und die Quitten in 10 Minuten bissfest kochen. Die Quitten mit der Schaumkelle herausnehmen und in die Gläser füllen. Mit dem heißen Sud auffüllen und die Gläser fest verschließen.

Die nicht so geschmacksintensiven Zucchini nehmen fremde Aromen dankbar an und bekommen so eine gute Portion Würze.

WÜRZIGE ZUCCHINI

- *750 g Zucchini*
- *300 g Perlzwiebeln*
- *325 ml Kräuteressig*
- *275 g Zucker*
- *1 bis 2 EL Salz*
- *1 EL Senfkörner*
- *1 TL rote Pfefferkörner*
- *1 Bund Dill*

Für 2 Gläser à 500 ml
Haltbarkeit (ungeöffnet): 1 Jahr

1. Zucchini waschen und in halbe Zentimeter dicke halbe Scheiben schneiden. Perlzwiebeln schälen. Essig, Zucker, Salz und 325 ml Wasser so lange kochen, bis sich der Zucker vollständig gelöst hat. Die Perlzwiebeln 5 Minuten darin garen, dann die Zucchinistücke dazugeben und aufkochen lassen.
2. Zwiebeln und Zucchini mit der Schaumkelle aus dem Sud nehmen, mit Senf- und Pfefferkörnern und Dill in den Gläsern verteilen.
3. Den Sud nochmals aufkochen lassen und heiß in die Gläser füllen. Gläser sofort fest verschließen.

Eine feinwürzige pikante Zubereitung mit in Öl gedünsteten Schalotten, die mit den süßen Rosinen einen geeigneten Partner gefunden haben.

SHERRYSCHALOTTEN MIT ROSINEN

- *1,5 kg Schalotten*
- *3 TL Salz*
- *100 g Rosinen*
- *40 ml trockener Sherry*
- *250 ml Olivenöl*
- *125 ml Balsamessig*
- *100 bis 150 g Puderzucker*
- *125 ml Weißweinessig*
- *weißer Pfeffer*

Für 2 Gläser à 500 ml
Haltbarkeit (ungeöffnet): 1 Jahr

1. Schalotten schälen und in reichlich Wasser mit 2 TL Salz 5 bis 8 Minuten kochen. Mit der Schaumkelle herausnehmen. 250 ml Kochwasser beiseitestellen. Rosinen in Sherry und 125 ml lauwarmem Wasser einweichen.
2. Die Schalotten mit 1 TL Salz würzen und im Öl glasig dünsten. Balsamessig und Puderzucker verrühren und über die Schalotten geben. Aufkochen lassen und mit Weißweinessig und dem beiseitegestellten Kochwasser ablöschen. Dann die eingeweichten Rosinen mit dem Sherrywasser zufügen, pfeffern. In die Gläser füllen und die Gläser fest verschließen.

Tipp: Zur besseren Haltbarkeit können Sie am nächsten Tag den Sud abgießen, nochmals aufkochen, eventuell weitere Flüssigkeit dazugeben. Wenn der Sud abgekühlt ist, geben Sie ihn wieder in die Gläser und verschließen diese fest.

Rezepte zum

EINLEGEN IN ALKOHOL

Früchte und Alkohol sind traditionell ein gut harmonierendes Paar, weil die alkoholgetränkte Frucht als besondere Köstlichkeit geschätzt wird und der Alkohol intensiver nach der eingelegten Frucht schmeckt. *Tipps siehe Seite 110.*

RUMTOPF MIT VANILLEEIS

Der Klassiker unter den beschwipsten Früchten mit kleinem Wermutstropfen: Er lässt lange auf sich warten, bis er zum Genuss freigegeben werden kann. Je nach Angebot und Geschmack wandern die frischen Früchte ab in den Topf, um traditionsgemäß ab 1. Advent Desserts und vieles mehr zu bereichern.

RUMTOPF

Im Juni:
Erdbeeren, Süßkirschen
Im Juli:
Aprikosen, Pfirsiche, Johannisbeeren,
Stachelbeeren, Himbeeren
Im August:
Sauerkirschen, Mirabellen, Zwetschgen
Im September:
Birnen
Im Oktober:
grüne und blaue Trauben, Ananas, Mandarinen
Im November/Dezember:
Trockenfrüchte
Für 500 g Früchte mindestens 250 g Zucker
(Ausnahme Erdbeeren: 500 g Zucker)
Rum (54 Vol.-%) zum Auffüllen

Für einen Rumtopf (Steinguttopf)
Haltbarkeit (ungeöffnet): bis zu 1 Jahr

1. Früchte jeweils putzen und waschen. Große Früchte klein schneiden. Härtere Früchte wie Birnen einige Minuten in wenig Wasser mit 1 TL Zucker dünsten.
2. Früchte zusammen mit der mindestens halben Gewichtsmenge Zucker (für Erdbeeren die gleiche Menge) in den Rumtopf geben und vermischen. Mit Rum auffüllen, so dass der Flüssigkeitsspiegel mindestens 1 Zentimeter über den Früchten steht. Mit jeder neuen Früchtezugabe etwa 300 ml Rum mit dem Zucker verrühren und zugeben.
3. Mit einem Teller beschweren, damit die Früchte nicht oben schwimmen. Topf mit dem Deckel oder mit Einmachhaut schließen, dunkel und kühl aufbewahren.
4. Je nach Angebot weitere Früchte mit Zucker zufügen und vermischen, kühl und dunkel lagern.

Tipp: Eine besondere Note ergibt sich durch den Zusatz einiger frischer Walnusskerne im Spätherbst.

Die beste, beliebteste und vielleicht auch köstlichste Art, die herben Wildfrüchte zu konservieren.

SCHLEHENGIN

- *1 kg Schlehen, nach dem ersten Frost geerntet*
- *250 g weißer Kandiszucker*
- *3 Gewürznelken*
- *1 Vanilleschote*
- *1 Prise Muskat*
- *Schale von 1 unbehandelten Orange*
- *1,5 l Gin*

Für 2 Flaschen à 700 ml
Haltbarkeit (ungeöffnet): mehrere Jahre

1. Schlehen waschen, abtropfen lassen und etwas zerdrücken. Kandiszucker leicht zerstoßen, mit den Schlehen vermischen und über Nacht ziehen lassen.
2. Anschließend mit den Nelken, der aufgeschlitzten Vanilleschote, dem Muskat und der Orangenschale mischen und mit dem Gin auffüllen. Gut verschließen und an einem warmen Ort 2 Monate stehen lassen, dabei mehrmals schütteln.
3. Dann filtern und in die Flaschen füllen. Flaschen fest verschließen und mindestens 4 Wochen ziehen lassen.

Tipp: Der erste Frost lässt auf sich warten? Dann können die frisch gepflückten Schlehen zu Hause im Tiefkühlfach durchgefrostet werden, damit ihr extrem herber Geschmack milder wird.

Dieser würzige Fruchtlikör bringt eine erfrischende Minzenote mit und erhält durch Anis und Fenchel noch mehr Geschmack.

SCHWARZER JOHANNISBEERLIKÖR

- *200 g schwarze Johannisbeeren*
- *1 Pfefferminzstängel*
- *2 Wacholderbeeren*
- *200 g weißer Kandiszucker*
- *1 TL Fenchelsamen*
- *1 TL Anis*
- *1 Lorbeerblatt*
- *700 ml Korn*

Für 1 Flasche à 700 ml
Haltbarkeit (ungeöffnet): mehrere Jahre

1. Johannisbeeren waschen und mit einer Gabel von den Rispen streifen. In ein weithalsiges Gefäß füllen. Pfefferminze waschen, Wacholderbeeren zerdrücken. Minze, Wacholderbeeren, leicht zerstoßenen Kandiszucker, Fenchel- und Anissamen und Lorbeerblatt zu den Johannisbeeren geben. Mit Korn auffüllen.
2. Gut verschließen und an einem warmen Ort 2 Monate ziehen lassen.
3. Anschließend filtern und in die Flaschen füllen. Flaschen fest verschließen und mindestens 4 Wochen ziehen lassen.

Ein gutes Verdauungsschnäpschen, das bis zum Erreichen seines Wohlgeschmacks Sonne und viel Zeit zum Durchziehen braucht

WALNUSSGEIST

- *10 frische grüne Walnüsse mit weicher Schale*
- *1 Zimtstange*
- *5 Gewürznelken*
- *2 Sternanis*
- *1 Prise Ingwerpulver*
- *Schale von 1/2 unbehandelten Orange*
- *1/2 Vanilleschote*
- *1 Prise Macis (Muskatblüte)*
- *250 g brauner Kandiszucker*
- *1 l Obstbrand nach Geschmack*

Für 2 Flaschen à 500 ml
Haltbarkeit (ungeöffnet): mehrere Jahre

1. Weiche Nüsse waschen, trocknen und vierteln. Mit Gewürzen, leicht zerstoßenem Kandiszucker und Alkohol in ein weithalsiges Gefäß füllen. Gut verschließen und ungefähr 6 Wochen an einem warmen, sonnigen Ort durchziehen lassen.
2. Anschließend filtern und in Flaschen umfüllen. Flaschen fest verschließen. Etwa 3 Monate ziehen lassen.

Tipp: Kandiszucker lässt sich leicht zerstoßen, wenn man ihn in ein Tuch gibt und mit dem Fleischklopfer oder dem Nudelholz bearbeitet.

Kandiszucker und in Rotwein aufgelöster Honig runden den leicht herben Fruchtgeschmack von Wildfruchtlikören ab.

HAGEBUTTENLIKÖR

- *1 kg Hagebutten*
- *3 EL Honig*
- *etwas trockener Rotwein*
- *1,5 l Korn*
- *150 g weißer Kandiszucker*
- *4 Gewürznelken*
- *Schale von 1/2 unbehandelten Orange*

Für 2 Flaschen à 700 ml
Haltbarkeit (ungeöffnet): mehrere Jahre

1. Hagebutten waschen, von Stängeln und Fruchtansätzen befreien. Honig mit dem Rotwein verrühren und zusammen mit dem Kandiszucker mit den Hagebutten mischen. Über Nacht durchziehen lassen.
2. Anschließend die Mischung mit Gewürzen mischen und mit dem Korn auffüllen. Gut verschließen und an einem warmen Ort 2 Monate ziehen lassen.
3. Dann filtern und in die Flaschen füllen. Flaschen fest verschließen und 4 Wochen ziehen lassen.

Variation: Nach dem gleichen Rezept können Vogelbeeren, Sanddorn, Preiselbeeren und Holunderbeeren zu Likör verarbeitet werden.

Die südländischen Früchte, die auch bei uns in milden Regionen gedeihen, veredeln in französischem Apfelschnaps eingelegt manche Nachspeisen.

FEIGEN IN CALVADOS

- *500 g grüne oder blaue Feigen*
- *500 g weißer Kandiszucker*
- *3 EL Orangenblütenhonig*
- *700 ml Calvados*

Für 3 bis 4 Gläser à 250 ml
Haltbarkeit (ungeöffnet): 1 bis 2 Jahre

1. Feigen waschen und halbieren. Kandiszucker, Honig und Calvados miteinander vermischen und zusammen mit den Feigen in das Glas füllen. Gläser fest verschließen und mindestens 2 Wochen ziehen lassen.

Die alkoholisierten grünen und blauen Trauben sind optisch ein Genuss zu vielen süßen, aber auch zu Fisch-, Fleisch und Grillgerichten.

GRAPPA-TRAUBEN MIT ROSINEN

- *je 600 g blaue und grüne Weintrauben*
- *1,25 kg Zucker*
- *50 g Rosinen*
- *700 ml Grappa*

Für 3 bis 4 Gläser à 250 ml
Haltbarkeit (ungeöffnet): 1 bis 2 Jahre

1. Trauben waschen und von den Stielen befreien. Mit dem Zucker mischen und zugedeckt über Nacht ziehen lassen.
2. Rosinen waschen, abtropfen lassen und dazugeben. In die Gläser verteilen und mit dem Grappa auffüllen. Gläser fest verschließen und mindestens 2 Monate ziehen lassen.

Doppelt gemoppelt hält besser: Die durchs Trocknen haltbar gemachten Früchte werden in Alkohol nochmals konserviert und dabei aufs Köstlichste aromatisiert.

TROCKENFRÜCHTE IN ARMAGNAC

- *je 100 g getrocknete, weiche Aprikosen, Feigen, Pflaumen, Birnen und Datteln (siehe Seite 116)*
- *1/2 Vanilleschote*
- *2 Gewürznelken*
- *1 Zimtstange*
- *2 Kardamomkapseln*
- *200 g Zucker*
- *600 ml Armagnac*

Für 3 Gläser à 250 ml
Haltbarkeit (ungeöffnet): 1 bis 2 Jahre

1. Aprikosen, Feigen und große Pflaumen halbieren, Birnen vierteln und Datteln entsteinen. Vanilleschote längs aufschlitzen, das Mark mit einem kleinen Messer herauskratzen und mit 150 ml Wasser, Nelken, Zimtstange, Kardamom und Zucker mischen. Unter Rühren aufkochen und bei schwacher Hitze ungefähr 12 Minuten leicht sirupartig einkochen lassen.
2. Gewürze aus dem Zuckersirup nehmen und zusammen mit den Trockenfrüchten in die Gläser schichten. Sirup nochmals erhitzen und sofort über die Früchte gießen. Mit Armagnac bedecken. Gläser sofort fest verschließen, mindestens 1 Woche ziehen lassen.

Reizvolle Beilage zu geräuchertem oder gebratenem Fisch.

ZITRONEN IN WODKA

1 kg unbehandelte Zitronen
eine Handvoll Minzeblättchen
300 g Zucker
400 ml Wodka

Für 4 bis 5 Gläser à 250 ml
Haltbarkeit (ungeöffnet): 1 bis 2 Jahre

1. Zitronen heiß abwaschen und abtrocknen. In etwa 6 Zentimeter dicke Scheiben schneiden und mit den Minzeblättchen in die Gläser schichten. Zucker mit 300 ml Wasser zu einem Sirup kochen, abkühlen lassen und mit dem Wodka mischen. Die Zitronen damit bedecken. Die Gläser fest verschließen und mindestens 2 Wochen ziehen lassen.

Tipp: Für den Sirup kocht man Zucker und Wasser zusammen etwa 10 Minuten. Die richtige Konsistenz prüft man mit einigen Siruptropfen, die man mithilfe einer Gabel auf einen Teller tropft. Wenn die Tröpfchen Fäden ziehen, ist der Sirup fertig.

Die alkoholisierten Früchte adeln vorzugsweise Vanilleeis oder -pudding.

ERDBEEREN IN MADEIRA

500 g Erdbeeren
300 g Zucker
500 ml Madeira

Für 3 Gläser à 250 ml
Haltbarkeit (ungeöffnet): 1 bis 2 Jahre

1. Erdbeeren waschen, Blütenansätze entfernen und die Früchte in die Gläser füllen. Zucker in 125 ml Wasser so lange kochen, bis er sich vollständig aufgelöst hat. Abkühlen lassen, mit dem Madeira mischen und die Erdbeeren damit bedecken. Gläser fest verschließen und mindestens 1 Woche ziehen lassen.

Variation: Für Erdbeeren in Cream-Sherry Früchte mit dem Zucker einfach in die Gläser schichten. 50 ml Rum (54 Volumenprozent) darübergießen und mit 375 ml Cream-Sherry auffüllen.

Ein ganz besonders edles Dessert, das es in sich hat: Die Aprikosen werden mit Marzipankugeln gefüllt und dürfen in Cognac und weihnachtliche Gewürze eingelegt die Winterzeit versüßen.

MARZIPAN-APRIKOSEN MIT PINIENKERNEN IN COGNAC

- *500 g Aprikosen*
- *1/2 unbehandelte Zitrone*
- *100 g Marzipanrohmasse*
- *75 g Puderzucker*
- *1/2 Zimtstange*
- *1/2 Vanilleschote*
- *1 Gewürznelke*
- *1 Kardamomkapsel*
- *50 g Pinienkerne*
- *200 ml Cognac*
- *Holzspießchen*

Für 1 Glas à 500 ml
Haltbarkeit (ungeöffnet): 1 bis 2 Jahre

1. Aprikosen kreuzweise einschneiden und mit heißem Wasser überbrühen. Kurz darin ziehen lassen, kalt abschrecken und die Haut abziehen. Aprikosen längs aufschneiden, aber nicht durchschneiden und die Steine entfernen. Zitrone heiß abwaschen und trocken reiben. Schale dünn in Streifen abschälen und die Frucht auspressen.
2. Marzipanrohmasse mit Puderzucker, Zitronenschale und etwas Zitronensaft verkneten. Daraus aprikosensteingroße Kugeln formen und die Aprikosen damit füllen. Mit halbierten Holzspießchen verschließen.
3. Aprikosen mit Zimtstange, halbierter Vanilleschote, Nelke, Kardamom und Pinienkernen in das Glas geben und mit dem Cognac bedecken. Das Glas verschließen und mindestens 1 Woche durchziehen lassen.

Beschwipstes Mitbringsel mit einer kleinen knackigen Überraschung im Innern.

MANDEL-ZWETSCHGEN IN ROTWEIN

- *1 kg Zwetschgen*
- *150 g Mandeln*
- *500 ml kräftiger Rotwein,*
- *wie z. B. Spätburgunder oder Bordeaux*
- *100 ml Zwetschgenschnaps*
- *500 g weißer Kandiszucker*
- *1 Zimtstange*
- *3 Sternanis*
- *6 Gewürznelken*
- *3 EL Honig*

Für 3 Gläser à 500 ml
Haltbarkeit (ungeöffnet): 1 bis 2 Jahre

1. Zwetschgen waschen, aufschneiden, aber nicht durchschneiden, Kerne und Stiele entfernen. Mandeln mit kochendem Wasser überbrühen, einige Minuten stehen lassen, anschließend die Haut entfernen. In jede aufgeschnittene Zwetschge eine Mandel füllen. Früchte zusammenklappen und in die Gläser schichten.
2. Rotwein mit 125 ml Wasser, Kandiszucker, Gewürzen und Honig so lange köcheln lassen, bis der Zucker aufgelöst ist. Sofort über die Früchte geben, dabei die Gewürze gleichmäßig auf die Gläser verteilen. Mit dem Zwetschgenschnaps auffüllen, die Gläser fest verschließen und mindestens 4 Wochen ziehen lassen.

Variation: Statt Mandeln können die Zwetschgen mit Rosinen oder getrockneten Kirschen gefüllt werden.

MAROKKANISCHE SALZZITRONEN, SEITE 147

Rezepte zum

EINLEGEN IN SALZ

Salz ist nicht nur die ideale Konservierungsmethode für feinwürzige Zutaten wie Suppengemüse, sondern macht aus geschmacksintensiven Gemüsesorten eine delikate Angelegenheit. Tipps siehe Seite 112.

Eine hilfreiche Alternative zum Brühwürfel – weiteres Salzen ist überflüssig.

SUPPENGEMÜSE IN SALZ

- *300 g Möhren*
- *300 g Knollensellerie*
- *200 g Petersilienwurzel*
- *200 g Lauch*
- *5 Blätter Liebstöckel*
- *1 Bund Petersilie*
- *300 g Salz*

Für 4 bis 5 Gläser à 200 ml
Haltbarkeit (ungeöffnet): bis zu 6 Monate

1. Gemüse waschen, putzen, schälen und fein raspeln. Kräuter ebenfalls waschen und fein hacken. Mit dem Gemüse und dem Salz mischen.
2. In die Gläser füllen und Gläser fest verschließen.

Variation: Den letzten Pfiff gibt Selleriesalz allen Salaten, Suppen und Eintöpfen, die sich mit Sellerie gut vertragen. Dazu 2 kleingeschnittene Selleriestangen ungefähr 3 Minuten kochen und 1 bis 2 Stunden auf Küchenpapier trocknen lassen. Mit 100 g Salz vermischt in die Gläser schichten und verschließen.
Tipp: Das Gemüse in möglichst kleine Gläser füllen, da immer nur kleine Mengen entnommen werden. Die geöffneten Gläser im Kühlschrank lagern.

Besonders im Norden und Osten Deutschlands ist die auch saure Gurken genannte Spezialität ein beliebter Snack und Beilage für deftige kalte Mahlzeiten.

SALZGURKEN

- *2,5 kg Einlegegurken*
- *4 Estragonzweige*
- *4 Dillzweige*
- *3 Weinblätter*
- *50 g frischer Meerrettich*
- *2 TL weiße Pfefferkörner*
- *50 g Salz*

Für 5 Gläser à 500 ml
Haltbarkeit (ungeöffnet): bis zu 6 Monate

1. Die Gurken über Nacht in Wasser einlegen. Am nächsten Tag gut abbürsten und abtrocknen. Estragon, Dill und Weinblätter waschen. Meerrettichstück schälen und in 5 gleich große Scheiben schneiden.
2. Gurken abwechselnd mit Meerrettichscheiben, Kräutern, Weinblättern und Pfefferkörnern in die Gläser schichten. Salz in 1 Liter Wasser auflösen und die Gurken damit bedecken. Gläser fest verschließen und mindestens 4 Wochen ziehen lassen.

Tipps: Eine dünne Schicht neutrales Speiseöl aufgießen – so halten sich die Gurken länger. Bildet sich auf der Gurkenlake nach einer Weile eine weiße Hefeschicht, sollten die Gurken abgespült, die Gläser ausgewaschen und die Salzlake erneuert werden.

Eine orientalische Würzzutat, die besonders marokkanischen Schmorgerichten den typischen Geschmack verleiht.

MAROKKANISCHE SALZZITRONEN

- *7 kleine unbehandelte Zitronen*
- *4 TL Salz*

Für 1 Glas à 750 ml
Haltbarkeit (ungeöffnet): bis zu 6 Monate

1. 6 Zitronen unter heißem Wasser gründlich abwaschen, dann oben einen „Deckel" abschneiden. Zitronen längs über Kreuz so tief einschneiden, als ob man die Früchte vierteln wolle, sie dürfen aber noch nicht auseinanderfallen. Die Einschnitte zusammendrücken und mit 1 TL Salz bestreuen. Die Zitronen in Gläser füllen, mit dem restlichen Salz bestreuen und den Saft der siebten Zitrone darübergeben.
2. Mit ausreichend kochend heißem Wasser bedecken und das Glas fest verschließen. Mindestens 2 Wochen bei Zimmertemperatur ziehen lassen.

Tipp: Zum Würzen verwendet man Saft und Schalen der eingelegten Zitronen.

Würzig, deftig, salzig und damit perfekt zur Brotzeit.

EINGELEGTER RETTICH UND ROTE BETE

- *800 g weißer Rettich*
- *200 g rote Bete*
- *3 Knoblauchzehen*
- *2 EL Salz*
- *3 EL Weißweinessig*

Für 3 bis 4 Gläser à 500 ml
Haltbarkeit (ungeöffnet): bis zu 6 Monate

1. Gemüse putzen, waschen und in feine Scheiben hobeln. Knoblauch schälen und in dünne Scheiben schneiden. In die Gläser schichten.
2. Essig und Salz mit 500 ml Wasser aufkochen, in die Gläser füllen und diese fest verschließen.

KANDIERTE FRÜCHTE, SEITE 152

DAS VERZUCKERN UND KANDIEREN

Mit Zucker werden hauptsächlich Früchte – einheimische ebenso wie exotische – haltbar gemacht, das Verfahren bietet sich aber auch für essbare Blüten und Rosenblätter an. Man nennt es Kandieren oder Konfieren.

In der heimischen Backstube kennt man die fruchtigen Zuckerbomben vor allem in Form von Zitronat, Orangeat und Cocktailkirschen. Die asiatische Küche verwendet gern kandierten Ingwer, den man ebenfalls fertig kaufen oder selbst herstellen kann. Sie werden die kleinen Geschmackspakete kaum pur essen wollen, weil ihre Süße viel zu konzentriert ist. Aber als klein portionierte Garnitur auf Kuchen, Torten, Eis und Desserts sind sie für viele Nascher ein Highlight. Das Kandieren ist im Prinzip kinderleicht: Die Früchte werden einige Male mit einer Zuckerlösung übergossen (zum Mischverhältnis siehe Seite 100). Dabei erhöht sich der Zuckergehalt der Früchte auf mindestens 70 Prozent, während sich der Wassergehalt gleichzeitig vermindert. Wer Mandel- oder Walnussbäume vor der Haustür hat, kann die noch grünen Kerne ebenfalls einzuckern. Zucker macht aus dem Innenleben von Schalenfrüchten eine süße Knabberei, die sich lange hält. Wem es jedoch nur darum geht, Schalenfrüchte möglichst lange aufzubewahren, sollte die Schale erst kurz vor dem Verbrauch knacken, weil sie immer noch der beste Schutz gegen Verderbnis ist.

DAS VERZUCKERN

Die einfachere Form des Kandierens ist das Verzuckern – allerdings ist dabei der Konservierungseffekt deutlich geringer, und die Bandbreite dieser Methode beschränkt sich auf zarte Blüten und Blütenblätter. Tatsächlich geht es gar nicht darum, etwas für die Ewigkeit genießbar zu machen, sondern kurzlebige Dekostücke beispielsweise zur Verzierung von Torten herzustellen; sie halten bei trockener, nicht kalter Lagerung 2 bis 3 Tage. Man hat die Wahl zwischen Rosen, Veilchen, Borretsch, Phlox und vielen anderen Blüten. Allerdings sollten die Pflanzen auf keinen Fall vom traditionellen Floristen kommen, denn dort ist die Ware reichlich gespritzt, damit sie sich möglichst lange hält. Auch das, was aus dem eigenen Garten stammt, sollte nicht chemisch gegen Schädlinge behandelt worden sein. Alternativ sucht man sich einen Bioanbieter oder bedient sich in der freien Natur.

Die filigrane Prozedur des Verzuckerns erfordert etwas Sensibilität: Mit einer Pinzette hält man die Blüten oder Blätter, zieht sie durch dünn geschlagenes Eiweiß (oder pinselt sie damit ein) und lässt das überschüssige Eiweiß abtropfen. Anschließend werden sie mit „feinstem" (so die Qualitätsbezeichnung) Kristallzucker bestreut – grobkörnigere Qualitäten und Puderzucker führen nicht zum gewünschten Ergebnis. Überflüssigen Zucker behutsam abschütteln und darauf achten, dass jeder Teil der Blüte mit Zucker bedeckt ist. Anschließend auf Backpapier oder Pergament verteilen und in den Backofen schieben. Während des Trockenvorgangs bei 50 bis 80 °C die Ofentür einen kleinen Spalt offen stehen lassen.

Tipps zum Verzuckern und Kandieren

/ Früchte vor dem Übergießen mit Zuckerlösung mehrfach mit einer Nadel einstechen oder in Scheiben schneiden, damit der Zucker noch besser in das Zellgewebe eindringen kann.

/ Niemals Rosenblätter und Blüten aus dem Blumenladen konservieren, da dort alle Pflanzen besonders stark gespritzt sind.

/ Im Prinzip kann man auch Gemüse kandieren, allerdings ist das geschmacklich nicht unbedingt interessant. Es sei denn, man sucht nach einer besonderen Dekoration: Dann lohnt sich die Mühe, Scheiben von Möhren, Beten oder Kürbissen einzuzuckern, um damit etwa Möhrenkuchen, Bete- oder Kürbistorten zu verzieren.

Rezepte zum

VERZUCKERN UND KANDIEREN

Zuckersüß und dekorativ: Kandiertes und Verzuckertes zum Verzieren und Aromatisieren von Backwerk und Desserts.

Rosenduft zum Naschen und ein zuckriges Highlight zum Dekorieren von Torten und Desserts.

VERZUCKERTE ROSENBLÄTTER

20 frische unbehandelte Rosenblätter
(keine handelsüblichen Blüten
aus dem Blumenladen verwenden!)
2 Eiweiß
60 g feinster Zucker

Für 1 Dose à 500 ml
Haltbarkeit: 3 bis 6 Monate

1. Rosenblätter waschen und vom bitteren Stielansatz befreien. Eiweiß steif schlagen und die Blätter einzeln hineintauchen. Zucker auf ein Pergamentpapier streuen und die Blätter darauf auslegen. Einzeln von beiden Seiten mit dem Zucker bestreuen.
2. Bei 80 °C 30 Minuten im Ofen trocknen lassen. Lagenweise in eine Dose schichten, jede Lage mit Pergamentpapier trennen, Dose schließen.

Tipp: Noch dekorativer: Statt der einzelnen Rosenblütenblätter können auch ganze gereinigte Röschen verwendet werden.

Wunderschöne Farbtupfer auf vielen Leckereien. Zuckersüßer geht's nicht mehr!

KANDIERTE FRÜCHTE

450 g Früchte wie Kirschen, Himbeeren,
Erdbeeren, Ananas, Zitrusfrüchte
700 g Zucker

Für 1 Dose à 500 ml
Haltbarkeit: bis zu 1 Jahr

1. Früchte waschen, putzen und eventuell klein schneiden. Feste Früchte wie Äpfel oder Birnen blanchieren, Steinobst entsteinen und mit einer Gabel mehrmals einstechen. 1 Liter Wasser mit 500 g Zucker erhitzen, bis sich der Zucker vollständig aufgelöst hat, dann zum Kochen bringen. Früchte in einer flachen Schüssel ausbreiten und mit dem lauwarm abgekühlten Sirup bedecken. Mit Pergamentpapier abdecken, damit die Früchte eingetaucht bleiben. Über Nacht an einem warmen Ort ziehen lassen.
2. Anschließend die Früchte mit einer Schaumkelle aus dem Sirup nehmen und auf einem Rost abtropfen lassen. Sirup mit weiteren 50 g Zucker erneut zum Kochen bringen und dann wiederum die Früchte mit dem Sirup begießen. Nochmals über Nacht ziehen lassen. Diesen Vorgang mehrmals wiederholen, bis der Sirup verbraucht ist.
3. Dann die Früchte an einem warmen, luftigen Ort 1 bis 2 Stunden trocknen lassen. Lagenweise in die Dose schichten, jede Lage mit Pergamentpapier trennen, Dose schließen.

Tipp: Zum Kandieren eignen sich fast alle Obstsorten: Kirschen, Erdbeeren, Aprikosen, Äpfel, Melonenstückchen und viele mehr.

Die kandierten Zitrusfrüchte dürfen im klassischen Weihnachtsstollen nicht fehlen.

ORANGEAT UND ZITRONAT

2 bis 3 unbehandelte Orangen oder Zitronen
mit möglichst dicken Schalen (siehe Seite 213)
1 TL Salz
500 g Zucker

Für 1 Dose à 500 ml
Haltbarkeit (ungeöffnet): bis zu 1 Jahr

1. Zitrusfrüchte schälen, dabei alle weißen Schalenteile entfernen. Schalen in Stücke schneiden und 3 bis 4 Tage in eine Schüssel mit Wasser legen. Das Wasser 2 bis 3 Mal erneuern.
2. Schalen anschließend in Salzwasser weich kochen. Dann die Schalen herausnehmen und abtropfen lassen. Die gleiche Menge Zucker abwiegen und mit etwa einem Drittel der Menge Wasser zu einem fädenziehenden Sirup einkochen. Die Schalen hineingeben und einige Minuten kochen lassen, mit einer Schaumkelle herausnehmen und den Sirup noch stärker einkochen.
3. Die abgekühlten Schalen erneut in den Sirup geben und etwa 5 Minuten kochen lassen. Schalen wieder herausnehmen und nach dem Abtropfen dick mit Zucker bestreuen.
4. Lagenweise in die Dose schichten, jede Lage mit Pergamentpapier trennen, Dose schließen.

Tipp: Eine köstliche Nascherei entsteht, wenn man die Schalen in längliche Stücke schneidet und nach dem Kandieren zu drei Vierteln mit Kuvertüre überzieht.

Knusprig-süße Leckerei, die sich zu Vanilleeis und Pudding sehr gut macht.

KANDIERTE WALNÜSSE

100 g grüne Walnusshälften
1 unbehandelte Orange
220 g Zucker
1 TL Zimt

Für 1 Dose à 200 ml
Haltbarkeit (ungeöffnet): 3 bis 6 Monate

1. Walnusshälften bei 180 °C im Backofen 15 Minuten rösten. Orangenschale abreiben und den Saft auspressen. Orangensaft mit Wasser auf 150 ml auffüllen und mit Zucker langsam erhitzen, bis sich der Zucker aufgelöst hat. Aufkochen lassen, bis der Sirup Fäden zieht.
2. Topf von der Kochstelle nehmen. Abgeriebene Orangenschale, Zimt und Walnüsse hinzufügen. Masse durchrühren, bis sie cremig wird, Walnüsse voneinander trennen und auf einem Teller abkühlen lassen.
3. Lagenweise in die Dosen schichten, jede Lage mit Pergamentpapier trennen. Dose schließen.

MILCHSAURES ROTKRAUT, SEITE 160

DIE MILCHSÄUREGÄRUNG

Zugegeben, Milchsäuregärung ist kein Begriff, der an aufregende Köstlichkeiten denken lässt. Dabei gehört diese altbewährte Methode zum Besten, was die Konservierungsküche zu bieten hat: Das Gemüse schmeckt nicht nur gut, sondern besitzt noch fast alle Vitamine und Mineralstoffe. Und wer jetzt nur an Sauerkraut denkt, sollte Kimchi probieren – die kulinarische Perle aus Korea hat schon machen zum Fan dieser Methode gemacht.

Milchsäuregärung klingt nach Chemielabor und scheint heikel zu sein – da kann man sicherlich jede Menge falsch machen, meint man. Dabei hat sich diese einst sehr populäre Methode des Haltbarmachens seit Menschengedenken bewährt, weil sie außerordentlich unkompliziert ist und gut funktioniert. Heutzutage ist das Verfahren der Milchsäuregärung völlig aus der Mode gekommen. Überhaupt hat sich nur ein Produkt als Inbegriff für die Milchsäuregärung durchgesetzt: das Sauerkraut. Tatsächlich aber kann man im Prinzip alle Gemüsesorten auf diese Weise konservieren. Lediglich weiches Blattgemüse wie Spinat und Salat nehmen diese Methode übel. Auch das Frühgemüse kann nicht recht überzeugen, weil es dazu neigt, schnell zu gären, weich zu werden und sich nicht lange zu halten. Das große Gemüseangebot des Herbstes hingegen bringt für dieses Verfahren die besten Voraussetzungen mit. Trotz des Flüssigkeitsentzugs bleibt es fest genug, um appetitlich zu sein. Ein Versuch, seine Gartenernte per Milchsäuregärung über den Winter zu bringen, lohnt sich daher in jedem Fall. Im Vergleich mit anderen Konservierungsmethoden kann die Milchsäuregärung punkten, weil bei Ernteüberschüssen problemlos größere Mengen von Gemüse sofort verarbeitet und später nach und nach verbraucht werden können. Es dürfen also die ganz großen Gläser zum Einsatz kommen.

Der spezielle säuerliche Geschmack ist nicht auf Anhieb jedermanns Sache, aber er hat Liebhaber. Im Übrigen darf man sich auf besonders gesunde Genüsse freuen. Die Konservierung mit Milchsäure ist schonend, und neben den Mineralstoffen bleiben vor allem die Vitamine erhalten. Die Milchsäurebakterien selbst tun dem menschlichen Organismus ebenfalls Gutes, indem sie zur Stärkung der Immunabwehr beitragen und das Darmmilieu in Hochform bringen. Schädliche Fäulnisbakterien, die im Darm die Aufnahme von Vitaminen und anderen wertvollen Wirkstoffen verhindern, haben in einer solchen Umgebung kaum noch Chancen.

GÄREN LASSEN

Und wie setzt man die Milchsäuregärung in Gang? Zusätzlich zum Gemüse braucht man Salz und eventuell etwas Molke, außerdem Kräuter und Gewürze nach Gusto. Zuerst wird das gewaschene und geputzte Gemüse fein geschnitten oder, je nach Zubereitung, vorher in einer Schüssel leicht eingestampft und zusammen mit dem ausgetretenen Saft und den Gewürzen in Gläser gegeben. In manchen Rezepten kommt auch etwas Molke (Flüssigkeit von Joghurt, Quark oder Buttermilch) hinein; sie ist im Gegensatz zum Salz nicht zwingend erforderlich, aber die in ihr enthaltenen Milchsäurebakterien lassen den Gärungsprozess augenblicklich in Fahrt kommen. Zuletzt wird mit abgekochter Salzlake oder mit Salz und kalkfreiem Mineralwasser aufgegossen und das Glas fest verschlossen. Mehr muss man gar nicht tun, denn die im Gemüse vorkommenden Kohlenhydrate (Zucker) wandeln sich von allein in Milchsäure um, von ihr geht maßgeblich die haltbarmachende Wirkung aus. Auch der Geschmack des Gemüses verändert sich: Es erhält ein reizvolles pikant-säuerliches Aroma. Für milchsauer vergorene Gemüsesäfte kann sich erfahrungsgemäß nur eine kleinere Fangemeinde erwärmen, aber vielleicht probieren Sie es einfach mal aus, denn eins sind diese Getränke ganz sicher: unglaublich gesund.

Der Vollständigkeit halber soll an dieser Stelle die traditionelle Zubereitung von Sauerkraut im Gärtopf erwähnt werden. Diese Mühe sollte man sich aber nur machen, wenn man eine ganze Halde von Kohlköpfen abbauen muss, denn nur dann lohnt sich die Anschaffung eines solchen Gefäßes (siehe Seite 25). Außerdem gehört eine großflächige Kohlreibe mit dazu. Ob man aber zu Hause Sauerkraut im Gärtopf herstellen möchte, sollte man sich vorher gut überlegen: Die Prozedur erfordert etwas Erfahrung, verlangt Aufmerksamkeit, und wer dem Gärtopf nur in seiner Wohnung die erforderliche

Zimmertemperatur für die erste Gärphase bieten kann, sollte sich seelisch auf permanente Blubbergeräusche mit einer unverwechselbaren Duftbegleitung einstellen.

GÄRPHASEN IM AUGE BEHALTEN

In der ersten Gärphase lässt man die Gläser 10 bis 14 Tage an einem warmen Ort (Zimmertemperatur) stehen. Der Beginn der Gärung nach 2 bis 3 Tagen lässt sich gut beobachten: Bläschen steigen auf, und Schaum entsteht. Für die zweite Gärphase stellt man die Gläser für 3 bis 6 Wochen an einen kühlen Ort. Anschließend kühl und dunkel lagern.

Tipps für die Milchsäuregärung

/ *Biogemüse eignet sich für dieses Verfahren besser als konventionell angebaute Produkte. Letztere können überdüngt sein, wodurch Fehlgärungen entstehen, im Übrigen vertragen sich die Milchsäurebakterien nicht gut mit Spritzmitteln.*

/ *Im Glas muss die Flüssigkeit über dem Gemüse stehen, gegebenenfalls sollten Sie es mit Kraft in das Gefäß hineindrücken.*

/ *Zwischen dem Deckel und dem Flüssigkeitsspiegel sind 1 bis 2 Zentimeter Luft erforderlich, damit die entstehenden Gase Platz haben.*

/ *Für die Vorbereitung der Gläser gelten dieselben Empfehlungen wie beim Sterilisieren (siehe Seite 34).*

GEFÜLLTE PAPRIKA MIT KRAUT UND KNOBLAUCH, SEITE 161

Rezepte für

MILCHSÄUREGÄRUNG

Sauerkraut ist das bekannteste Produkt, das durch Milchsäuregärung entsteht. Einige weitere Rezepte mit beliebten Gemüsesorten geben einen Eindruck, wie vielfältig und wenig aufwendig die Milchsäuregärung eingesetzt werden kann.

Eine Variante zum berühmten Sauerkraut. Mit Zwiebeln und Meerrettich besonders pikant.

MILCHSAURES ROTKRAUT

- *3 kg Rotkraut*
- *300 g Zwiebeln*
- *60 g Salz*
- *200 g frischer Meerrettich*
- *3 säuerliche Äpfel*
- *3 Lorbeerblätter*
- *60 ml Molke*

Für 9 Gläser à 500 ml
Haltbarkeit (ungeöffnet): bis zu 1 Jahr

1. Rotkraut putzen, waschen und vierteln. Die Strünke herausschneiden und grob reiben oder fein hobeln. Zwiebeln schälen und in feine Ringe schneiden. Zwiebeln und Kraut mit der Hälfte des Salzes mischen und kräftig mit der Hand kneten, bis Saft austritt.
2. Meerrettich und Äpfel schälen und fein reiben. Mit Kraut, Lorbeerblättern und Molke mischen und die Gläser zu vier Fünftel damit füllen.
3. 2 Liter Wasser mit dem restlichen Salz aufkochen, lauwarm abkühlen lassen und das Kraut 2 Zentimeter hoch damit bedecken.
4. Gläser verschließen und an einem warmen Ort 4 bis 6 Wochen gären lassen.

Auf diesen Vitamin-C-Lieferanten schworen schon die Seefahrer vergangener Jahrhunderte, die mit ihm den gefürchteten Skorbut besiegten. Mit Wein verfeinert, bekommt das Sauerkraut eine milde und feine Nuance.

WEINSAUERKRAUT MIT ÄPFELN

- *2,5 kg Weißkohl*
- *2 säuerliche Äpfel*
- *1 TL Wacholderbeeren*
- *1 TL Kümmel*
- *30 g Salz*
- *150 ml trockener Weißwein*

Für 5 Gläser à 1 l
Haltbarkeit (ungeöffnet): bis zu 1 Jahr

1. Kohl putzen und waschen. Die äußeren dunklen Blätter der Kohlköpfe entfernen, vierteln, die Strünke herausschneiden und grob reiben. Äpfel waschen, vierteln, putzen und in dünne Scheiben schneiden.
2. Den Kohl mit Gewürzen und Salz mischen und kräftig mit der Hand kneten, bis Saft auszutreten beginnt. Ein Drittel des Kohls mit dem Saft in Gläser verteilen. Einige Apfelscheiben zugeben und die nächste Schicht Kohl daraufgeben. Wieder mit Apfelscheiben trennen und das letzte Drittel Sauerkraut darauf verteilen, den Wein darüber verteilen. Gläser nur zu vier Fünftel füllen. Die ausgetretene Flüssigkeit soll den Kohl bedecken, eventuell noch Salzlake (1,5 g Salz auf 1 Liter Wasser) dazugeben.
3. Gläser verschließen und an einem warmen Ort 4 bis 6 Wochen gären lassen.

Variation: Um den Gärvorgang zu beschleunigen, können Sie statt Wein 100 ml Molke zugeben.
Tipp: Sauerkraut im Gärtopf: Den Topf zu vier Fünftel mit dem gehobelten und gut gekneteten Kohl füllen oder den Kohl erst im Topf mit einem Stampfer bearbeiten. Das Kraut mit einigen Blättern abdecken und mit Steinen beschweren. Der Kohlsaft sollte 5 Zentimeter über den Steinen stehen, gegebenenfalls mit Salzwasser auffüllen. Deckel aufsetzen und Rinne mit Wasser füllen.

Die milchsauer vergorenen Bohnen eignen sich wunderbar für einen delikaten Bohnensalat mit Essig und Öl.

MILCHSAURE GRÜNE BOHNEN

- *3 kg grüne Bohnen*
- *400 g Zwiebeln*
- *30 g Salz*
- *1 Bund Bohnenkraut*
- *60 ml Molke*

Für 9 Gläser à 500 ml
Haltbarkeit (ungeöffnet): bis zu 1 Jahr

1. Bohnen waschen und putzen, 5 Minuten in kochendem Wasser blanchieren. Zwiebeln schälen und grob hacken. Beides mit der Hälfte des Salzes mischen und abwechselnd mit dem Bohnenkraut in die Gläser schichten. Festdrücken, dabei die Bohnen nicht zerdrücken.
2. 2 Liter Wasser mit dem restlichen Salz aufkochen, lauwarm abkühlen lassen und die Bohnen bedecken, dabei sollte die Flüssigkeit 2 Zentimeter über dem Gemüse stehen. Molke dazugeben.
3. Gläser verschließen und an einem warmen Ort 4 bis 6 Wochen gären lassen.

Variation: Mit zusätzlich 100 g Zucker bekommen die Bohnen einen feineren Geschmack.

Eine schöne Vorspeise, die eine pikante Füllung in sich birgt.

GEFÜLLTE PAPRIKA MIT KRAUT UND KNOBLAUCH

- *20 Spitzpaprika*
- *500 g Weißkohl*
- *10 Knoblauchzehen*
- *80 g Salz*

Für 5 Gläser à 1 l
Haltbarkeit (ungeöffnet): bis zu 1 Jahr

1. Paprika waschen, Strunk abschneiden und die Kerne und Trennwände mit einem kleinen Messer von oben herausschneiden. Weißkohl fein hobeln und in die Paprika füllen. Knoblauchzehen schälen und zusammen mit den Paprika in die Gläser füllen.
2. Gut 2 Liter Wasser mit dem Salz aufkochen und abkühlen lassen. Die Paprika damit bedecken. Gläser verschließen und an einem warmen Ort 4 bis 6 Wochen gären lassen.

Kimchi kann aus nahezu jedem Gemüse gemacht werden, die Gurke gehört in Korea – wie auch der Rettich – zu den Favoriten.

GURKEN-KIMCHI

- *1 kg Salat- oder andere Gurken*
- *5 EL Salz*
- *200 g Rettich*
- *1 TL Chilipulver*
- *1 Zwiebel*
- *2 TL Knoblauch*
- *1/2 TL zerstoßener Ingwer*
- *150 ml Rettichsaft*
- *400 ml Wasser*
- *1 TL Zucker*

Für ein 2-l-Tongefäß
Haltbarkeit: 2 bis 4 Monate

1. Gurken mit 3 EL Salz bestreuen und ziehen lassen, bis sie weich sind. Danach gründlich abwaschen und längs halbieren. Jede Hälfte der Länge nach mit einem Messer mehrmals tief einschneiden.
2. Rettich hobeln, Zwiebeln und Knoblauch schälen und sehr fein hacken. Mit Wasser, dem Ingwer, 1 EL Salz und dem Chilipulver vermischen. Die Mischung in den Einschnitten verteilen und die Gurken in etwa 5 Zentimeter breite Stücke schneiden.
3. Rettichsaft, 1 EL Salz und Zucker vermischen. Gurken in ein Tongefäß schichten und die Rettichsaftmischung darübergeben. Die Gurken sollten ganz bedeckt sein. Einen Teller darauflegen, mit einem Stein beschweren. Das Gefäß mit dem Deckel verschließen und 2 bis 4 Tage ziehen lassen.

Tipp: Wenn die Gurken nicht aus dem eigenen Garten stammen, sollten Sie diese schälen, da viele Gurken im Handel gewachst sind und so das Salz durch die Schale hindurch nicht seine Wirkung erzielen kann.

Kimchi ist ein Klassiker aus der koreanischen Küche, wo es zu fast jedem Gericht gegessen wird. Besonders gut passt es zu Fisch und Geflügel, kann aber auch einer Nudelsuppe eine ungewöhnliche, pikant-saure Note verleihen.

CHINAKOHL-KIMCHI

- *2 kg Chinakohl*
- *1 großer weißer Rettich*
- *150 g Salz*
- *1 Stange Lauch*
- *100 g Ingwer*
- *4 bis 5 Knoblauchzehen*
- *2 Zwiebeln*
- *1 EL Zucker*
- *2 EL helle Sojasauce (aus dem Asialaden)*
- *3 EL Chilipulver*
- *50 g Mehl*
- *1/2 TL gerösteter Sesam*
- *1/2 TL frisch gemahlener Pfeffer*

Für einen 5-l-Gärtopf
Haltbarkeit: 2 bis 4 Monate

1. Chinakohl halbieren, Strunk herausschneiden. Kohl grob würfeln und gründlich waschen. Dann in eine Schüssel geben und mit einem Kartoffelstampfer gründlich stampfen. Rettich schälen, längs halbieren und in 1 Zentimeter dicke halbe Scheiben schneiden. Beides in eine Schüssel schichten, dazwischen jeweils einen Teil des Salzes streuen, bis es aufgebraucht ist. 3 Stunden ziehen lassen, umrühren und nochmals 3 Stunden ziehen lassen.
2. Lauch putzen und in sehr feine Streifen schneiden, Ingwer, Knoblauch und Zwiebeln schälen und fein hacken. Alles zusammen mit Zucker, Sojasauce und Chilipulver vermischen. Mehl mit etwas Wasser unter Rühren erhitzen, bis eine sämige Masse entstanden ist, zusammen mit Sesam und Pfeffer zur Marinade geben und gut umrühren.
3. Die Flüssigkeit von der Kohl-Rettich-Mischung abgießen und die Mischung gründlich auswaschen. Die Marinade unterrühren. In einen Gärtopf geben, gut festdrücken, mit einem Teller abdecken und mit einem Stein beschweren. Dann mit dem Deckel verschließen und 3 bis 5 Tage ziehen lassen, danach im Kühlschrank oder im Keller aufbewahren.

Tipps: Der Kohl wird sehr viel zarter, wenn er vor dem Einlegen gründlich gestampft oder durchgeknetet wird, sodass der Zellsaft austritt. Damit das Kimchi nicht zu salzig wird, muss es vor dem Einlegen gründlich ausgewaschen werden. Kimchi entwickelt einen starken Geruch, lagern Sie das Einmachgut dort, wo Sie die Geruchsentwicklung nicht stört.

GETROCKNETE TOMATEN, APFELCHIPS, ZUCCHINICHIPS, SEITE 170 UND 171

DAS TROCKNEN

Die uralten Methoden des Trocknens, Dörrens und Darrens sind heute noch populär und werden vor allem von der Lebensmittelindustrie oder bei der Spirituosenherstellung angewendet.

Der Volksmund benutzt die drei Begriffe Trocknen, Dörren und Darren mehr oder weniger gleichbedeutend für das Trocknen. Bei genauerer Betrachtung stößt man auf Unterschiede: Trocknen bezeichnet das Trocknen an der Luft; beim Dörren ist immer ein (elektrisches) Gerät mit im Spiel; das Darren bezieht sich speziell auf das Trocknen von Flachs, Malz sowie Getreide- und Samenkörnern, was für den Hausgebrauch keine Rolle spielt und deswegen hier nicht weiter behandelt wird. In südlichen Ländern gehört das Trocknen zu den noch heute gebräuchlichen Konservierungsmethoden. Jeder kennt die getrockneten italienischen Tomaten mit ihrer unglaublichen und für manche sogar unangenehmen Aromadichte.

Im Prinzip lassen sich alle Lebensmittel durch Entzug von Wasser haltbar machen. Ohne ausreichende Feuchtigkeit wird den Mikroorganismen, die die Verderbnisprozesse auslösen, jede Lebensbasis entzogen. Die wichtigen Nährstoffe bleiben dennoch in konzentrierter Form weitgehend erhalten. Zum Beispiel Kräuter, Weinbeeren (Rosinen, Korinthen, Sultaninen), Apfelringe, Aprikosen, Feigen, Datteln, Tomaten oder Pilze findet man in getrockneter Form in fast jedem Haushalt. Industriell hergestellte Ware kann je nach Produktart zusätzlich behandelt worden sein (zum Beispiel Schwefelung), um die ohnehin bemerkenswerte Haltbarkeit noch zu verlängern, oder, um die Farbe der Früchte zu erhalten. Auch wenn es heute überall getrocknete Bioware ohne künstliche konservierende Zusätze gibt, lohnt es sich dennoch, die eigene Ernte auf diese Weise haltbar zu machen. Die Vorteile sprechen für sich: Der Arbeitsaufwand hält sich in Grenzen, und Sie müssen sich nicht unbedingt zusätzliche Geräte anschaffen. Wenn die Sonne beziehungsweise das Klima das Trocknen übernehmen soll, wird die Stromrechnung nicht belastet. Getrocknetes Obst hat viele gute Eigenschaften: Beim Trocknen bleiben die wertvollen Mineralstoffe erhalten (viele Vitamine jedoch nicht), der Energiegehalt steigt um das 4- bis 5-fache im Vergleich zu Frischobst an, es ist ballaststoffreich und fördert die Verdauung. Die natürliche Süßkraft ist stark genug, um Trockenobst zum Süßen zum Beispiel von Gebäck und Müsli zu verwenden. Diabetiker sollten allerdings wissen, dass Trockenobst je nach Sorte mehr oder weniger große Mengen an Traubenzucker und Saccharose enthält, die den Blutzuckerspiegel ansteigen lassen können.

Während Obst, Kräuter und Pilze im getrockneten Zustand allgemein gefragt sind, ist getrocknetes Gemüse mit Ausnahme von Hülsenfrüchten und Suppengemüse weitgehend aus der Mode gekommen. Die Kerne von Hülsenfrüchten kann man in der Schote trocknen, es funktioniert aber ebenso gut, wenn man sie vorher auspalt. Gemüse für die Suppe wird in Scheiben geschnitten und auf die beschriebenen Arten getrocknet. Wenn man sie vorher dämpft oder blanchiert, trocknen sie anschließend schneller.

DIE TROCKNUNGSTECHNIKEN

AN DER LUFT

Wenn das Klima nicht mitspielt, wenn es also feucht oder kalt ist, kommt dieses Verfahren nicht infrage. Unter guten Bedingungen – Wärme bei geringer Luftfeuchtigkeit – lassen sich Kräuter aller Art, Beeren und Wildfrüchte haltbar machen. An besonders warmen Tagen bieten sich auch Zwetschgen, Äpfel und Birnen an, voraussichtlich wird man sie aber im Ofen nachtrocknen müssen.

Man kann draußen auf der Terrasse oder dem Balkon trocknen, am besten dicht an der Hausmauer, wo es warm und luftig ist. Direkte Sonneneinstrahlung sollte vermieden werden. Im Haus bietet sich der Dachboden oder die Nähe einer Wärmequelle (Ofen, Heizung) an. Kleine Früchte, beispielsweise Beeren, können Sie im Ganzen trocknen, größere wie Äpfel und Birnen schneiden Sie vorher in

Scheiben. Die Früchte werden auf Backbleche, Gitter, Siebe oder Roste gelegt, und die einzelnen Stücke sollten sich nicht berühren. Ein aufgelegtes Mulltuch schützt vor Insekten. Das Trocknen kann mehrere Tage dauern, sollte aber fünf Tage nicht überschreiten, weil sonst die Qualität des Trockengutes leidet. Gegebenenfalls trocknet man alles im Backofen nach.

IM BACKOFEN

Beeren werden in einigem Abstand zueinander auf ein Backblech verteilt, größere Obststücke kommen auf einen Rost. Die Temperatur sollte bei 50 bis 65 °C liegen, ideal ist dafür eine Umluftfunktion, aber auch ein Gasofen tut gute Dienste. Die Ofentür sollte immer einen Spalt geöffnet sein (einen Korken oder Holzlöffel als Abstandhalter nehmen), damit die Feuchtigkeit abziehen kann. Der Vorgang dauert mehrere Stunden.

IM ELEKTRISCHEN DÖRRAPPARAT

Es gibt recht preisgünstige Geräte für den kleinen Haushalt, aber auch große Apparate für Besitzer großer Obst- und Gemüsegärten (siehe Seite 23).

Tipps zum Trocknen

/ *Die Maximaltemperatur von 65 °C nicht überschreiten, weil das Dörrgut sonst außen hart wird.*

/ *Das Obst ist ausreichend durchgetrocknet, wenn es sich biegen lässt und dabei nicht bricht. Beim Durchschneiden dürfen keine Tröpfchen austreten.*

/ *Die Trocknungsvorgänge nicht unterbrechen.*

/ *Das Trockengut in den Behältern ab und zu auflockernd mischen und wenden, weil sonst dauerhafte Kontaktstellen entstehen, die nur schlecht trocknen.*

/ *Nur vollständig Durchgetrocknetes in Dosen oder andere Behältnisse zum Aufbewahren geben.*

/ *Getrocknetes Gemüse – wie zum Beispiel bei getrockneten Hülsenfrüchten üblich – vor der Zubereitung kurz in Wasser einweichen, das verkürzt die Garzeit, weil sie dann schon wieder etwas Feuchtigkeit aufgenommen haben. Anschließend gar kochen.*

/ *Für die Herstellung von Gemüsechips können Sie die Scheiben, beispielsweise vom Kürbis, vor dem Trocknen mit einer Würzmischung bestreuen.*

/ *Kräuter nur im Fall erkennbarer Verschmutzungen abspülen und dann sorgfältig trocken tupfen. Zu Sträußen binden und kopfüber an einem Ort aufhängen, wo es warm und schattig ist, aber nicht feucht, also nicht in der Küche. Sie sind trocken, wenn sie beim Berühren rascheln. Die Blätter oder Nadeln abstreifen und in verschließbare Gläser geben.*

Pilze trocknen

Pilze nach Möglichkeit trocken säubern (Tuch, Bürste), vor allem die Maden und Insekten entfernen. Feucht gereinigte Pilze sorgfältig trocken tupfen. Man kann sie auf zweierlei Weise trocknen: Entweder ein Backblech zuerst mit Zeitungspapier und dann mit Pergamentpapier belegen. In Scheiben geschnittene Pilze darauf verteilen und 2 Stunden bei 50 °C Umluft (wie im Abschnitt „Im Backofen“ beschrieben) dörren. Oder eine flache Unterlage zuerst mit Zeitungspapier und dann mit Pergamentpapier belegen. In Scheiben geschnittene Pilze darauf verteilen und zwei Tage an einem warmen, luftigen Ort trocknen lassen; alternativ fädeln Sie die Pilzscheiben auf eine Schnur und hängen sie auf. Eventuell im Ofen nachtrocknen. Getrocknete Pilze in luftdicht verschließbare Gefäße geben und dunkel aufbewahren. Bevor man sie später kocht, gibt man sie für 20 Minuten in lauwarmes Wasser. Man kann getrocknete Pilze in der Küchenmaschine zu Pulver verarbeiten und damit zum Beispiel Saucen und Suppen würzen.

Rezepte zum

TROCKNEN

Gegen knusprige Apfelchips haben viele gekaufte Süßwaren keine Chance, und würzige Zucchinichips nehmen es mit Kartoffelchips locker auf. Getrocknetes Obst kann aber nicht nur eine wohlschmeckende und dabei gesunde Knabberei sein, sondern auch Müslis oder Kuchen bereichern. Und getrocknete Gemüse sind ein wertvoller Vorrat zum vielfältigen Einsatz in der Küche.

ZUCCHINICHIPS, SEITE 170

Wozu fettige und ungesunde Kartoffelchips kaufen, wenn man knusprige und gesunde Zucchinichips selber machen kann?

ZUCCHINICHIPS

- *1 kg Zucchini*
- *Paprikapulver edelsüß*
- *Salz*

Für 1 Dose, Beutel oder Tütchen à 500 ml
Haltbarkeit: 6 Monate bis 1 Jahr

1. Zucchini waschen und hobeln oder in feine Scheiben schneiden. Auf mit Backpapier belegten Blechen ausbreiten und mit Salz und Paprikapulver bestreuen. Bei 60 °C im Backofen 2 bis 3 Stunden trocknen.
2. Dann über Nacht abkühlen lassen und in Dosen, Beutel oder Tütchen füllen, verschließen. Trocken aufbewahren.

Tipp: Die Zucchini nehmen sehr leicht Feuchtigkeit auf und werden dann schlapp und leicht verderblich. Deshalb auf trockene Lagerung achten, eventuell nochmals im Ofen nachtrocknen.

Süß und vitaminreich: eine gesunde Knabberalternative für zwischendurch.

APFELCHIPS

- *4 bis 5 Äpfel*
- *1 Zitrone*

Für 1 Dose, Beutel oder Tütchen à 500 ml
Haltbarkeit: bis zu 1 Jahr

1. Äpfel in schmale Spalten schneiden und das Kerngehäuse entfernen. Spalten mit etwas Zitronensaft beträufeln. Bei 50 bis 60 °C 2 bis 3 Stunden im Backofen trocknen.
2. Über Nacht abkühlen lassen und in Dose, Beutel oder Tütchen füllen, verschließen. Trocken aufbewahren.

Lecker als ballaststoffreiche Nascherei, im Müsli oder zum Backen.

DÖRRZWETSCHGEN

- *2 kg Zwetschgen*

Für 4 Dosen, Beutel oder Tütchen à 250 ml
Haltbarkeit: bis zu 1 Jahr

1. Zwetschgen waschen und entstielen, Kerne entfernen. Einen Backofenrost mit einem dunklen Baumwolltuch bedecken und die Zwetschgen darauf ausbreiten. Bei 50 °C im Backofen 8 bis 10 Stunden trocknen.
2. Sobald die Früchte beginnen schrumpelig zu werden, die Temperatur auf 70 °C erhöhen und weitere 2 bis 3 Stunden trocknen.
3. Über Nacht abkühlen lassen und in Dosen, Beutel oder Tütchen füllen, verschließen. Trocken aufbewahren.

Eine aromatische Basis für viele mediterrane Gerichte.

GETROCKNETE TOMATEN

- *1 kg aromatische Tomaten*
- *grobes Salz*
- *frisch gemahlener Pfeffer*
- *1 TL Zucker*
- *2 TL Oregano*

Für 2 Dosen à 250 ml
Haltbarkeit: 6 Monate bis 1 Jahr

1. Tomaten waschen, vierteln, Kerne entfernen. 2 Backbleche mit Backpapier auslegen. Die Tomaten darauf verteilen. Mit Salz, Pfeffer, Zucker und Oregano würzen.
2. Tomaten im Backofen bei 60 °C (Umluft) 3 Stunden trocknen lassen. Die Ofentür dabei einen Spalt offen lassen (einen Kochlöffelstil dazwischenklemmen). Herausnehmen, vom Papier lösen, abkühlen lassen und in Dosen schichten. Gut verschließen. Trocken aufbewahren.

Tipp: Die Tomaten sind mit Olivenöl bedeckt sehr viel länger haltbar und mit Knoblauch, Rosmarin, Thymian und anderen passenden Gewürzen eingelegt einfach köstlich (siehe Seite 108).

Gut, sie immer vorrätig zu haben: Getrocknete Zwiebelringe passen zu fast allen deftigen Gerichten und sind eine tolle Basis für Zwiebelsuppe und Saucen.

GETROCKNETE ZWIEBELRINGE

- *1 kg Zwiebeln*

Für 1 Dose, Beutel oder Tütchen à 500 ml
Haltbarkeit: bis zu 1 Jahr

1. Zwiebeln schälen und in dünne Ringe schneiden. Auf mit Backpapier belegten Blechen verteilen. Bei 60 °C im Backofen 4 bis 5 Stunden trocknen, bis sie eine strohige Konsistenz bekommen.
2. Dann über Nacht abkühlen lassen und in Dosen, Beutel oder Tütchen füllen, verschließen. Trocken aufbewahren.

Tipp: Die Zwiebeln strömen zu Beginn der Trocknungszeit einen unangenehmen Geruch aus. Daher am besten einen Zeitpunkt wählen, zu dem Sie die Küche nicht benutzen wollen.

KNOBLAUCH-LIMETTEN-ÖL, SEITE 178

WÜRZÖLE UND ESSIGE

Alle Kräuter, die meisten Früchte und bestimmte Gemüsesorten bieten sich dafür an, dass man allein ihre Aromen konserviert. Als Träger der Aromen eignen sich Öle und Essige, mit denen man die Würze an andere Speisen weitergeben und auf diese Weise reizvolle und ungewöhnliche Geschmackserlebnisse erzielen kann.

Viele Köche in der Haute Cuisine stellen Würzöle und -essige für den Eigenbedarf selbst her. Zum einen, weil die gekaufte Qualität oft bescheiden ist, wie auch ein Test von Stiftung Warentest zeigte, und die Auswahl selbst bei speziellen Anbietern vergleichsweise gering ist. Zum anderen regen die endlosen Kombinationsmöglichkeiten die Phantasie zu immer neuen Experimenten an und beflügeln die Kreativität. Die Mühe lohnt sich aber nur, wenn man hochwertige Öle und Essige verwendet, und natürlich sollten die anderen Zutaten ebenfalls in allerbestem Zustand sein. Der besondere Reiz besteht darin, dass man nicht nur verschiedene Kräuter zusammenstellen kann; die unterschiedlich schmeckenden Öl- und Essigsorten (beispielsweise Olivenöl, Walnussöl, Traubenkernöl oder Weinessig, Malzessig, Balsamessig) beeinflussen das Bukett.

ÖL AROMATISIEREN

Nichts leichter als das: Frische, abgespülte und trocken getupfte Kräuter werden sortenrein oder beliebig gemischt in eine leere Flasche gesteckt und anschließend mit Öl aufgegossen. Ob man ganze Zweige verwendet oder nur die Blätter, spielt keine Rolle, und wenn man sie vorher leicht andrückt, geben sie ihr Aroma noch bereitwilliger ab. Weitere Zutaten, zum Beispiel Chilischoten, Knoblauchzehen, unbehandelte Zitronenschale und Schalotten, aber auch Gewürze wie Wacholderbeeren, Pfeffer oder Safran sind unbedingt erwünscht. Man lässt das Öl vor dem ersten Gebrauch etwa zwei Wochen an einem dunklen Ort ruhen. Dann kann man es bereits abfiltern, anschließend verändert sich die geschmackliche Intensität nicht mehr. Wenn man die Zutaten nicht entnimmt, wird das Aroma immer stärker. Eventuell kann man nach und nach frisches Öl nachgießen, auf jeden Fall sollte man darauf achten, dass die Zutaten immer von Öl bedeckt sind, damit sie kein Sauerstoff angreifen kann. Der Vollständigkeit halber sollen an dieser Stelle die schwarzen und weißen Trüffel genannt werden, und wer tatsächlich einmal einen übrig hat, übergießt ihn einfach mit dem besten Olivenöl, das er bekommen kann. Aromatisiertes Öl wertet Dressings auf, verfeinert Marinaden für Fleisch und Wild, und man kann kräftige Weichkäsesorten darin einlegen. Flaschen aus hellem Glas gehören zur Aufbewahrung immer an einen dunklen Standort.

ESSIG AROMATISIEREN

Im Prinzip dasselbe Verfahren wie beim Öl: Man gibt hinein, was man hat. Für ein besonders intensives Kräuteraroma erhitzt man den Essig, gießt ihn heiß auf die Kräuter und filtert die blass gewordenen Blätter nach etwa 14 Tagen Ruhezeit ab. Aus optischen Gründen kann man dann wieder einen saftig grünen Kräuterzweig in die Flasche stecken. Lorbeerblätter, Knoblauchzehen, Schalen von ungespritzten Zitrusfrüchten und Ingwerstücke prägen das Aroma und wirken appetitanregend. Im Gegensatz zu Öl lässt Essig sich mit allen möglichen Früchten aromatisieren, die sogar tiefgefroren sein dürfen. Beispielhaft ist der Himbeeressig. Bei der Auswahl der Obstsorte muss man sich keine Zurückhaltung auferlegen, Hauptsache, nachher sprudeln die Ideen, wie der Essig kulinarisch am raffiniertesten eingesetzt werden kann, zum Beispiel um Salatdressings abwechslungsreicher und kreativer zu komponieren. Etwas ganz Besonderes ist ein feiner und milder Essig, dem man Rosenblätter zufügt – für Kuchenglasuren oder vielleicht eine Idee für orientalische Salatdressings. Allerdings sollte man dafür nur die ungespritzen Rosenblätter aus dem eigenen Garten verwenden, an den stark behandelten Blüten aus dem Blumengeschäft könnte man sich womöglich vergiften. Aromatisierter Essig passt überall dort, wo sonst edler Essig willkommen ist: In Marinaden, Dressings und Saucen, eventuell auch in Suppen und sogar in Desserts. Essigflaschen aus weißem Glas gehören zur Aufbewahrung in die Dunkelheit, am besten dorthin, wo es kühl ist.

Tipps für Fruchtessige

/ Möglichkeit eins: Man mischt einen guten Essig mit dem Sirup der jeweiligen Frucht. Auf 100 ml Essig kommt etwa 1 TL Fruchtsirup. Das genaue Mischungsverhältnis hängt vom persönlichen Geschmack und vom Konzentrationsgrad des Sirups ab. Ein hochwertiger Obstessig bietet die beste Basis.

/ Möglichkeit zwei: Man gießt die verlesenen Früchte mit Essig auf, verschließt das Gefäß und lässt es 2 bis 3 Wochen an einem kühlen Ort stehen. Anschließend filtert man die Früchte ab und drückt sie dabei gut aus.

/ Früchte wie Himbeeren werden durch den Essig stark ausgelaugt und verlieren damit ihre Farbe. Deshalb am besten nach der Ziehzeit abfiltern. Wenn Sie möchten, geben Sie zur Dekoration anschließend wieder einige frische Beeren dazu.

Rezepte für

WÜRZÖLE UND ESSIGE

Aromatisierte Öle und Essige sehen besonders dekorativ aus, wenn Sie die aromagebenden Früchte oder Kräuter in der Flasche lassen. Bei manchen Zubereitungen sollte man diese Zutaten nach der Ziehzeit besser entfernen, zum Beispiel beim Chiliöl, der Geschmack würde sonst zu intensiv.

HIMBEERESSIG, SEITE 181

Eine scharfe Sache, die Grillmarinaden und kräftige Käse- und Fleischsalate anfeuert.

CHILIÖL

- *1 Rosmarinzweig*
- *4 Chilischoten*
- *1 TL gelbe Senfkörner*
- *4 Pfefferkörner*
- *2 Wacholderbeeren*
- *500 ml Rapsöl*

Für 1 Flasche à 1 l

Haltbarkeit (ungeöffnet): bis zu 1 Jahr

1. Rosmarin waschen und trocken schütteln. Chilis waschen, trocken tupfen und entkernen.
2. Rosmarin, Chilis und Senf- und Pfefferkörner sowie die Wacholderbeeren in die Flasche geben. Mit dem Öl auffüllen und die Flasche verschließen. Mindestens 2 Wochen ziehen lassen.

Tipp: Etwas milder wird das Öl, wenn man die Chilischoten nach der Ziehzeit entfernt.

Sehr würziges Öl für Knoblauch- und Bärlauchfans.

BÄRLAUCH-KNOBLAUCH-ÖL

- *6 Bärlauchblätter*
- *1 Knoblauchknolle*
- *500 ml Olivenöl*

Für 1 Flasche à 1 l

Haltbarkeit (ungeöffnet): bis zu 1 Jahr

1. Bärlauch waschen und trocken schütteln. In grobe Streifen schneiden. Knoblauch in Zehen teilen und schälen. Zusammen mit dem Bärlauch in die Flasche geben und mit dem Öl auffüllen.
2. Flasche verschließen und das Öl mindestens 2 Wochen ziehen lassen. Dann durch einen Filter abgießen und das Öl zurück in die Flasche geben.

Tipp: Bärlauch und Knoblauch ergeben zusammen eine äußerst würzige Mischung. Damit der Geschmack nicht zu intensiv wird, filtert man das Öl nach der Ziehzeit ab.

Dieses Öl würzt Grillfleisch und -marinaden sowie kräftige Salate. Gemüse fühlt sich in ihm besonders wohl.

KNOBLAUCH-LIMETTEN-ÖL

- *1 Knoblauchknolle*
- *1 unbehandelte Limette*
- *1 TL Pfefferkörner*
- *500 ml Olivenöl*

Für 1 Flasche à 1 l

Haltbarkeit (ungeöffnet): bis zu 1 Jahr

1. Knolle in Zehen teilen und schälen. Limette heiß abwaschen, abtrocknen und in dünne Spalten schneiden.
2. Limetten, Knoblauchzehen und Pfefferkörner in die Flasche geben und mit dem Öl auffüllen. Flasche verschließen und das Öl mindestens 2 Wochen ziehen lassen. Durch einen Filter abgießen und das Öl zurück in die Flasche geben.

Aromatisches Öl mit angenehmem Pilzgeschmack, das Blatt- und Käsesalate und als Marinade auch Rindfleisch veredelt.

STEINPILZÖL

- *20 g getrocknete Steinpilze (siehe Seite 167)*
- *100 ml weißer Portwein*
- *2 Basilikumzweige*
- *50 g getrocknete Tomaten in Öl (siehe Seite 116)*
- *500 ml Rapsöl*

Für 1 Flasche à 1 l
Haltbarkeit (ungeöffnet): bis zu 1 Jahr

1. Steinpilze in Portwein ungefähr 3 Stunden einweichen. Basilikum waschen und trocken schütteln. Getrocknete Tomaten halbieren.
2. Pilze abtropfen lassen und mit dem Basilikum in die Flasche geben. Mit dem Öl auffüllen und die Flasche verschließen. Mindestens 2 Wochen ziehen lassen. Dann durch einen Filter abgießen und das Öl zurück in die Flasche geben.

Variation: Steinpilze zusammen mit 4 getrockneten Salbeiblättern, 1 TL grob zerstoßenen Pfefferkörnern und 2 EL Salz in die Flaschen geben und mindestens 2 Wochen ziehen lassen. Der Salbei verleiht dem Öl eine frische Note.

Besonders dekoratives Würzöl, das sich sehr gut zum Marinieren von Fleisch eignet.

PAPRIKAÖL

- *1 rote Paprika*
- *3 Knoblauchzehen*
- *125 ml Rotweinessig*
- *1 Rosmarinzweig*
- *1 TL grüne Pfefferkörner*
- *500 ml Sonnenblumenöl*

Für 1 Flasche à 1 l
Haltbarkeit (ungeöffnet): bis zu 1 Jahr

1. Paprika waschen, entkernen und in grobe Würfel schneiden. Knoblauchzehen schälen und halbieren. Paprika- und Knoblauchstücke abwechselnd auf einen Holzspieß stecken.
2. Essig erhitzen und Rosmarin und Pfefferkörner darin 5 Minuten ziehen lassen. Dann die Gewürze herausnehmen.
3. Den Gemüsespieß zusammen mit den Gewürzen in die weithalsige Flasche geben und mit dem Öl auffüllen. Verschließen und mindestens 1 Woche ziehen lassen.

Würzessig, der wunderbar mit Fischgerichten harmoniert und Salaten mit Fruchtgemüsen wie Tomaten, Gurken oder Paprika eine besondere Note verleiht.

SENF-ESTRAGON-ESSIG

- *8 Estragonzweige*
- *1 EL Fenchelsamen*
- *1 EL gelbe Senfkörner*
- *1 EL braune Senfkörner*
- *1 Briefchen Safran*
- *1 l Knoblauchessig*

Für 1 Flasche à 1 l
Haltbarkeit (ungeöffnet): 3 bis 6 Monate

1. Estragon waschen und trocken schütteln. Aufgehängt zwei Tage in einem trockenen Raum trocknen lassen.
2. Gewürze zusammen mit den Estragonzweigen in eine Flasche geben und mit dem Essig auffüllen. Flasche verschließen und 4 bis 5 Tage ziehen lassen.

Sehr vielseitiger Würzessig, der besonders gut zu mediterranen Speisen passt.

KRÄUTERESSIG

- *1 EL Lavendelblüten*
- *2 Basilikumzweige*
- *1 EL Rosmarin*
- *1 EL Estragon*
- *1 TL Thymian*
- *1 kleine Zimtstange*
- *6 Gewürznelken*
- *1 Macis (Muskatblüte)*
- *3 EL bunte Pfefferkörner*
- *1 l Weißweinessig*

Für 1 Flasche à 1 l
Haltbarkeit (ungeöffnet): 3 bis 6 Monate

1. Kräuter waschen und trocken schütteln.
2. Zusammen mit den Gewürzen in die Flasche geben. Mit Essig auffüllen, die Flasche verschließen und mindestens 2 Wochen ziehen lassen. Dann durch einen Filter abgießen und den Essig zurück in die Flasche geben.

Würzig-fruchtiger Essig, der zudem schön anzusehen ist.

APFEL-KRÄUTER-ESSIG

- *2 Knoblauchzehen*
- *3 getrocknete Apfelringe (siehe Seite 166)*
- *1 EL getrocknete Apfelschalen*
- *2 Oreganozweige*
- *1 Basilikumzweig*
- *1 TL gelbe Senfkörner*
- *10 bunte Pfefferkörner*
- *750 ml Apfelessig*

Für 1 Flasche à 1 l

Haltbarkeit (ungeöffnet): 3 bis 6 Monate

1. Knoblauchzehen schälen und mit Apfelschalen und -ringen, Kräutern, Senf- und Pfefferkörnern in die Flasche geben. Mit dem Essig auffüllen und mindestens 3 Wochen ziehen lassen.

Mit roter Zwiebel, Pfeffer und Zucker eine gelungene süß-pikante Mischung.

BASILIKUMESSIG

- *1 rote Zwiebel*
- *750 ml Rotweinessig*
- *1 TL grüne Pfefferkörner*
- *1 EL Roh-Rohrzucker*
- *2 Basilikumzweige*

Für 1 Flasche à 1 l

Haltbarkeit (ungeöffnet): 3 bis 6 Monate

1. Zwiebel schälen und grob hacken. Zusammen mit dem Essig, den Pfefferkörnern und dem braunen Zucker aufkochen. Die Basilikumzweige waschen und trocken tupfen. In eine Flasche geben und mit dem Essigsud aufgießen. Flasche verschließen und mindestens 1 Woche ziehen lassen.

Mit diesem beliebten Würzessig, der Pep in Salate, Wildgerichte und Rotkohl bringt, kommen die köstlichen kleinen Beeren zu besonderen Ehren.

HIMBEERESSIG

- *100 g feste Himbeeren*
- *1 Stück frischer Ingwer (ca. 2 Zentimeter)*
- *5 schwarze Pfefferkörner*
- *500 ml Obstessig*

Für 1 Flasche à 1 l

Haltbarkeit (ungeöffnet): 3 bis 6 Monate

1. Himbeeren kurz und vorsichtig in lauwarmem Wasser waschen, anschließend trocken tupfen. Ingwer schälen und in dünne Stifte schneiden.
2. Himbeeren, Ingwer und Pfefferkörner in die Flasche geben, mit Essig auffüllen. Flasche schließen und den Essig 4 bis 5 Tage ziehen lassen. Dann durch einen Filter abgießen und den Essig zurück in die Flasche geben.

Variation: Für Himbeer-Wein-Essig je eine Hälfte Weißwein und eine Hälfte Weinessig verwenden und die Gewürze weglassen. Nach 1 Woche Ziehzeit den Essig 10 Minuten wallend kochen lassen und abseihen.

RHABARBERKETCHUP, SEITE 191

KETCHUP, CHUTNEY, RELISH, PESTO, MUS UND PASTE

Mehr als nur ein animierender Farbtupfer auf dem Teller: Frucht- und Würzsaucen setzen süße und pikante Akzente und geben vielen Gerichten erst den richtigen Kick. Manchmal sind sie der heimliche Star und haben sogar das Zeug zum Hauptdarsteller und verleihen mit überraschenden Geschmacksnuancen vielen Gerichten erst das gewisse Etwas – wenn sie nicht vorher weggenascht wurden.

Für die Würzsaucen Ketchup, Chutney und Relish sowie Fruchtmuse gilt: Sie werden üblicherweise nach der Methode des Heißeinfüllens zubereitet (siehe Seite 54). Das aufwändigere Sterilisierungsverfahren (siehe Seite 30) ist möglich, aber nicht zwingend notwendig, da genügend konservierende Zutaten, beispielsweise Zucker oder Öl, enthalten sind. Für alle Zubereitungen wird also der Backofen oder die Herdplatte gebraucht. Ein selbst gemachtes Pesto hingegen muss nicht erhitzt werden. Allerdings ist das vom Handel angebotene Pesto aus Haltbarkeitsgründen fast immer pasteurisiert (erhitzt) und schmeckt daher bei Weitem nicht so gut wie das aus der eigenen Küche. Pesto ist das beste Beispiel dafür, dass ein Homemade-Produkt sämtliche Industriewaren in puncto Geschmack und auch bezüglich der Zutaten in ihrer Zusammenstellung und Qualität um Längen schlägt! Und doch muss ein frisch angerührtes Pesto aus Sorge, es könne schnell verschimmeln, nicht schon innerhalb weniger Tagen verbraucht werden – bei richtiger Handhabung hält es sich wochen- wenn nicht sogar monatelang. Im Übrigen sind industriell hergestellte Würzsaucen nicht immer frei von chemischen Zusatzstoffen, und auch sonst weiß man nie so genau, was sie eigentlich enthalten, wo die einzelnen Zutaten herkommen und wie belastet sie sein können. Bei (biologisch) gezogenen Produkten aus dem eigenen Garten weiß man, was ins Glas kommt.

Der Reiz, sich eigene Würzsaucen herzustellen, liegt vor allem in der unendlichen Vielfalt an kulinarischen Möglichkeiten. Denn es gibt keine festen Regeln, was die Zusammenstellung und Würzung betrifft. Selbst für Klassiker wie Mangochutney oder Tomatenketchup existieren zahllose Rezepturen, und warum sollte man da nicht noch eine eigene austüfteln?

KETCHUP

Nein, die geschmeidige und dickflüssige Sauce kommt nicht aus Amerika, obwohl der ursprünglich aus Deutschland stammende Gründer der Firma Heinz die rote Tunke weltweit populär machte, sondern aus Asien. Und ursprünglich bestand Ketchup nicht (ausschließlich) aus Tomaten, sondern aus Meeresgetier. Für pralle, sonnengereifte Tomaten, die zur Hochsaison im Garten wuchern oder überaus günstig zu haben sind, bietet sich hier eine ideale Verarbeitungsmöglichkeit. Selbst gemachter Ketchup genießt bei Tisch garantiert viel Aufmerksamkeit und ist vielseitig einsetzbar. Und als Geschenk nimmt er es durchaus mit Weinflaschen auf.

CHUTNEY

Die sehr würzig-säuerlich abgeschmeckte, etwas pastös-geleeartige und dabei stückige Sauce ist indischen Ursprungs. Die folgende Zutatenliste, aus der man sich beliebig bedienen kann, ist nicht erschöpfend, aber typisch: Mangos, Rosinen, Pilze, grüne und rote Tomaten, Kürbis, Aprikosen, Ingwer, Zwiebeln, Chilis, Zimt, Cayennepfeffer und vieles mehr. Man reicht Chutneys zu Fleisch, Geflügel oder etwa Reistafeln. Da viele im Handel erhältliche Chutneys sehr scharf sind, dürfen die selbst gemachten gern etwas milder ausfallen.

RELISH

Das englische Pendant zum Chutney: Es ist etwas saurer, flüssiger und nicht so stückig, aber ebenso pikant. Alles in allem besitzt das Relish weniger Exotik und schmeckt deutlich „europäischer". Die Briten reichen es beispielsweise zu gebratenem Fleisch, Käse und Crackern.

PESTO

Seitdem die italienische Küche in den zurückliegenden 20 Jahren auf der ganzen Welt neu erfunden wurde, ist das Pesto buchstäblich in aller Munde. Die kalt zubereitete Würzsauce besteht im Wesentlichen aus drei Elementen: Olivenöl, geriebenen Kernen (Pinienkernen, Nüsse, Mandeln) und geriebenem Parmesan. Diese Basis kann man dann zum Beispiel mit getrockneten Tomaten oder Basilikum kombinieren. Dazu kommen Würzzutaten wie Knoblauch, Pfeffer, Salz, Zucker und manchmal auch Schärfe. Der Trick für die lange Haltbarkeit besteht darin, auf das fertige Pesto und nach jeder Entnahme aus dem Glas einen Spiegel Olivenöl zu gießen, um den Sauerstoff auszuschließen. Selbstverständlich muss das Pesto im Kühlschrank stehen. Mittlerweile gibt es alle möglichen Abwandlungen, zum Beispiel auf die asiatische Art mit Erdnüssen und Blattkoriander. Pesto passt direkt aus dem Glas gelöffelt am besten zu frisch gekochter Pasta und kann für die Verfeinerung oder den Ansatz warmer Saucen verwendet werden.

MARK, MUS UND PASTE

Muse und Pasten aus Früchten gehen bei der Zubereitung zunächst denselben Weg. Die zerkleinerten Früchte werden in einen großen Topf gegeben und knapp mit Wasser bedeckt. Wenn es sich um pektinarme Früchte handelt, gibt man etwas Zitronensaft dazu (siehe Tabelle Seite 230). Die Früchte werden bei kleiner Hitze gekocht, bis sie völlig zerfallen, und dann durch ein feinmaschiges Sieb gestrichen. Damit hat man das Fruchtmark, das noch keinen Zucker enthält. Es ist ein beliebtes Basisprodukt zur Weiterverarbeitung etwa beim Backen oder in der süßen Küche.

Um daraus Mus oder Paste herzustellen, wandert das Mark erst auf die Waage und dann in einen frischen Topf. Nun heißt es einkochen. Außerdem wird Zucker zugefügt, dessen Menge sich nach dem Gewicht des Fruchtmarks richtet. Je nachdem, wie stark man es nun konzentriert und wie viel Zucker hineingegeben wurde, entsteht ein Mus, das nach dem Abkühlen noch streichfähig oder schnittfest ist. Wenn es schnittfest ist, spricht man von einer Paste.

Das Mus wird heiß in Gläser gefüllt, die man sofort verschließt. Man kann sie nun klassisch einkochen oder wählt die Methode des Heißeinfüllens (siehe Seite 54). Fruchtmuse schmecken auf Brot, in Desserts oder in Gebäck.

Die massiven Pasten, die ebenfalls eingekocht oder heißeingefüllt werden können, schneidet man später in Würfel. Man reicht sie beispielsweise als süße Nascherei zum Kaffee – wie man Petit Fours anbietet. Kleine Stückchen versüßen Kuchen und Gebäck. Ein kleiner Trick: Wenn man Pasten zum Haltbarmachen in eckige Gläser füllt, lassen sie sich nach dem Öffnen besser würfeln.

Kräuterpasten, die zum Würzen vielfältig eingesetzt werden können, sind ganz einfach herzustellen. Die Kräuter werden gehackt und anschließend mit Öl und etwas Salz zusammen püriert. In Gläser abgefüllt und mit etwas Öl bedeckt, halten sie sich im Kühlschrank viele Wochen.

Rezepte für

KETCHUP, CHUTNEY, RELISH, PESTO, MUS UND PASTE

Klassiker wie Tomatenketchup, Basilikumpesto und Mangochutney zeigen sich hier von ihrer besten Seite, denn selbst gemacht sind sie besser als jeder oft überteuerte Einkauf. Aber auch ungewöhnliche und je nach Geschmacksvorlieben besonders reizvolle Zubereitungen für Würzsaucen, Muse und Pasten lohnen einen Versuch!

Ketchup selber machen? Aber ja doch – gerade weil das industrielle Angebot zwar groß, aber sehr eintönig ist! Die Zubereitung ist noch nicht einmal besonders schwer. Das Ergebnis ist viel tomatiger als bei gekauften Produkten und enthält deutlich weniger Zucker.

TOMATENKETCHUP

- *1,5 kg aromatische, reife Tomaten*
- *250 g Zwiebeln*
- *125 g Knollensellerie*
- *4 Knoblauchzehen*
- *1 Bund Kräuter (Petersilie, Schnittlauch, Liebstöckel)*
- *3 EL Olivenöl*
- *1 TL Paprika edelsüß*
- *125 ml Weißweinessig*
- *100 g Roh-Rohrzucker*
- *1 TL Salz*

Für 2 Gläser oder Flaschen à 500 ml
Haltbarkeit (ungeöffnet): bis zu 1 Jahr

1. Tomaten waschen, vom Stielansatz befreien und grob zerkleinern. Zwiebeln, Sellerie und Knoblauch schälen und grob würfeln. Kräuter waschen, trocken schütteln und grob hacken.
2. Tomaten, Zwiebeln, Sellerie, Knoblauch und Kräuter in dem Öl unter Rühren 5 Minuten dünsten. Paprika, Essig, Zucker und Salz unterrühren und zugedeckt 45 Minuten leicht köcheln lassen, bis das Gemüse weich ist.
3. Gemüse durch ein Sieb streichen, erneut zum Kochen bringen und bei geringer Hitze 1 bis 2 Stunden dicklich einkochen. Dabei hin und wieder umrühren. Mit Salz abschmecken.
4. Noch heiß in die Gläser oder Flaschen füllen und verschließen. Auf den Kopf stellen und 5 Minuten umgedreht stehen lassen. Mindestens 1 Woche ziehen lassen.

Ein würziges Tomatenketchup mit einer Extraportion Feuer!

TOMATEN-PAPRIKA-KETCHUP

- *1 kg Tomaten*
- *8 Zwiebeln*
- *100 g Knollensellerie*
- *je 1 rote und grüne Paprika (je ca. 250 g)*
- *1 Chilischote*
- *100 g Roh-Rohrzucker*
- *1 EL Salz*
- *1 TL Paprika edelsüß*
- *1 TL Cayennepfeffer*
- *1 TL schwarzer Pfeffer*
- *125 ml Weißweinessig*

Für 3 Gläser oder Flaschen à 200 ml
Haltbarkeit (ungeöffnet): bis zu 1 Jahr

1. Tomaten waschen, Stielansätze herausschneiden. Zwiebeln und Sellerie schälen. Paprika halbieren, Scheidewände, Kerne und Stängelansätze entfernen. Schoten waschen. Chili waschen und fein hacken.
2. Gemüse in Stücke schneiden und in einem Topf mit dem Zucker, den Gewürzen und Essig vermischen. Zum Kochen bringen und in etwa 30 Minuten bei mittlerer Hitze weich dünsten.
3. Gemüse durch ein Sieb streichen, erneut zum Kochen bringen und bei geringer Hitze 1 bis 2 Stunden dicklich einkochen. Dabei hin und wieder umrühren. Mit Salz abschmecken,
4. Noch heiß in die Gläser oder Flaschen füllen und verschließen. Auf den Kopf stellen und 5 Minuten umgedreht stehen lassen. Mindestens 1 Woche ziehen lassen.

Tipp: Ohne die Chili ist dieses Paprika auch ein Genuss für weniger feurige Gemüter.

Diese Sauce ist dank ihrer erfrischenden Säure ein toller Begleiter zu gegrilltem Fleisch.

ASIATISCHE PFLAUMENSAUCE

- *1 kg Pflaumen*
- *50 g Ingwer*
- *3 Sternanis*
- *75 ml trockener Weißwein*
- *1 rote Chilischote*
- *3 TL Fünf-Gewürze-Pulver (aus dem Asialaden)*
- *300 g Gelierzucker 1:1*
- *Salz*

Für 2 Gläser à 500 ml
Haltbarkeit (ungeöffnet): 6 Monate

1. Pflaumen waschen und entsteinen. Früchte zerkleinern. Ingwer schälen und fein hacken. Beides mit Sternanis, Weißwein, Chilischote, Gewürzpulver und Gelierzucker in einen Topf geben und bei mittlerer Hitze unter Rühren aufkochen. 3 Minuten sprudelnd kochen lassen.
2. Etwas abkühlen lassen und anschließend durch ein Sieb oder die Flotte Lotte in einen zweiten Topf geben. Kurz aufkochen und mit Salz abschmecken.
3. Noch heiß in die Gläser füllen, Gläser fest verschließen und auf den Kopf stellen. 5 Minuten umgedreht stehen lassen.

Ein ungewöhnliches Beerenketchup, das speziell zu kräftigem Käse passt.

MINZ-BROMBEER-KETCHUP

- *2 kg Brombeeren*
- *800 g Zucker*
- *600 ml Weißweinessig*
- *1/2 TL gemahlene Gewürznelken*
- *1/2 TL gemahlener Piment*
- *1 Zimtstange*
- *3 Minzezweige*
- *Salz (nach Geschmack)*
- *frisch gemahlener schwarzer Pfeffer*

Für 2 Gläser oder Flaschen à 750 ml
Haltbarkeit (ungeöffnet): bis zu 1 Jahr

1. Beeren waschen und zusammen mit Zucker, Essig, Nelken, Piment und Zimtstange unter Rühren zum Kochen bringen. Zugedeckt ungefähr 1 Stunde leicht köcheln lassen, hin und wieder umrühren.
2. Zimtstange herausnehmen und die Brombeermasse durch ein Sieb streichen.
3. Minze waschen und trocken schütteln. Blättchen von den Stängeln zupfen und in feine Streifen schneiden. Zusammen mit Salz und Pfeffer in den Brombeersaft rühren. Noch heiß in die Gläser oder Flaschen füllen und verschließen. Mindestens 4 Wochen ziehen lassen.

Ein Ketchup, das viele Geschmacksrichtungen harmonisch vereint: die Säure des Rhabarbers, die reine Süße von Rosinen und die süße Schärfe von Zwiebeln. Orangensaft, Zucker und Gewürze runden diese Melange ab, die sich zu Grillfleisch und als Würzsauce zu Reisgerichten hervorragend macht.

RHABARBERKETCHUP MIT ROSINEN

- *500 g Rhabarber*
- *2 rote Zwiebeln*
- *200 g Rosinen*
- *60 ml frisch gepresster Orangensaft*
- *500 ml Rotweinessig*
- *200 g Roh-Rohrzucker*
- *1/2 TL Piment*
- *1/2 TL braune Senfkörner*
- *Salz (nach Geschmack)*
- *frisch gemahlener Pfeffer*

Für 2 Gläser oder Flaschen à 500 ml
Haltbarkeit (ungeöffnet): bis zu 1 Jahr

1. Rhabarber waschen und schälen. Stielenden und Blattansätze abschneiden und Stangen in Stücke schneiden. Zwiebeln schälen und fein würfeln.
2. Rhabarber, Zwiebeln, Rosinen, Orangensaft, Essig, Zucker und Gewürze unter Rühren zum Kochen bringen. Zugedeckt etwa 90 Minuten leicht köcheln lassen, bis die Masse dicklich ist. Hin und wieder umrühren.
3. Masse durch ein Sieb streichen und abschmecken. Noch heiß in die Gläser oder Flaschen füllen und verschließen. Mindestens 4 Wochen ziehen lassen.

Klassisches Chutney, das Süße und Schärfe kombiniert und zu indischen Gerichten, aber auch zu Brot und kräftigem Käse beliebt ist.

MANGOCHUTNEY

- *300 g Trockenfrüchte*
- *(Aprikosen, Feigen, Datteln, Rosinen)*
- *700 g Mangos*
- *1 große Zwiebel*
- *4 Knoblauchzehen*
- *1 Stück frischer Ingwer (ca. 2 Zentimeter)*
- *1 getrocknete rote Chilischote*
- *300 g Zucker*
- *1 TL Salz*
- *500 ml Apfelessig*

Für 4 Gläser à 250 ml
Haltbarkeit (ungeöffnet): 6 Monate bis 1 Jahr

1. Trockenfrüchte (bis auf die Rosinen) in Stücke schneiden. Mangos und Zwiebeln schälen und würfeln, Knoblauch und Ingwer schälen und fein hacken. Chilischote im Mörser zerstoßen.
2. Alle Zutaten zusammen aufkochen, dann 30 Minuten bei geringer Hitze dicklich einkochen. Hin und wieder umrühren.
3. Noch heiß in die Gläser füllen und die Gläser verschließen.

Koriander, Anis und Ingwer sorgen für orientalisches Flair in diesem erfrischenden Chutney, das durch Chili noch eine gehörige Portion Schärfe erhält.

PFLAUMEN-LIMETTEN-CHUTNEY

1 kg Pflaumen
1 große Zwiebel
2 Knoblauchzehen
1 Stück frischer Ingwer (ca. 3 Zentimeter)
2 rote Chilischoten
1 TL Zimt
1 TL gemahlener Koriander
1 TL Anis
1 TL frisch gemahlener schwarzer Pfeffer
1 unbehandelte Limette
1/2 unbehandelte Zitrone
250 ml Rotweinessig
250 g Zucker

Für 4 Gläser à 250 ml
Haltbarkeit (ungeöffnet): 6 Monate bis 1 Jahr

1. Pflaumen waschen, entsteinen und grob hacken. Zwiebel schälen und hacken. Knoblauch und Ingwer schälen und fein hacken. Chilis waschen, Kerne und Innenwände entfernen und Schote fein hacken. Schalen der Zitrusfrüchte abreiben und Saft auspressen.
2. Alle Zutaten zusammen aufkochen und rühren, bis sich der Zucker aufgelöst hat. Ungefähr 1 Stunde leicht köcheln lassen, bis die Masse dicklich ist. Hin und wieder umrühren.
3. Noch heiß in die Gläser füllen und verschließen.

Ein Chutney, mit dem sich die letzten reifen Tomaten zusammen mit einem Teil der Kernobsternte verarbeiten lassen.

APFEL-BIRNEN-TOMATEN-CHUTNEY

300 g reife Tomaten
600 g Äpfel
250 g Birnen
200 g Zwiebeln
3 Knoblauchzehen
1 Stück frischer Ingwer (ca. 3 Zentimeter)
1 rote Chilischote
200 g Rosinen
1 TL Salz
450 ml Weißweinessig
375 g Zucker

Für 5 Gläser à 250 ml
Haltbarkeit (ungeöffnet): 6 Monate bis 1 Jahr

1. Tomaten waschen und kreuzweise einritzen. Mit kochendem Wasser überbrühen, kurz im heißen Wasser lassen und die Haut abziehen. Das Fruchtfleisch hacken. Äpfel und Birnen schälen, Kerngehäuse entfernen und die Früchte hacken. Zwiebeln schälen und hacken. Knoblauch und Ingwer schälen und fein hacken. Chili waschen, Kerne und weiße Trennhäute entfernen und das Fruchtfleisch fein hacken.
2. Alle Zutaten zusammen aufkochen, bis sich der Zucker gelöst hat. Etwa 75 Minuten leicht köcheln, bis die Masse dicklich ist. Hin und wieder umrühren.
3. Noch heiß in die Gläser füllen und die Gläser verschließen.

Von A wie Apfel bis Z wie Zwiebel – dieses fruchtige Chutney hat es in sich.

APFEL-ZUCCHINI-ZWIEBEL-CHUTNEY

- *750 g Zucchini*
- *250 g Zwiebeln*
- *1 EL Salz*
- *250 g Äpfel*
- *250 g Orangen*
- *1 Knoblauchzehe*
- *125 ml Weinessig*
- *100 g Zucker*
- *1 TL Senfkörner*
- *1 Messerspitze Zimt*
- *1 Messerspitze Piment*
- *1/2 TL Senfpulver*
- *1/2 TL Fenchelsamen*
- *frisch gemahlener schwarzer Pfeffer*
- *1 TL abgeriebene Zitronenschale*

Für 5 bis 6 Gläser à 250 ml
Haltbarkeit (ungeöffnet): 6 Monate bis 1 Jahr

1. Zucchini waschen und in Scheiben schneiden. Zwiebeln schälen und würfeln. Zucchini und Zwiebeln mit dem Salz mischen und über Nacht ziehen lassen. Am nächsten Tag in einem Sieb kalt abspülen.
2. Äpfel schälen, achteln und entkernen. Orangen schälen, 175 g abwiegen und in kleine Stücke schneiden. Knoblauch zerdrücken.
3. Essig erhitzen und den Zucker darin auflösen. Alle Zutaten zufügen und 10 Minuten kochen lassen, bis die Masse dicklich ist. Hin und wieder umrühren. Noch heiß in die Gläser füllen und verschließen.

Scharf, süß und ein köstlicher Begleiter zu gebratenem Fleisch und zu Käse.

STACHELBEERCHUTNEY

- *150 ml Balsamessig*
- *300 g Rosinen*
- *250 g Zwiebeln*
- *1,5 kg Stachelbeeren*
- *600 g Zucker*
- *2 TL gemahlener Ingwer*
- *2 TL Cayennepfeffer*
- *1 EL Salz*
- *250 ml Kräuteressig*
- *250 ml Apfelessig*

Für 5 bis 6 Gläser à 250 ml
Haltbarkeit (ungeöffnet): 6 Monate bis 1 Jahr

1. Balsamessig mit der gleichen Menge Wasser mischen und die Rosinen darin über Nacht einweichen. Am nächsten Morgen gut abtropfen lassen. Zwiebeln schälen und grob hacken. In etwas Wasser weich dünsten und abtropfen lassen.
2. Zwiebeln und Rosinen mit Stachelbeeren, Zucker, Ingwer, Cayennepfeffer, Salz und Kräuteressig ungefähr 10 Minuten zu einer dicklichen Masse einkochen. Den Apfelessig zugeben, einige Minuten weiterkochen und nochmals etwas eindicken.
3. Noch heiß in die Gläser füllen und die Gläser verschließen.

Herrlich farbenfrohes Relish zu Fisch- oder Fleischgerichten.

ORANGEN-ROTE-BETE-RELISH

- *500 g Rote Bete*
- *2 große unbehandelte Orangen*
- *2 Zwiebeln*
- *1 Stück frischer Ingwer (ca. 2 Zentimeter)*
- *2 Knoblauchzehen*
- *4 Gewürznelken*
- *1 TL Zimt*
- *8 bis 10 Pimentkörner*
- *1 TL Koriandersamen*
- *300 g Roh-Rohrzucker*
- *250 ml Rotweinessig*
- *1 TL Salz*

Für 4 bis 5 Gläser à 250 ml
Haltbarkeit (ungeöffnet): 6 Monate bis 1 Jahr

1. Rote Bete schälen und grob raspeln. Orangen heiß abwaschen, gut abtrocknen und die Schale abreiben. Die weiße Haut und Trennhäute mit einem kleinen Messer sorgfaltig vom Fruchtfleisch entfernen. Fruchtfleisch fein würfeln. Zwiebeln, Ingwer und Knoblauch schälen und fein schneiden.
2. Nelken, Zimt, Pimentkörner und Koriandersamen zusammen fein zerstoßen. Alle Zutaten zusammen in einem Topf unter Rühren zum Kochen bringen, damit sich der Zucker löst. 1,5 Stunden leicht köcheln und eindicken lassen, dabei hin und wieder umrühren.
3. In die Gläser füllen und verschließen.

Leicht säuerliches Relish, das die Früchte der herbstlichen Ernte vereint und kalte Braten, Entenbrust oder kräftigen Käse verfeinert.

APFEL-PFLAUMEN-ZWIEBEL-RELISH

- *3 Knoblauchzehen*
- *1 Stück frischer Ingwer (ca. 5 Zentimeter)*
- *1 grüne Chilischote*
- *550 g Äpfel*
- *350 g Zwiebeln*
- *250 g Pflaumen*
- *175 g Apfelessig*
- *150 g Roh-Rohrzucker*
- *1 TL Salz*
- *1 EL frischer, gehackter Salbei*

Für 3 Gläser à 250 ml
Haltbarkeit (ungeöffnet): 6 Monate bis 1 Jahr

1. Knoblauch und Ingwer schälen und fein hacken. Chili waschen, entkernen und fein hacken. Alles zusammen im Mörser zu einer Paste verarbeiten.
2. Äpfel schälen, entkernen und würfeln, Zwiebeln schälen und hacken. Pflaumen waschen, entsteinen und ebenfalls hacken.
3. Alle Zutaten bis auf den Salbei in einem Topf unter Rühren zum Kochen bringen, damit sich der Zucker löst. 40 Minuten leicht köcheln lassen, dabei hin und wieder umrühren. Salbei untermischen und weitere 2 bis 3 Minuten kochen lassen.
4. Noch heiß in die Gläser füllen und verschließen.

ORANGEN-ROTE-BETE-RELISH

Sofort genießbares sommerliches Relish, das sich geöffnet im Kühlschrank lange hält.

TOMATEN-FENCHEL-RELISH

- *2 große Knoblauchzehen*
- *1 große rote Zwiebel*
- *2 EL Olivenöl*
- *500 g Tomaten*
- *3 EL Roh-Rohrzucker*
- *3 EL Weißweinessig*
- *1 TL Fenchelsamen*
- *1 TL Salz*
- *frisch gemahlener schwarzer Pfeffer*
- *2 bis 3 EL gehackte Korianderblättchen*

Für 3 Gläser à 250 ml
Haltbarkeit (ungeöffnet): 6 Monate bis 1 Jahr

1. Knoblauch und Zwiebel fein hacken und im Öl glasig dünsten. Tomaten kreuzweise einritzen. Mit heißem Wasser überbrühen, kurz im Wasser lassen und die Haut abziehen. Kerne entfernen und Fruchtfleisch würfeln.
2. Tomatenstücke zusammen mit Zucker, Essig, zerstoßenen Fenchelsamen, Salz und Pfeffer zu den Zwiebeln geben und bei mittlerer Hitze 5 bis 7 Minuten köcheln und eindicken lassen. Abkühlen lassen und den Koriander unterrühren. Noch heiß in die Gläser füllen und verschließen.

Variation: Statt Koriander passen für ein mediterranes Aroma frisches Basilikum oder frischer Estragon.

Dieses Relish nimmt eine ganz beliebte Kombination auf, die man auch in Rezeptklassikern wie Kartoffelsalat liebt: Gurke, Apfel und Zwiebel. Mit Meerrettich und Dill verfeinert, passt das Relish gut zu Fischgerichten.

GURKEN-ZWIEBEL-APFEL-RELISH

- *1 kg Schäl- oder Gemüsegurken*
- *1/2 TL Salz*
- *300 g rote Zwiebeln*
- *5 Knoblauchzehen*
- *3 EL Öl*
- *200 g säuerliche Äpfel*
- *200 g Zucker*
- *250 ml Estragon- oder Apfelessig*
- *1 EL grob gemahlener schwarzer Pfeffer*
- *2 EL Basilikum*
- *2 EL Dill*
- *3 EL geriebener Meerrettich*
- *etwas trockener Sherry*

Für 5 bis 6 Gläser à 250 ml
Haltbarkeit (ungeöffnet): 6 Monate bis 1 Jahr

1. Gurken waschen, entkernen und in kleine Würfel schneiden. Mit dem Salz mischen und über Nacht ziehen lassen. Am nächsten Tag abwaschen und abtropfen lassen.
2. Zwiebeln und Knoblauch schälen und fein hacken. In dem Öl glasig dünsten. Äpfel waschen, entkernen und fein würfeln, zusammen mit den Gurken zu den Zwiebeln geben. Zucker und Essig zugeben und leicht köcheln lassen. Kräuter hacken und zusammen mit dem Meerrettich und einigen Spritzern Sherry zugeben.
3. Noch heiß in die Gläser füllen und verschließen.

Tipp: Für dieses würzige Relish verwendet man am besten die im Spätsommer erhältlichen Schäl- oder Gemüsegurken, die erst geerntet werden, wenn sie gelb werden und dann viel Geschmack mitbringen.

Kein Brot im eigentlichen Sinne: Die geleeartige, aber bissfeste Nascherei passt sehr gut zu Käse.

QUITTENBROT

- *1,5 kg Quitten*
- *1,2 kg Gelierzucker 1:1*
- *Saft von 1 Zitrone*
- *1 Vanilleschote*
- *Öl für das Blech*
- *Puderzucker zum Bestreuen*

Für 1 Blech
Haltbarkeit: mehrere Monate

1. Den pelzigen Flaum der Quitten abreiben, Früchte waschen, Blütenansätze und Kerne entfernen und das Fruchtfleisch vierteln. Ungefähr 40 Minuten bei schwacher Hitze mit 125 ml Wasser unter ständigem Rühren kochen.
2. Die Quitten durch ein feines Sieb in einen Topf streichen. Mit Zucker, Zitronensaft und dem ausgekratzten Mark der Vanilleschote vermischen und sehr dick einkochen, hin und wieder umrühren.
3. Ein Backblech einölen und die Masse 0,5 bis 1 Zentimeter dick darauf ausstreichen und an einem warmen Ort trocknen lassen (beispielsweise bei 50 °C im Backofen (Ober- und Unterhitze). Anschließend rautenförmig schneiden und mit Puderzucker bestreut aufbewahren.

Variation: Apfel- oder Birnenbrot können genauso nach diesem Rezept zubereitet werden.
Tipp: Übrigens auch genauso gut aus den Fruchtfleischrückständen von der Quittengelee-Herstellung zuzubereiten.

Eine kräftige Fruchtpaste, die als Nachspeise mit Quark oder Frischkäse oder pur als Nascherei schmeckt.

SCHLEHENPASTE

- *1,5 kg Schlehen, nach dem ersten Frost geerntet*
- *1 kg Zucker*
- *etwas grober Zucker zum Bestreuen*

Für 1 Blech
Haltbarkeit: mehrere Monate

1. Schlehen waschen und in 300 ml Wasser so lange köcheln, bis sie zerfallen.
2. Durch ein Sieb in einen Topf streichen. Mit dem Zucker vermischen und sehr dick einkochen, hin und wieder umrühren. So lange kochen, bis sich die Masse vom Topfboden löst.
3. Ein Backblech einölen und die Masse 3 bis 4 Zentimeter dick darauf ausstreichen und an einem warmen Ort trocknen lassen (beispielsweise bei 50 °C im Backofen). Anschließend rautenförmig schneiden und mit grobem Zucker bestreut aufbewahren.

Tipp: Hierfür eignen sich auch andere Früchte, vorausgesetzt, sie bringen ein kräftiges Aroma mit. Denn ein Teil des Geschmacks geht durch die lange Kochzeit verloren.

Mal was anderes als Kräuterpesto: Die Kombination von in Essig eingelegten Paprika und Mandeln ist wunderbar würzig und peppt Spaghetti auf.

PAPRIKA-MANDEL-PESTO

- *50 g Mandeln, geschält*
- *200 g in Essig eingelegte Paprika*
- *50 g Parmesan*
- *1/2 Knoblauchzehe*
- *1/2 rote Chilischote*
- *3 EL Olivenöl*
- *Salz*
- *Pfeffer*
- *Zucker*
- *4 Stängel Petersilie*

Für 1 Glas à 350 ml
Haltbarkeit (ungeöffnet): 2 bis 6 Monate

1. Mandeln in Stifte schneiden, in einer Pfanne ohne Fett hellbraun rösten und abkühlen lassen. Paprikaschoten abwaschen und gut abtropfen lassen. Parmesan in Stücke schneiden. Knoblauch schälen und grob hacken. Chilischote putzen, Kerne und weiße Scheidewände entfernen und Schote fein würfeln.
2. Paprikaschoten, Parmesan, Knoblauch, Chili und Mandeln zusammen mit dem Öl grob pürieren. Mit Salz, Pfeffer und 1 Prise Zucker würzen. Petersilie waschen, trocken schütteln, fein hacken und unter das Pesto rühren. In das Glas füllen und verschließen.

Klassisches Pesto aus getrockneten Tomaten, Knoblauch und Kräutern, das nach Sommersonne schmeckt.

ROTES PESTO

- *200 g getrocknete Tomaten (siehe Seite 171)*
- *4 Knoblauchzehen*
- *100 g Pinienkerne*
- *je 2 EL gehackte Petersilie und Basilikum*
- *Salz*
- *frisch gemahlener Pfeffer*
- *ca. 400 ml Olivenöl*

Für 2 Gläser à 250 ml
Haltbarkeit (ungeöffnet): 2 bis 6 Monate

1. Getrocknete Tomaten mit kochendem Wasser überbrühen und etwa 20 Minuten quellen lassen. Anschließend abtropfen lassen, etwas ausdrücken und in Stücke schneiden.
2. Knoblauch schälen und grob hacken. Zusammen mit den Tomaten und den Pinienkernen im Mörser zu einer feinen Paste zerstoßen oder im Mixer zu einer Paste verarbeiten.
3. So viel Olivenöl unterrühren, bis eine cremige Masse entsteht. Kräuter und Gewürze untermischen. In die Gläser füllen und verschließen.

Variation: Wer es schärfer mag, gibt eine gehackte Chilischote mit in den Mörser.

Der Klassiker aus der großen Pesto-Familie, der unter anderem Pastagerichte und Tomaten mit Mozzarella verfeinert.

BASILIKUMPESTO

- *4 bis 6 Knoblauchzehen*
- *100 g Pinienkerne*
- *1 großes Bund Basilikum*
- *1 TL Salz*
- *100 g Pecorino*
- *150 ml Olivenöl*

Für 2 Gläser à 250 ml
Haltbarkeit (ungeöffnet): 2 bis 6 Monate

1. Knoblauch schälen und hacken. Pinienkerne und abgezupfte Basilikumblättchen ebenfalls hacken. Alles zusammen mit Salz im Mörser zu einer feinen Paste zerstoßen.
2. Pecorino reiben und untermischen. Zuletzt das Olivenöl unterrühren. In die Gläser füllen und verschließen.

Tipp: Der Geschmack wird etwas kräftiger, wenn die Pinienkerne vorab ohne Fett angeröstet werden, bis sie zu duften beginnen.
Variation: Die Hälfte des Basilikums durch frischen Bärlauch ersetzen und statt der Pinienkerne geschälte und angeröstete Mandeln verwenden. Damit das Basilikum-Bärlauch-Pesto nicht zu „knoblauchig" wird, nur die Hälfte des Knoblauchs verwenden.

Ein leckeres Kräuterpesto, fein abgestimmt mit Kapern und Paprika einfach genial als schnelle und kraftvolle Pastasauce.

RUCOLA-PETERSILIEN-PESTO

- *1 Scheibe Vollkorntoast*
- *1 TL gemahlene Mandeln*
- *1 grüne Paprika*
- *50 g Rucola*
- *50 g Petersilie*
- *1 Knoblauchzehe*
- *1 TL Kapern*
- *5 EL Olivenöl*
- *1 EL Zitronensaft*
- *1 TL geriebener Parmesan*
- *Salz*
- *frisch gemahlener Pfeffer*

Für 1 Glas à 350 ml
Haltbarkeit (ungeöffnet): 2 bis 6 Monate

1. Vollkorntoast entrinden und fein würfeln. Mit den Mandeln ohne Fett hellbraun rösten, dann abkühlen lassen. Paprika putzen, waschen und fein würfeln. Rucola und Petersilie waschen und grob hacken. Knoblauch schälen, grob hacken.
2. Alles mit Kapern, Öl und Zitronensaft im Mörser zu einer cremigen Paste zerstoßen oder im Mixer zu einer Paste verarbeiten. Parmesan unterrühren und mit Salz und Pfeffer abschmecken. In das Glas füllen und verschließen.

Nur wenige Wochen im Jahr wächst der würzige Frühlingsbote. Doch mit diesem einfachen Rezept kann man den frischen, knoblauchähnlichen Geschmack das ganze Jahr über als vielfach verwendbares Würzmittel einsetzen, zum Beispiel zum Marinieren von Fleisch.

BÄRLAUCHPASTE

100 g Bärlauch

100 ml Olivenöl

1/2 TL Salz

Für 2 Gläser à 200 ml

Haltbarkeit: mehrere Monate

1. Bärlauch waschen und trocken tupfen. Stiele entfernen und Blätter in Streifen schneiden. Zusammen mit 90 ml Öl und Salz in einem Mixer fein pürieren.
2. Bärlauchpaste in die Gläser füllen, restliches Öl darübergeben, Gläser fest verschließen und im Kühlschrank aufbewahren.

Variation: Einige getrocknete Tomaten zusammen mit den restlichen Zutaten pürieren.

Würzt Fisch einfach delikat!

KRÄUTERPASTE

30 g Petersilie

30 g Dill

15 g Fenchelgrün

15 g Kerbel

10 g Liebstöckel

1 TL Meersalz

100 ml Sonnenblumenöl

2 Gläser à 200 ml

Haltbarkeit: mehrere Monate

1. Kräuter waschen und trocken tupfen. Stiele entfernen und Blätter hacken. Zusammen mit 90 ml Öl und Salz in einem Mixer fein pürieren.
2. Kräuterpaste in die Gläser geben, restliches Öl darübergeben, Gläser fest verschließen und im Kühlschrank aufbewahren.

Warenkunde

OBST, GEMÜSE, KRÄUTER UND GEWÜRZE

TIPPS FÜR DEN EINKAUF UND DIE AUSWAHL

Das Konservieren hat einen ganz besonderen Reiz, wenn man Obst und Gemüse aus dem eigenen Garten auf der Arbeitsplatte liegen hat. Oft ist es sinnvoll, sich auch im Geschäft oder auf den Märkten zu bedienen, wenn das Angebot gut und günstig ist. Bei der Auswahl der verwendeten Produkte sollten Sie in jedem Fall kritisch vorgehen. So bietet nur Obst und Gemüse von bester Qualität optimale Voraussetzungen für ein gutes Konservierungsergebnis. Verwenden Sie grundsätzlich nur solche Erzeugnisse, die aufgrund ihrer Reife und ihres Allgemeinzustandes sortentypisch aussehen, sortentypisch schmecken und frisch verzehrt werden könn(t)en – also alles, was knackig und unversehrt ist und gesund aussieht.

Fleckiges, Überreifes und Beschädigtes sollten Sie nicht verwenden, weil Gärungs- und Verderbnisprozesse bereits in Gang gekommen sein könnten. Welke Blätter sind ein Indiz für einen einsetzenden Alterungsprozess, und „Schwitzflecke" bei abgepackter Ware innerhalb der Verpackung können auf ungute Temperaturschwankungen während des Transports oder der Lagerung hinweisen. Ungespritztes ist behandelten Produkten vorzuziehen, nicht nur weil es gesünder, sondern besser geeignet ist. Beispielsweise für die Milchsäuregärung sollten Sie kein überdüngtes Gemüse nehmen, weil Fehlgärungen entstehen können. Spritzmittel können zudem die für die Milchsäuregärung unverzichtbaren Milchsäurebakterien auf der Oberfläche des Gemüses angreifen. Tests der Stiftung Warentest haben ergeben, dass sich in den letzten Jahren hier sehr viel getan hat. So sind Obst und Gemüse im Handel, auch die exotischen Importe, kaum noch mit hohen oder bedenklichen Mengen an Pestiziden belastet. Am sichersten zeigte sich hier Bioware. Aber generell gilt für ein sicheres Konservieren: Waschen Sie die Lebensmittel, wenn möglich, vor deren Verwendung gründlich!

Kaufen Sie immer zur jeweiligen Saison ein, dann haben Sie die beste Auswahl und können manchen Euro sparen. Es lohnt sich, das Angebot immer im Auge zu behalten, weil Freiland-, Glashaus- und Import- beziehungsweise aus anderen Landesteilen zugelieferte Ware zu unterschiedlichen Zeitpunkten auf den Markt kommen können. Wer regionale Produkte kauft, hat im Übrigen ein ökologisch reines Gewissen, weil lange umweltbelastende Anfahrtswege entfallen. Der Saisonkalender im Anhang (siehe Seite 231) gibt einen groben Überblick darüber, wann welches Obst und Gemüse frisch zur Verfügung steht.

LAGERUNG

Manchmal lässt sich nicht alles sofort verarbeiten und muss gelagert werden: Ein dunkler, kühler, trockener und möglichst zugfreier Ort bietet die besten Voraussetzungen dafür, dass die Frische lange erhalten bleibt. Nicht alle Produkte sind für eine Lagerung im Kühlschrank geeignet wie zum Beispiel Tomaten, Gurken, Orangen oder Bananen. Wenn Sie aber Ihr Obst und Gemüse im Kühlschrank aufbewahren, achten Sie darauf, dass Sie das Gut nicht zu eng lagern und so die Luft gut zirkulieren kann.

KERNOBST

ÄPFEL

Der Apfel ist vermutlich so alt wie die Menschheit und genießt als Symbol für Jugend, Fruchtbarkeit, Schönheit und Liebe in unserer Kultur einen besonderen Stellenwert. Er gilt als das am meisten verbreitete Kernobst, weltweit werden schätzungsweise 20 000 Sorten gezählt. Auch wenn (Import-)Äpfel das ganze Jahr verfügbar sind, freut man sich über die selbst gepflückten im Herbst ganz besonders. Äpfel gelten als überaus gesund, und ihre Inhaltsstoffe können sich sehen lassen: leicht verdauliche Kohlenhydrate (Frucht- und Traubenzucker), Vitami-

ne, darunter reichlich Vitamin C, Mineralstoffe, insbesondere Kalium, das sich beim Trocknen konzentriert, und wertvolle sekundäre Pflanzenstoffe wie Polyphenole, die das Risiko von Herz-Kreislauf-Krankheiten und bestimmten Krebsarten senken sollen. Wichtig zu wissen: 70 Prozent der Vitamine und Pflanzenstoffe befinden sich bei Äpfeln in der Schale.

Tipps: Die Frucht enthält, besonders im unreifen Zustand, in rauen Mengen den Ballaststoff Pektin, das mit seiner starken Gelierkraft das Einmachen erleichtert. Deshalb werden sie bei vielen Konfitürensorten mit Fruchtmischungen gerne mitverarbeitet. Einige Sorten zerfallen beim Kochen sehr schnell, etwa Boskop, Gravensteiner und Klarapfel. Cox-Orange, Jonathan, Golden Delicious und Winterglockenapfel zeichnen sich dagegen durch Festigkeit aus – sie bieten sich wie alle anderen festen Äpfel besser zum Einkochen an, weil sie ihre Form behalten.

Äpfel für eine lange Haltbarkeit bei 0 bis 5 °C lagern. Achten Sie darauf, sie separat aufzubewahren, da ihr Inhaltsstoff Ethylen anderes Obst nachreifen und auch schneller faulen lässt.

BIRNEN

Nach dem Apfel ist die Birne die bedeutendste heimische Kernobstart. Die köstlich-aromatischen Früchte kamen einst aus Westasien nach Mitteleuropa. Im antiken Griechenland wurde die Frucht bereits in relativ großem Stil gezüchtet. Heute gibt es etwa 2 500 Sorten, unter ihnen so altbewährte Varietäten wie „Williams Christ", „Gute Luise" und „Clapps Liebling", die sich nach wie vor größter Beliebtheit erfreuen. Leider ist nur ein winziger Bruchteil davon im Handel erhältlich.

Die Früchte enthalten besonders Vitamin C und Folsäure sowie den Mineralstoff Kalium. Birnen werden ab August bis Ende September geerntet. In Süddeutschland und Österreich sind getrocknete Birnen wichtiger Bestandteil des Kletzen- oder Früchtebrots, eines typischen Weihnachtsgebäcks.

Tipps: In vielen Rezepten mit Äpfeln können stattdessen Birnen verwendet werden. Dann möglichst feste Sorten wählen, wie zum Beispiel Vereinsdechant, Moretti oder Josefine von Mecheln. Sehr saft-weiche Sorten würden beim Einkochen schnell zerfallen. Zudem besitzen Birnen wenig Fruchtsäure und werden daher gerne mit säurereicheren Obstarten gemischt.

Die Früchte am besten vor der Vollreife ernten und bei kühler, trockener Lagerung (0 bis 5 °C) wenige Tage nachreifen lassen, so wird das Fruchtfleisch nicht körnig.

QUITTEN

Quitten waren in der Antike beliebt. Griechen und Römer nannten sie nach ihrer Herkunft „kretischer Apfel". In unserer Zeit spielten sie auf dem Obstmarkt lange Zeit nur eine geringe Rolle. Seit der Rückbesinnung auf alte Obst- und Gemüsesorten feiern sie seit einigen Jahren ein Comeback. Ebenso wie Apfel und Birne ist die Quitte ein Kernobstgewächs. Nach ihrer Form unterscheidet man Apfel- und Birnenquitte. Apfelquitten zeichnen sich durch eher hartes Fruchtfleisch aus, Birnenquitten sind weicher und saftiger, dafür aber weniger aromatisch. Im Allgemeinen wird bei der Zubereitungsform nicht zwischen den Quittensorten unterschieden. Geerntet wird von September bis November.

Wegen ihres herben Geschmacks sind Quitten im Rohzustand ungenießbar. Aus den Rückständen der Geleezubereitung kann man leckeres Quittenbrot zubereiten (Rezept siehe Seite 197).

Tipps: Quitten haben vor allem in der Schale einen hohen Pektingehalt, sodass die natürliche Pektinmenge zum Gelieren meist ausreicht.

Vor der Verarbeitung immer den Flaum auf der Schale mit einem Handtuch abreiben, er verursacht unschöne Trübungen. In einem sehr kühlen Keller halten sich Quitten bis zu zwei Monaten.

STEINOBST

APRIKOSEN

Die aus Westasien stammende wärmeliebende Aprikose wurde zur Zeit Alexander des Großen nach Europa gebracht. Die aromatischen, süß-säuerlichen Früchte sind etwas kleiner als Pfirsiche, rundlich und mit samtig behaarter, gelb-orangefarbener Schale. Aprikosen blühen sehr früh, sind daher durch späte Fröste gefährdet und gedeihen bei uns nur in klimatisch begünstigten Regionen wie etwa dem Rhein-Main-Gebiet, der Pfalz oder Baden. Geerntet wird ab Juli. Aprikosen enthalten reichlich Betakarotin, das Provitamin A. Bereits 200 g Aprikosen decken den Tagesbedarf an Vitamin A. Getrocknete Aprikosen erfüllen das Soll mit noch kleineren Portionen. Die Früchte geizen nicht mit Mineralstoffen und weiteren Vitaminen wie Kalium, Folsäure und Vitamin C.

Tipps: Zum Einmachen nur feste, reife Früchte verwenden. Sie werden sehr schnell welk und verlieren an Aroma, daher sollten sie zügig verarbeitet werden. Weiche Aprikosen enthalten zu viel Wasser und zu wenig Zucker. Haben die Früchte selbst zu wenig Geschmack, einfach ein paar klein geschnittene getrocknete Aprikosen mitkochen. Die Früchte können Sie bei 0 bis 1 °C nachreifen lassen.

KIRSCHEN

Es soll der römische Feldherr Lucullus gewesen sein, der die Kirsche von ihrer Heimat am Schwarzen Meer nach Rom brachte, wo sie in großem Stil angebaut und veredelt wurde. Man unterscheidet Süß- und Sauerkirschen, wobei Süßkirschen reichlich Kalium enthalten, Sauerkirschen dagegen mehr Eisen. Süßkirschen werden im Juni geerntet. Sie sind die eigentlichen Tafelkirschen, auch Knorpel- oder Knupperkirschen genannt, und werden in der Regel frisch verzehrt oder eignen sich zum Kandieren. Zur Herstellung von Konfitüren, Gelees und Saft wählen Sie am besten Sauerkirschen, die ein wenig später reif sind. Schattenmorellen, eine der bekanntesten Sauerkirschsorten, sind Bestandteil von Rumtopf und Kirschlikör. Kirschen aus dem eigenen Garten vollreif ernten und zügig weiterverarbeiten. Notfalls bei 0 bis 1 °C möglichst kurzzeitig lagern.

Tipps: Süßkirschen verlieren durch die Erhitzung an Aroma. Wer sie dennoch zu Konfitüren verarbeiten möchte, gibt für mehr Aroma am besten einen Schuss Kirschwasser ins Glas.

Kirschen sollten mit Stiel gepflückt und gewaschen werden, da sie sonst viel von ihrem Saft verlieren.

NEKTARINEN

An der Frage, wie die Nektarine entstand, scheiden sich die Geister: Die einen behaupten, die Nektarine sei eine Kreuzung aus Pfirsich und Pflaume; andere glauben, dass sie sich schon vor 2000 Jahren als Mutation aus dem Pfirsich entwickelt habe. Egal wie: Beide sind sich alles in allem sehr ähnlich und können deshalb auf dieselben Arten verarbeitet werden. Der größte Unterschied ist offensichtlich: Nektarinen haben eine glatte Haut und festeres Fruchtfleisch, Pfirsiche sind samtig-pelzig und saftig-weich. Preiswerte Früchte werden ab Ende April aus Mittelmeerländern importiert, was im Winter aus Übersee kommt, ist deutlich teurer.

Tipps: Nektarinen können – im Gegensatz zu Pfirsichen – generell ungeschält verarbeitet werden. Ihre Kerne enthalten ebenfalls Blausäure. Die Früchte können Sie bei –1 bis 0 °C nachreifen lassen.

PFIRSICHE

Der botanische Name des Pfirsichs ist Prunus persica, persische Pflaume. Seine ursprüngliche Heimat ist allerdings China. Von dort kam er über Persien nach Europa, wo der wärmeliebende Baum vor allem in den südlichen Teilen des Kontinents angebaut werden kann. Eine enge Schwester ist die Nektarine. Feinschmecker behaupten, die feinsten Sorten gebe es nur in Frankreich, etwa die Sorten Springtime, Robin, Amsden oder Genadix. Die mal helle, gelbe oder rötliche Schale der rundlichen, süßen und sehr kalorienarmen Steinfrüchte trägt einen samtartigen Flaum. Pfirsiche machen sich mit ihre kräftigen Farbtönen besonders gut als dekorative Tafelfrüchte. Pfirsichkerne werden zur Herstellung von Likören und auch für Persipan, einen günstigeren Marzipanersatz, verwendet.

Tipps: Eingemachte Pfirsiche profitieren geschmacklich von einem mit ins Glas gegebenen Kern (mehrere sollten es allerdings nicht sein, weil sie giftige Blausäure enthalten). Achten Sie darauf, dass die Kerne nicht beschädigt oder geöffnet sind!

Zum Kochen von Konfitüre eignen sich ungeschälte Früchte, die Schale steuert dann eine leicht herbe Note bei. Wer die pelzige Haut nicht mag, sollte die Pfirsiche schälen. Die Früchte wenn nötig bei –1 bis 0 °C nachreifen lassen.

PFLAUMEN

Man unterscheidet Rund- und Eierpflaumen, Zwetschgen, Renekloden und Mirabellen, hinzu kommen die japanische Pflaume und Kirschpflaume. Egal, ob das Fleisch gelb, rot, violett oder sehr dunkel ist – es enthält immer viel B-Vitamine und Kalium. Die ursprüngliche Heimat des Stammvaters aller Pflaumen ist Kleinasien, und man schätzt, dass es inzwischen nahezu 2 000 Arten gibt. Die Römer brachten sie nach Italien, von wo aus sie sich in ganz Europa verbreitete. Schon in römischer Zeit war die Steinfrucht Objekt zahlreicher Züchtungsversuche, was sich bis heute kaum geändert hat. Die ursprüngliche Pflaume ist meist rundlich. Pflaumen werden bereits ab Mai und bis über den Winter hinaus importiert, die hiesige Erntezeit beginnt im Juli.

Tipps: Besonders Zwetschgen, Renekloden und Mirabellen eignen sich für die verschiedenen Konservierungsmethoden, Pflaumen dagegen haben weicheres Fruchtfleisch und zerfallen beim Kochen.

Zwetschgen haben eine wachsartige Schicht auf der Haut, die sie saftig hält. Um diese natürliche Konservierungsfunktion möglichst lange wirksam zu belassen, die Früchte erst kurz vor der Verwendung waschen. Am besten sofort verarbeiten, sonst bei 0,5 bis 2 °C aufbewahren.

GARTENBEEREN

BROMBEEREN

Von wild wachsenden, heimischen Brombeeren hat wohl jeder schon mal genascht. Mit ihren langen, stacheligen Zweigen können sie ein lästiges Unkraut sein, aber ihr süß-fruchtiges Aroma macht das alles wieder wett. Auch heute werden Brombeeren oft noch von den wilden Sträuchern geerntet, aber es gibt inzwischen leichter zu bändigende und vor allem dornenlose Kultursorten. Die Beeren sind reich an Magnesium, Mangan, Kalzium und Betakarotin. Reif sind die weinroten bis schwarzen Früchte, wenn sie sich leicht lösen lassen. Erntezeit ist von Juli bis September.

Tipps: Brombeeren zählen zum sogenannten Weichobst, das besonders empfindlich ist und daher schonend und sorgfältig behandelt werden muss. Vor der Zubereitung werden die Beeren nur kurz und vorsichtig gewaschen.

Reife Brombeeren erkennt man am besten an ihrer Farbe: Je dunkler die Früchte, desto reifer sind sie. Keine überreifen Früchte verwenden, wenn sie im Ganzen konserviert werden sollen. Brombeeren werden sehr schnell matschig und schimmeln. Eine kurzzeitige Aufbewahrung ist bei knapp über 0 °C möglich. Haben Sie eine zu üppige Ernte eingefahren, können Sie Brombeeren wie die meisten Beerenarten sehr gut bis zur weiteren Verwendung einfrieren (siehe Seite 100).

ERDBEEREN

Erdbeeren sind der erste Vorgeschmack auf den Sommer. Ihre Urahnen sind die wesentlich kleineren heimischen Walderdbeeren, die mit ihrem unvergleichlichen Aroma heute als Delikatesse gelten, allerdings eher selten auf dem Markt angeboten werden. Die ausdauernden, krautigen Pflanzen entwickeln im Frühjahr hübsche weiße Blüten, aus denen ab Ende Mai süße, rote Früchte hervorgehen. Sie sind reich an Folsäure, Eisen und Kalium und ganz besonders an Vitamin C, haben davon sogar mehr als Orangen.

Tipps: Erdbeerzeit ist immer Einmachzeit, denn die köstlichen Früchte sind nur in der Saison preisgünstig und in bester Qualität verfügbar. Erdbeeren am besten so bald wie möglich verarbeiten. Sie verderben sehr schnell, man kann fast dabei zusehen. Es reicht häufig nicht, die faulen Stellen herauszuschneiden. Besser, man entsorgt die betroffenen Früchte.

HIMBEEREN

Die Himbeere gehört dank ihres unvergleichlichen Aromas in die Gruppe der Lieblings-Gartenfrüchte. Ebenso wie die Brombeere zählt sie zu den Weichfrüchten und muss vorsichtig geerntet und verarbeitet werden. Unsere kultivierten Gartenhimbeeren stammen von der europäischen Wildhimbeere ab. Sie zeichnen sich durch einen hohen Gehalt an Mineralstoffen wie Kalium und Kalzium aus. Erntezeit ist zwischen Juni und September. Um das Himbeer-Vergnügen bis zum Beginn der nächsten Saison zu verlängern, bietet sich die Zubereitung von beliebten alkoholischen Spezialitäten wie Himbeergeist und Likör an.

Tipps: Reif sind die Früchte erst dann, wenn sie sich leicht vom zapfenförmigen Blütenboden lösen lassen. Die Früchte, wenn irgend möglich, zur Weiterverarbeitung gar nicht waschen, sondern nur trocken säubern. Sie reagieren unglaublich empfindlich auf die Berührung mit Wasser, werden schnell matschig und verlieren an Aroma. Himbeeren nur kurze Zeit bei knapp über 0 °C aufbewahren.

JOHANNISBEEREN

Es gibt rote, schwarze und weiße Johannisbeeren, wobei die roten mit ihren langen Rispen und dem bittersüßen Aroma die beliebtesten sind. Ursprünglich wuchsen Johannisbeeren als Wildgehölze an Waldrändern und in Hainen. Vor allem die schwarze Johannisbeere ist ganz besonders reich an Vitaminen C sowie reich an Mineralstoffen. Allein 40 Beeren decken den gesamten Tagesbedarf an Vitamin C! Die roten und weißen Sorten weisen geringere Werte auf. Die Verwendungsmöglichkeiten aller drei Arten sind vielfältig. Während rote Johannisbeeren gern roh oder als Dessert gegessen werden, sind die größeren, recht herb schmeckenden schwarzen Johannisbeeren als Frischfrucht wenig beliebt. Sie eignen sich zur Herstellung von Likören und Wein. Alle drei Arten lassen sich gut zu Marmeladen, Gelees und Säften verarbeiten. Geerntet wird ab dem 24. Juni, dem Johannistag, bis August.

Tipps: Rote und schwarze Johannisbeeren ergänzen sich geschmacklich gut: Die roten Früchte nehmen den schwarzen etwas von der Herbe, die schwarzen machen die Mischung deutlich aromatischer.

Übrigens: Die Beeren lassen sich ganz einfach mit einer Gabel von den Stielen streifen, indem man den Stiel durch die Zinken zieht.

STACHELBEEREN

Der Stachelbeerstrauch ist in ganz Eurasien bis hin zur Mandschurei beheimatet. Je nach Sorte sind seine ovalen bis rundlichen Früchte hellgrün, goldgelb oder rot. Sie können leicht behaart sein und ihre Schale ist ebenfalls je nach Sorte mal dünner, mal fester. Im Vergleich zu anderen Beerenarten sind Mineralstoff- und Vitamingehalt nicht so bedeutend. Stachelbeeren werden je nach Verwendungsart in unterschiedlichen Reifegraden gepflückt. Für Kompott oder als Kuchenbelag erntet man noch unreife Früchte. Ausgereifte Früchte dienen zur Herstellung von Marmeladen und Säften, sie sind zwar schon sehr weich, haben aber auch den meisten Fruchtzucker und viel Pektin. Eine besondere Spezialität ist Stachelbeerwein.

Tipps: Unreif geerntete Stachelbeeren reifen bei Zimmertemperatur nach. Je nach Verwendungszweck kann so der optimale Reifezustand gesteuert werden. Zur Herstellung von Stachelbeermarmelade reicht wegen ihres hohen Pektingehalts normaler Haushaltszucker. Wenn nötig, die Beeren nur kurz und sehr kühl lagern!

WILD WACHSENDE FRÜCHTE

Auch außerhalb des heimischen Gartens und des Wochenmarktes, direkt vor der Haustür, lassen sich eine Zahl an aromatischen Hauptdarstellern für die verschiedenen Konservierungsmöglichkeiten finden. Achten Sie beim Sammeln in der Natur darauf, möglichst an unbelasteten Flächen zu sammeln, meiden Sie die Nähe zu gespritzten Feldern, vielbefahrenen Straßen, Bahnstrecken oder Fabrikgeländen. Wenn kein Betretungsverbot wie für Parkanlagen und Naturschutzgebiete herrscht, können Sie sich – stets aber nur für den eigenen Bedarf – aus dem Arsenal der Wildfrüchte bedienen. Sammeln Sie nur, was Sie wirklich kennen und immer nur so viel, wie Sie verbrauchen können! Vermeiden Sie es, Zweige oder Triebe abzubrechen. Das manchmal mühevolle Sammeln lohnt sich allemal, denn Früchte von wild wachsenden Pflanzen haben im Vergleich zu denen von kultivierten ein deutlich besseres Aroma. Wildbeeren sollten am besten sofort verarbeitet werden, weil sie kaum lagerfähig sind.

HAGEBUTTEN

Hagebutten sind die Früchte einiger Wildrosensorten, die man an sonnigen Hängen und an Wegrändern antrifft. Botaniker bezeichnen sie zwar als Scheinfrüchte, aber aus kulinarischer Sicht sind sie absolut vollwertig. Ihr leuchtend orangerotes und außen glänzendes Fruchtfleisch schmeckt erfrischend süßsauer und enthält neben den Vitaminen A, B_1 und B_2 eine herausragend hohe Menge an Vitamin C, die den Wert von Zitronen um das 20-Fache übersteigt. Man kann sie, was aber nicht viele mögen, roh essen, im Allgemeinen werden sie gekocht. In jedem Fall muss man vorher die haarigen Samen (bei Kindern das beliebte „Juckpulver") aus ihrem Inneren entfernen. Die Zubereitung in der Küche macht deshalb etwas Arbeit, und Zeit braucht man zudem. Doch letztlich entschädigen sie, in welcher Form auch immer, für alle Mühen und lassen Sommererinnerungen aufkommen.

Tipp: Die reifen Früchte leuchten im Herbst purpurrot. Die Samen lassen sich am besten mit einem Teelöffel aus den halbierten Früchten herauskratzen.

HEIDELBEEREN

Heidelbeeren, auch Blaubeeren genannt, waren bereits in der Antike bekannt. Heute findet man die heimischen Sträucher mit den kugeligen blaubereiften Beeren ab Juli noch in halbschattigen Waldgebieten. Die Gattung aus der Familie der Heidekrautgewächse wird in einigen Teilen Deutschlands im Feldanbau kultiviert. Heidelbeeren enthalten Gerbstoffe und sind reich an rot- bis blaufärbenden Anthocyanen, bei Kulturheidelbeeren stecken diese Farbstoffe aber nur in der Schale. Erste Forschungsversuche lassen vermuten, dass dieser Inhaltsstoff entzündliche Darmerkrankungen lindert.

Tipps: Den häufig im Handel erhältlichen besonders großen Früchten fehlt es meist an Aroma. Daher lieber die Augen nach den wesentlich aromatischeren kleinfrüchtigen Sorten offen halten oder im Spätsommer selber sammeln gehen. Waschen Sie Ihre gesammelte Ernte vor der Weiterverarbeitung gründlich! Die Waldheidelbeere ist eine tief wachsende Pflanze und kann so leicht mit dem gefährlichen Fuchsbandwurm in Berührung kommen. Insbesondere in Gegenden, in denen sich Stadtfüchse aufhalten, sollte man auf das Sammeln besser verzichten, wenn man die Früchte roh essen möchte. Erst bei Temperaturen über 80 °C wird der Befall unschädlich gemacht.

HOLUNDER

Holunder, regional Holler oder Holder genannt, ist in ganz Europa heimisch. Bevor bei uns der duftende Zierflieder Einzug hielt, hieß er in vielen Gegenden Flieder, heute in manchen Regionen auch noch schwarzer Flieder. Deshalb kommt es immer wieder zu Missverständnissen: Er hat mit dem Zierflieder nichts zu tun, und mit Fliederbeeren (die es gar nicht gibt) sind die Holunderbeeren gemeint. Die kleinen, kugeligen Früchte wachsen an Dolden und werden im August und September geerntet. Holunderbeeren sind reich an B-Vitaminen. Als Saft werden sie gerne gegen Erkältungskrankheiten eingesetzt.

Tipps: Die Beeren vor dem Verzehr erhitzen, um ihre schwach giftigen Eigenschaften auszuschalten. Entfernen Sie alle grünen Beeren, sie sind noch nicht gereift und enthalten noch mehr von dem giftigen Sambunigrin, das zu Erbrechen, Bauchschmerzen und Durchfall führen kann.

Der leicht herbe Holunder ergibt zusammen mit süßeren Obstsorten wunderbare Aromakombinationen, zum Beispiel mit Birnen, Pfirsichen, Äpfeln oder Pflaumen. Holunderbüsche sind besonders häufig an Waldrändern und an Feldwegen zu finden. Die Büsche tragen reichlich und man hat schnell große Erntemengen zusammen, die sich zum Beispiel gut zu Saft verarbeiten lassen (siehe Seite 92).

PREISELBEEREN

Preisel- oder Kronsbeeren wachsen in trockenen, lichten Wäldern überall auf der Nordhalbkugel. Im großen Stil wurden sie Mitte des 19. Jahrhunderts in Amerika zum ersten Mal kultiviert, wo sie sich auf angeschwemmtem Sumpfland als besonders ertragreich erwiesen. Die Sträucher sehen denen der verwandten Heidelbeere ähnlich, sind allerdings etwas niedriger. Die kleinen, scharlachroten Früchte werden im September und Oktober geerntet. Wegen ihres hohen Fruchtsäure- und Gerbstoffanteils schmecken sie sehr herb und sauer und sind weniger zum Rohverzehr geeignet. Sie ergeben jedoch wunderbare Konfitüren, die einen sehr charakteristischen Geschmack aufweisen und gern zu Wild- und Geflügelgerichten gereicht werden. Die Früchte sind reicher an Vitamin A, B und C sowie Kalzium, je später sie geerntet werden.

Tipp: Der herb-säuerliche Geschmack von Preiselbeerkonfitüre wird milder, wenn man einige Zwetschgen mitkocht.

SANDDORN

Sanddornsträucher mit ihren leuchtenden orangefarbenen Beeren wachsen vor allem in den Küstenregionen von Nord- und Ostsee. Sanddorn steht in Deutschland unter Naturschutz, für den Eigenbedarf darf er gepflückt werden. Es gibt Sanddorn auch als Kultursorte, angebaut auf Plantagen beispielsweise in Brandenburg, so wird die Vielzahl der im Handel erhältlichen Sanddornprodukte erst möglich. Das silberlaubige Ölweidengewächs ist vor allem bekannt für seinen bemerkenswert hohen Gehalt an Vitamin C. Roh schmecken sie nicht, sie lassen sich jedoch gut zu Konfitüre, Gelees und Saft verarbeiten. Geerntet wird ab August.

Tipps: Die Ernte von Sanddorn ist eine mühsame Arbeit, da die Früchte leicht zerplatzen. Es empfiehlt sich, die fruchtbehangenen Äste vorsichtig abzuschneiden, sie tiefzukühlen und dann die Beeren abzuschütteln – wobei Sie darauf achten sollten, dass der Strauch nicht allzu sehr Schaden nimmt.

Durch den extrem hohen Gehalt an Vitamin C geliert Sanddorn etwas leichter. Für Konfitüre braucht man in diesem Fall entsprechend weniger Geliermittel.

SCHLEHEN

Die Schlehe wird auch Schwarzdorn genannt und ist in ganz Europa verbreitet. Die runden, blaubereiften Früchte schmecken äußerst herb und werden erst nach den ersten Frösten genießbar, wenn die Stärke zu Zucker umgewandelt wurde. Nach der Ernte müssen sie rasch verarbeitet werden, weil sie schnell verderben. Die schwarzblauen Früchte enthalten verschiedene Mineralstoffe wie Kalium und Magnesium sowie Gerbstoffe. Die Blausäureglycoside in den Samen der Schlehen verleihen dem Schlehenlikör seine charakteristische Bittermandelnote. Der Anteil der Samen muss unter 5 Prozent liegen.

Tipps: Wer Schlehen verarbeiten will, sollte sich am besten selbst auf den Weg machen, man findet die Sträucher meist an Weg- und Waldrändern und felsigen Hängen oder in Gebüschen. Im Dampfentsafter hergestellt, wird der Saft geschmacksintensiver als mit der Abtropfmethode. Werden die Schlehen vorab mit einer Nadel eingestochen, wird das Aroma mit dieser Methode ebenfalls intensiver.

VOGELBEEREN

Die Früchte der Vogelbeere oder Eberesche werden erst nach den ersten Herbstfrösten geerntet, weil sie dann weniger bitter sind. Man muss sie verarbeiten, weil sie in rohem Zustand unbekömmlich sind, Kindern sagt man deshalb oft, sie seien giftig. Der Baum ist in ganz Nord- und Mitteleuropa heimisch und wächst bei uns in Wäldern und Parks. Die kleinen, orangeroten, in Dolden wachsenden Beeren sind reich an Vitamin C. Im Bayerischen Wald und in Böhmen werden Konfitüren aus Vogelbeeren gern zu Wildgerichten serviert. In Tschechien ist die Vogelbeere Grundstoff des Jarcebinka, eines Likörs.

Tipps: Der Saft bietet sich hervorragend zum Mischen mit Apfel- oder Birnensaft an. Die typische Bitterkeit der Vogelbeeren wird nicht nur durch Frost, sondern auch durch das Einlegen in eine 4-prozentige Essiglösung über Nacht gemildert.

ZITRUSFRÜCHTE

GRAPEFRUITS

Sie sind eine Kreuzung zwischen Orangen und Pampelmusen und in der Karibik entstanden. Man bekommt sie bei uns das ganze Jahr über, von Mai bis September allerdings nur in geringeren Mengen. Der Name leitet sich vom englischen grape – Traube ab, weil sie wie Trauben am Baum hängen.
Sie besitzen eine glatte Schale und erfrischen mit ihrem herb-säuerlichen Geschmack. Es gibt helle, rosa oder rote Typen, von denen die rotfleischigen etwas milder und süßer sind. Zum Frühstück werden sie gerne gegessen, weil ihre Inhaltsstoffe entschlacken und den Stoffwechsel fördern. Sehr beliebt ist die besonders süßaromatische und saftige Kreuzung „Sweetie“. Einige Inhaltsstoffe der Grapefruit können die Wirkung von Medikamenten verlängern und verstärken („Grapefruitsafteffekt“), lesen Sie daher immer genau die Packungsbeilage.

Tipp: Grapefruits am besten zusammen mit anderen Zitrusfrüchten verarbeiten, die süßer sind und damit etwas von der Bitterkeit der Grapefruit auffangen.

ORANGEN

Sie sind ganzjährig verfügbar, von Juli bis Oktober allerdings nur in sehr geringen Mengen. Es gibt etwa 400 Sorten dieser Zitrusfrucht, die rundlich, oval, grün, gelb, rot oder natürlich orangefarben ausfallen können. Die meisten Sorten sind süß, aber es gibt auch Bitterorangen. Sie enthalten viel Vitamin C und nehmen es in dieser Beziehung mit der Zitrone fast auf. Die meisten Orangen werden in Brasilien, USA und Mexiko produziert. Man unterscheidet folgende Sortengruppen: Blondorangen, Navelorangen und Blutorangen; Bitterorangen werden auch als Pomeranzen bezeichnet.
Die Früchte werden reif geerntet, sie reifen nicht nach. Sofern die Schale unbehandelt ist, kann sie für fast alle Arten von Zubereitungen in der Küche verwendet werden. Man reibt sie zum Beispiel in Kuchenteige oder würzt Saucen damit.

Tipps: Der innere, weiße Schalenteil ist recht bitter und wird daher meist nicht verwendet. Wer aber Marmeladen etwas bitterer mag, kann das durch

die Mitverwendung eines Teils der weißen Schale steuern. Bei Verwendung der Schalen immer die unbehandelte Bioware wählen!

ZITRONEN

Zum Namensgeber für alle Zitrusfrüchte wurde die vermutlich aus der Region zwischen dem Himalaya und China stammende Frucht, weil sie je nach Sorte einen Säureanteil von 8 Prozent deutlich überschreiten kann und damit die Spitzenposition einnimmt. Zitronen sind ganzjährig im Handel, Importe kommen überwiegend aus dem Mittelmeerraum. Beim Einkauf beachten: Kleinere und schwerere Früchte enthaltenen viel Saft, die großen und leichten meist viel weniger – die Farbe, ob grün oder gelb, gibt keinen Hinweis auf bemerkenswerte Unterschiede. Alle Sorten enthalten Phosphor, Pektin und vor allem reichlich Vitamin C. Auf die Schnittstellen gestrichener Saft verhindert das Braunwerden von Obst oder Gemüse. Zitronen reifen nicht nach, ihre Reife erkennt man an der glänzenden Schale. Diese kann man wunderbar zum Würzen von süßen und herzhaften Gerichten nutzen.

Tipp: Eine Besonderheit im Reigen der Zitronen ist die Sorte Cedro, auch Zitronat-Zitrone genannt. Sie ist zwar sehr selten zu bekommen, aber wegen ihrer dicken Schale, wie der Name schon verrät, besonders zur Herstellung von Zitronat (Rezept siehe Seite 153), aber auch von Likör und Konfitüre geeignet. Der Fruchtfleisch- und damit der Saftanteil ist nur sehr gering.

Wenn Sie Zitronenschale verwenden, nutzen Sie ausschließlich Bioware. Die Schalenbehandlungsmittel auf den konventionell angebauten Früchten können selbst durch intensives Waschen kaum entfernt werden. Auch Biozitronen sicherheitshalber immer heiß abwaschen.

EXOTEN

ANANAS

Die Ananas ist ein Bromeliengewächs und stammt ursprünglich aus den Tropenzonen Südamerikas. Heute wird sie unter anderem an der Elfenbeinküste, in Kenia und Südafrika angebaut und von dort importiert. Es gibt an die hundert verschiedene Sorten, für den Anbau sind nur wenige von Bedeutung. Äußerlich hat die Ananas Ähnlichkeit mit einem großen Pinienzapfen, daher ihr englischer Name Pineapple. Das saftige gelbe Fruchtfleisch hat einen charakteristischen süß-säuerlichen Geschmack und ist reich an Vitaminen, Mineralstoffen Kalium und Magnesium sowie Enzymen. Die Baby-Ananas besitzt ein noch intensiveres Aroma. Die vollreife Frucht erkennen Sie daran, dass sie keine grünen Stellen hat und ein süßliches Aroma am Stielansatz verströmt. Kandierte Ananasstückchen sind als Dekoration von Torten und Desserts beliebt.

Tipps: Ananas nicht mit Milchprodukten zusammen verarbeiten. Das fruchteigene Enzym Bromelin bewirkt, dass die Früchte in Verbindung mit Milcheiweiß bitter werden und Gelatine nicht fest wird. Beachten Sie beim Kauf, dass beim Schälen der Ananas bis zu 50 Prozent Abfall anfallen kann.

MANGOS

Der Mangobaum ist in den Monsungebieten Burmas und Malaysias zu Hause und wurde in Indien bereits vor 4000 Jahren kultiviert. Dort ist das Obst die Nationalfrucht, ihr Baum ein Symbol für Kraft und Stärke. Heute gedeiht es in allen warmen, feuchten Tropenregionen. Die über 1 500 Sorten weisen eine enorme Formenvielfalt auf. Das goldgelbe Fruchtfleisch unter der dünnen, ledrigen, rotgrünen Schale ist aromatisch süß und sehr saftig. Mangos gehören zu den Vitamin-A-reichsten Früchten und enthalten zudem reichlich Vitamin B, E und C. Mangos wurden bei uns zunächst bekannt als namenstragende Zutat zum berühmten indischen Mangochutney.

Tipps: Nur unreife Früchte schmecken bisweilen unangenehm nach Terpentin. Sie sind reif, sobald das Fruchtfleisch auf Fingerdruck nachgibt und einen süßen Duft verströmt. Zum Konservieren nur reife Mangos verwenden, erst dann kommt ihr Aroma richtig zur Geltung.

FRUCHTGEMÜSE

PAPRIKA UND CHILI

Paprika und Chili gehören beide zur Familie der Nachtschattengewächse. Man unterscheidet verschiedene Typen: den sehr milden Gemüsepaprika und den scharfen Gewürzpaprika, auch bekannt als Peperoni oder spanischer Pfeffer; außerdem kennt man den beißend scharfen Tabascopaprika und den sehr süßlichen Tomatenpaprika. Das enthaltene Capsaicin ist für die Schärfe verantwortlich, die in Scoville-Einheiten gemessen wird: 100 Einheiten sind kaum spürbar, die Obergrenze liegt weit über 500 000. Das Gemüse wird hauptsächlich aus den Niederlanden und Spanien importiert und kommt in diversen Farben auf den Tisch: Nur der grüne Erntepaprika ist unreif, die gelben, orangefarbenen, roten, violetten, braunen oder sogar schwarzen werden reif geerntet. Paprika ist sehr gesund und knausert nicht mit Vitamin C, Betakarotin und B-Vitaminen. Im Vergleich zur grünen enthalten die reifen Sorten reichlich Flavonoide, die die Wirkung des Vitamin C um das 20-Fache steigern.

Tipps: Die Haut ist etwas schwer verdaulich und lässt sich nach dem Rösten der Gemüsefrucht im heißen Backofen leicht abziehen.

Bei Paprika, besonders aber bei Chilis, immer die Kerne und die weißen Innenhäute gründlich entfernen. In ihnen sitzt die meiste Schärfe, die schnell zu viel werden kann.

RHABARBER

Das frostsichere Knöterichgewächs stammt aus dem Himalaya Zentralasiens. Wir essen und bereiten den Rhabarber zu wie Obst. Er zählt aber wie Stangensellerie zum Blattstielgemüse. Gegessen werden nicht die Früchte, sondern die Stiele. Und die sind reich an Mineralstoffen und Fruchtsäure, enthalten viel Oxalsäure, die dem Organismus Kalzium entzieht. Deshalb sollte man Rhabarber möglichst zusammen mit Milchprodukten essen, weil sich die Oxalsäure mit dem Kalzium der Milch verbindet und nicht nach dem Kalzium in unserem Körper greift. Die Oxalsäure, deren Konzentration ab Mitte Juni über das allgemein verträgliche Maß hinaus ansteigt, kann im Übrigen zur Bildung von Nieren- und Gallensteinen führen, also Vorsicht! Rhabarberblätter sollte man gar nicht essen. Ab März/April bis Ende Juni werden im Freiland drei verschiedene Sorten geerntet:

/ grüner Stil, grünes Fleisch, herb und sehr sauer
/ roter Stil, grünes Fleisch, leicht herb, säuerlich
/ roter Stil, rotes Fleisch, milder Geschmack

Die grünfleischigen Sorten bringen mehr Ertrag und sind deshalb preisgünstiger als die roten.

Tipp: Der grüne Rhabarber ist mit seiner ausgeprägten Säure am besten zur Konfitürenzubereitung geeignet, weil die Säure den Gelierprozess unterstützt.

TOMATEN

Das Nummer-eins-Gemüse der Deutschen. Viel von dem, was aus dem Glashaus kommt, wurde in früheren Jahren zu Recht als geschmacklose Wassersäcke tituliert. Doch auch wenn sich das Treibhausangebot in qualitativer Hinsicht inzwischen verbessert hat, kann es mit sonnengereiften Exemplaren nicht mithalten. Viele Sorten, wie zum Beispiel Russische Reisetomate oder Tigerella, die lange Zeit vergessen waren, sind dank privater Initiativen inzwischen wieder aufgetaucht, und man kann sich die Samen bei Spezialanbietern in großer Auswahl beschaffen. Die unzähligen Größen und Formen weichen ebenso stark voneinander ab wie die Farben: Neben platten, wulstigen, ovalen und kugeligen Sorten einerseits hat man die Wahl zwischen roten, weißen, grünen, braunen, schwarzen, gelben, orangefarbenen und gestreiften andererseits.
Strauch- oder Rispentomaten sind übrigens keine eigene Sorte, sondern eine Ernte- beziehungsweise Angebotsform beliebiger Sorten. Geschmacklich gibt es große Unterschiede, weil Zucker- und Säuregehalt, das Zucker-Säure-Verhältnis sowie Aromastoffe zum Teil stark voneinander abweichen. Dank ihrer reichlich vorhandenen Karotinoide, wie Lykopin (das vor allem in Ketchup und Tomatenmark konzentriert vorkommt), sollen Tomaten das Risiko für bestimmte Krebsarten oder Herz-Kreislauf-Erkrankungen senken und antioxidativ wirken.

Tipps: Für Ketchup, Tomatenmark und andere Zubereitungen mit pürierten Tomaten können die Früchte nicht reif genug sein. Den knackfesten Früchten fehlt es meist an Aroma, sie sind weniger gut geeignet. Schon sehr reife, weiche Tomaten werden im Handel oft günstig als sogenannte „Suppentomaten" angeboten, hier lohnt es sich zuzugreifen. Entfernen Sie immer die Stielansätze, in ihnen befindet sich das giftige Solanin, das sich auch im Fleisch der unreifen Tomaten findet und zu Kopfschmerzen und Übelkeit führt.

KÜRBISGEMÜSE

GURKEN

Die Gattung weist 52 Arten auf, deren feine Unterschiede sich vor allem den Botanikern erschließen. Am einfachsten teilt man die Gurkensippe, die zu den Kürbisgewächsen gehört, entweder nach ihrer Anbauweise auf: Treibgurken aus dem Glashaus und Freilandgurken. Oder man orientiert sich an der Verwendungsweise: Die im Freilandanbau wachsenden Einlegegurken bieten sich für Delikatess-, Gewürz-, Dill-, Essig- oder Salzgurken an; Cornichons sind besonders kleine Exemplare, und Schmorgurken enthalten weniger Wasser, zerfallen also nicht so leicht beim Kochen. Schälgurken, sowohl aus dem Gewächshaus als auch vom Freiland kommend, machen sich als Senfgurken gut. Schließlich gibt es noch die Salat- und Minigurken, die unter Glas gedeihen. Gurken gelten als das Gemüse mit dem geringsten Nährstoffanteil, sind sehr kalorienarm, wirken harntreibend und harnstofflösend. Unbehandelte Gurken mit der Schale essen, sie enthält die meisten Aromastoffe. Freilandexemplare sind von Juli bis September verfügbar.

Tipp: Auf eine glatte, makellose Schale achten. Die Gurken faulen sonst schnell.

KÜRBIS

Alle Arten dieser Beerenfrucht stammen aus Mittel- oder Südamerika. Sie gehören zu den größten Früchten überhaupt, einzelne Exemplare des Riesenkürbisses können 500 Kilogramm schwer werden. Familienmitglieder sind Zucchini, Patisson, Rondini, Ölkürbis und Zierkürbis. Für die Küche eignen sich am besten Hokkaido-, Winter-, Riesen- und Moschuskürbisse, die erst von August/September bis in den November hinein geerntet werden können. Im Gegensatz zu den frühen Sorten, die nicht sehr lange haltbar sind, können die späten einige Monate gelagert werden. Kürbisfleisch kann man gut einfrieren oder süß-sauer einlegen. Die gerösteten Kerne sind eine beliebte Knabberei: Einfach die vom Fruchtfleisch befreiten Kerne auf einem Backblech im Ofen bei 200 °C 20 bis 30 Minuten rösten, mehrmals wenden und nach Geschmack salzen oder andere Gewürze wie Chili oder Wasabi ausprobieren. Aus den Kernen des Ölkürbisses gewinnt man Speiseöl.

Tipp: Den orangefarbenen Hokkaidokürbis, der mittlerweile im Handel weit verbreitet ist, kann man sogar mit Schale verarbeiten, da sie durch Kochen weich wird, wie auch beim Patisson, solange er klein ist und noch eine weiche Schale hat. Alle anderen Sorten besitzen eine harte, ungenießbare Schale.

ZUCCHINI

Der Begriff Zucchini kommt aus dem Italienischen und bedeutet kleine Kürbisse, Kürbisgewächse. Das meist dunkelgrüne oder hellgelbe Gemüse lässt sich leicht im eigenen Garten kultivieren, und wer nicht aufpasst, hat es nachher mit reichlichen Erntemengen zu tun, vorausgesetzt, die Pflanzen bekommen genug Sonne und Wärme mit. In den heißen Mittelmeerländern gedeihen sie aber am besten, und von dort kommen auch die großen Importmengen. Deshalb sind sie bei uns ganzjährig verfügbar, aber die Erntezeit in unseren Breitengraden liegt in der Zeit von Juni bis Oktober. Die jungen, zarten Exemplare sind besonders gut, und man muss sie während des Wachstums gut wässern, sonst können sie leicht bitter werden. Ihr Geschmack ist eher neutral, deshalb sind sie vielseitig kombinierbar und vertragen eine ordentliche Portion Würze. Kalorien sind kein Thema, ihr Gehalt an den Vitaminen B, K und C wie an den Mineralstoffen Kalium, Magnesium und Eisen können sich schon eher sehen lassen. Nicht nur in der Feinschmeckerküche sind die Blüten beliebt, weil man sie gut füllen und dekorativ anrichten kann. Erhalten können Sie diese zur Blütezeit bei gut sortierten Anbietern.

Tipp: Durch ihren unaufdringlichen Geschmack sind Zucchini für fast alle Zubereitungsformen geeignet, selbst für süße wie Kuchen bieten sie sich an.

WURZELGEMÜSE

MÖHREN

Ein gesunder Knabberspaß für alle Generationen – und nicht nur etwas für Hasen und Kaninchen. Die regionalen Bezeichnungen sind sehr unterschiedlich: Ob gelbe Rübe, Karotte, Mohrrübe oder Wurzel – alle Begriffe meinen Möhren. Ab Ende Mai werden sie als Freilandware angeboten, sind aber im Handel das ganze Jahr über verfügbar, ein Drittel des Verbrauchs wird importiert. Neben den vertrauten gelb-roten Sorten setzen sich jetzt weiße, dunkelrote und schwarz-violette Spezialitäten durch. Meist sind das alte Sorten, die heute wiederentdeckt werden. Die geschmacklichen Eigenschaften lassen sich nicht farbbezogen verallgemeinern, sie sind von Sorte zu Sorte unterschiedlich. Von frisch geernteten Bundmöhren, die relativ viel Zucker enthalten und daher auch Zuckermöhren genannt werden, sollte man immer das Grün abschneiden, weil es der Wurzel viel Feuchtigkeit entzieht und sie dann schnell schlappmacht. Die spät geernteten Waschmöhren sind etwas herber und werden ohne Grün angeboten. Möhren sind in der Küche äußerst vielseitig verwendbar.

Tipps: Möhren enthalten das fettlösliche Betakarotin, das mithilfe von Fett in Vitamin A umgewandelt wird. Deshalb sollten sie immer mit etwas Fett gegart werden, in Möhrensaft gibt man einige wenige Tropfen Öl. Das feste Gemüse eignet sich besonders für das Einlegen in Essig und die Milchsäuregärung.

ROTE BETE

Die Rote Bete gehört zu den verkannten Genüssen, was vielleicht daran liegt, dass sich niemand die Hände bei der Zubereitung tief rot einfärben möchte. Dabei hat sie ein wundervoll erdiges Aroma, das nicht nur zu deftigen Zubereitungen, sondern auch zu feinen Fischgerichten passt. Ein weitverbreiteter Irrtum besagt zudem, dass sie ein typisches Herbstgemüse ist, denn man bekommt sie fast das ganze Jahr über. Sie ist mit der Zuckerrübe und dem Mangold verwandt und stammt ursprünglich aus Nordafrika. Bete ist reich an Aminosäuren, Vitaminen, Mineralien und Spurenelementen. Rote Bete speichert viel Nitrat, Knollen aus dem Treibhaus mehr als Freilandgemüse. Mit der langsam wiederentdeckten Gelben Bete bietet sie sich für reizvolle Farbspiele auf dem Teller an. Rote Bete lässt sich gut bei Temperaturen von 0 bis 3 °C lagern.

Tipps: Zum Konservieren kombiniert man Rote Bete am besten mit Essig, denn mit Säure harmoniert sie besonders gut.

Durch Kochen in Wasser wird Rote Bete schnell ausgelaugt und verliert einen Teil ihres Geschmacks. Viel mehr von ihrem köstlichen, süßen Aroma bleibt durch das Backen im Ofen erhalten, was allerdings einige Zeit beansprucht.

KOHLGEMÜSE

ROTKOHL

Die Lust auf frischen Rotkohl – regional auch Rotkraut, Blaukraut, Roter Kappes genannt – hat in den vergangenen Jahren deutlich nachgelassen, obwohl er der vornehmere Bruder des Weißkohls ist. Nach wie vor beliebt ist Rotkohl aus dem Glas beziehungsweise aus der Tiefkühltruhe als Beilage zu winterlichen Gerichten. Dabei ist der Rotkohl kein Wintergemüse, sondern wird ganzjährig angebaut, man kann ihn auch für einen Rohkostsalat verwenden. Von Juni bis Juli gibt es die Frühsorten, danach kommen die Sommer- und Herbstsorten. Besonders viele Vitamine oder Mineralstoffe enthält der Rotkohl allerdings nicht. Bei schonendem und kurzem Erhitzen verwandelt sich das enthaltene Ascorbin in Vitamin C. Die optimale Lagertemperatur liegt wie bei Weißkohl bei 0 °C.

Tipps: Damit die Farbe beim Kochen nicht verblasst, gibt man etwas Essig hinzu. Rotkohl kann genauso wie Weißkohl eingemacht werden, die Milchsäuregärung ist für diese Kohlart eine gute Konservierungsmethode, die leckere Ergebnisse bringt.

WEISSKOHL

Nicht zufällig nennen uns die Briten Krauts. Vor allem der Weißkohl, regional auch Kappes, Kabis, Weißkraut oder Kraut genannt, hat es den Deutschen angetan. Er ist ganzjährig im Angebot. Das Hauptanbaugebiet liegt im norddeutschen Dithmarschen. Aus den weiß-grünen und oft mehrere Kilo schweren Köpfen entsteht überwiegend Sauerkraut, wozu sich die sehr festen Herbstsorten am besten eignen. Die frühen Sorten, zum Beispiel der Spitzkohl – in Süddeutschland Filderkraut – ist die elegantere Variante mit mehr Zartheit, feinerem Geschmack und besserer Verdaulichkeit. Weißkohl spendet viele Vitamine wie C, E, K und Folsäure, Mineral- und Ballaststoffe. Beim Kochen nimmt der ohnehin stattliche Vitamin-C-Gehalt noch zu. Weißkohl am besten bei 0 °C lagern.

Tipps: Die blähende Wirkung von Weißkohl lässt sich weitgehend unterbinden, indem man ihn in Salzwasser kurz abkocht und anschließend in frischem Wasser weitergart.

Sauerkraut ist die bekannteste Art, Weißkohl einzumachen. Das geht übrigens ohne speziellen Topf in normalen Einmachgläsern (siehe Seite 160).

HÜLSENFRÜCHTE

BOHNEN

Das Wichtigste vorab: Die Freude an Bohnen währt nur kurz, wenn man sie roh isst. Das enthaltene Phasin kann zu Erstickung führen und wird erst beim Kochen abgebaut. Dafür warten Bohnen mit dem höchsten Proteingehalt aller Gemüsesorten auf, ergänzt durch Kohlenhydrate, Vitamine sowie Mineralstoffe, und spendieren eine ordentliche Portion Ballaststoffe. Ihre sekundären Pflanzenstoffe wie Flavonoide sollen das Krebsrisiko senken, antioxidativ wirken und den Knochenstoffwechsel schützen. Grundsätzlich unterscheidet man zwischen Buschbohnen und Stangenbohnen, die sich in Untersorten in dreistelliger Höhe aufteilen. Das macht den Überblick nicht gerade leichter: Beide Gruppen haben Sorten mit grünen, gelben und blauen Hülsen, einige davon bereitet man wie geerntet zu, also mit Hülse, bei anderen werden die Kerne aus der Hülse herausgeholt. Aber lecker sind sie alle. Wer Bohnen anbaut, kann viel Geld sparen, weil manche Sorten wegen des hohen Ernteaufwands relativ teuer oder gar nicht mehr angeboten werden. Aus dem heimischen Freilandanbau kommen sie von Anfang Juni bis Ende Oktober, danach sind sie als Importware aus südlichen Ländern und Afrika verfügbar. Bewahren Sie Bohnen bis zur Verarbeitung bei 7 bis 8 °C auf.

Tipp: Der Eiweißreichtum von Bohnen macht sie beim Einmachen leider zu sehr empfindlichen Pflänzchen, weil selbst beim Sterilisierungsvorgang hitzeresistente Sporen nicht abgetötet werden, deshalb ist auf penible Sauberkeit zu achten, mehrfaches Einkochen verringert das Risiko eines Verderbniseinsatzes.

ZWIEBELGEMÜSE

KNOBLAUCH

Dem Aberglauben nach kann man mit dem kompakten Zwiebelgewächs Dämonen, böse Geister oder Vampire vertreiben. Das hängt mit seinem atemberaubendem Aroma zusammen, das von dem hohen Gehalt an schwefelhaltigen ätherischen Ölen herrührt, und den duftenden Auswirkungen auf den menschlichen Körper. Während wir den Knoblauch meist sparsam dosiert als geschmacksgebende Zutat verwenden, wird er in manchen Ländern als Gemüse gegessen. Ob regelmäßiger Knoblauchgenuss allerdings steinalt werden lässt oder eine aphrodisierende Wirkung hat, sollte jeder für sich selbst herausfinden. Wenn man die Zehen zerdrückt oder durchpresst, entsteht das wertvolle Allicin, das eine stark antimikrobielle Wirkung haben soll, die Hefen, Bakterien und Pilze abtötet. Der meiste Knoblauch kommt aus China und ist rund ums Jahr verfügbar, eigene Freilandknollen gibt es bei uns im Spätsommer. Gelagert in luftiger, trockener und kühler Umgebung fühlt er sich am wohlsten.

Tipps: Den grünen Keim immer vor der Weiterverarbeitung aus dem Knoblauch entfernen, das macht ihn milder. Legt man Knoblauch in Öl ein, nimmt dieses den Geschmack an und eignet sich noch wunderbar zum Würzen von zum Beispiel Salaten, wenn er selbst schon aufgegessen ist.

ZWIEBELN

Man hat die Wahl zwischen mehreren Sorten: Der Handel bietet überwiegend Küchenzwiebeln an, weiße Exemplare sind hauptsächlich in Italien beliebt, die roten und etwas milderen bringen reizvolle Farbspiele auf den Teller, die dicken Gemüse- oder Metzgerzwiebeln sind besonders mild. Perlzwiebeln

sind noch etwas kleiner als Silberzwiebeln (auch Essigzwiebeln genannt) und ebenfalls mild. Die deutlich teureren und im Geschmack sehr viel feineren Schalotten bilden innerhalb der Zwiebelfamilie eine eigene Gruppe. Zwiebeln selbst sind zwar für sehr viele Zubereitungen in der herzhaften Küche unverzichtbar, kommen aber bei uns so gut wie nie als Hauptgemüse auf den Tisch. Sie wurden zum ersten Mal vor etwa 3000 Jahren in Ägypten schriftlich erwähnt. Der regelmäßige Genuss von rohen Zwiebeln könnte vielleicht manchen Arztbesuch ersparen: Sie enthalten neben Vitaminen und Mineralstoffen, besonders in getrockneter Form, eine Reihe von sekundären Pflanzenstoffen wie den Farbstoff Querzetin, der besonders in den äußeren Schichten wie in der Spitze zu finden ist. Er soll das Herz-Kreislauf-System stärken und das Thromboserisiko senken. Ein Saft aus der Zwiebel soll bei infektiösen und allergischen Atemleiden helfen. Zwiebeln sind luftig, kühl und trocken aufzubewahren.

Tipp: Zum Einlegen sind die kleinen Perl- und Silberzwiebeln sowie Schalotten am besten geeignet, da sie einerseits nicht so viel beißende Schärfe mitbringen und andererseits so klein sind, dass sie im Ganzen verwendet werden können.

SPEISEPILZE

Pilze fallen nicht in die Kategorien Gemüse oder Obst, sondern zählen zu den Pflanzen – aber auch das gilt noch nicht als sicher, vielleicht sind sie sogar enger mit den Tieren verwandt. Von den zahllosen essbaren Arten kommt bei uns vielleicht ein Dutzend in den Handel: Champignons, Shiitake, Austernpilze, Piopini, Kräutersaitling, Grifola, Pom Pom und Portobello stammen aus Kulturen, die nicht züchtbaren wild wachsenden Eierschwämme oder Pfifferlinge, Steinpilze und Morcheln muss man sich schon in der Natur suchen oder man findet sie zur Saison im Handel. Auf Märkten wird man häufig fündig. Kluge Pilzsucher, die sich in kritischer Selbsteinschätzung nicht für einen unfehlbaren Experten halten, lassen ihre gesammelten Kostbarkeiten von einem Fachmann auf Genießbarkeit prüfen.

Tipps: Man sollte Pilze nie mit Wasser reinigen, weil sie sonst vor der Zubereitung bereits einen Teil ihres Aromas verlieren. Nur die relativ festen Champignons nehmen das nicht allzu übel. Mit einem trockenen Tuch, einem Pinsel oder einer extraweichen Pilzbürste bekommt man sie ebenso sauber.

Abgedeckt mit einem feuchten Tuch, halten frische Exemplare im Kühlschrank mehrere Tage durch. Pilze immer rasch weiterverarbeiten. Durch ihren hohen Wassergehalt bieten sie einen sehr guten Nährboden für Mikroorganismen.

KRÄUTER UND BLATTPFLANZEN

BASILIKUM

Basilikum ist eins der beliebtesten Küchenkräuter. Es steht fast symbolisch für die italienische Küche, stammt aber aus Indien. In kühlen, nassen Sommern gedeiht Basilikum am besten im Topf auf der Fensterbank, und man hat jederzeit ein paar Blätter mit dem hocharomatischen, aber sich schnell verflüchtigenden Aroma zur Hand. In mehreren klassischen Zubereitungen der italienischen Küche spielt es eine tragende Rolle, darunter grünes Pesto (siehe Seite 200) und Caprese.

Tipps: Wenn man warme Gerichte mit Basilikum würzen möchte, sollte man es immer erst ganz zum Schluss zufügen, weil es sehr schnell verkocht. In getrocknetem Zustand schmeckt das Kraut nicht typisch und ist kein Ersatz für frisches. Basilikum ist als Würzzutat für Obstzubereitungen geeignet. Es peppt zum Beispiel Erdbeerkonfitüre mit einer reizvollen Note auf (siehe Seite 79).

BÄRLAUCH

Zeitweilig war er Modekraut, das auf keiner Speisenkarte fehlte. Er wächst wild und ist gut zu finden in den Laubwäldern Europas. Im Garten gedeiht er prächtig, wenn der Boden feucht ist und Bäume nah sind. Die Blätter mit ihrem feinen Knoblaucharoma würzen Suppen, Salate, Soßen und Kräuterquark. Eine Delikatesse ist Bärlauchpesto oder -paste (siehe Seite 201). Die Blätter werden von Mai bis Juni geerntet.

Tipps: Bärlauch unbedingt vor der Blüte ernten, dann hat er das beste Aroma. Beim Sammeln genau hinschauen, denn die Blätter sehen den giftigen Blättern des Maiglöckchens und der Herbstzeitlosen recht ähnlich. Der starke Geruch nach Knoblauch ist aber ein untrügliches Zeichen dafür, dass es sich tatsächlich um Bärlauch handelt. Waschen Sie selbst gesammelten Bärlauch vor der Weiterverwendung gründlich!

BORRETSCH

Borretsch galt in früheren Zeiten als Stimmungsaufheller, was aber nach heutiger wissenschaftlicher Kenntnis nur am inspirierenden Blau seiner Blüten liegen kann. Man nennt ihn auch Gurkenkraut, was auf sein Aroma hinweist. Seine Blätter werden frisch verarbeitet und würzen Suppen, Salate, Quark, Eierspeisen und kalte Soßen, so auch die Frankfurter Grüne Soße. Die Blüten sind essbar und auf dem Teller ein echter Hingucker. Borretsch ist gartentauglich, und er braucht einen nahrhaften, frischen, durchlässigen und ausreichend feuchten Boden in offener und sonniger Lage. Das einjährige Kraut wird bis zu 80 Zentimeter hoch und verbreitet sich relativ schnell. Köche wissen zu schätzen, dass die jungen Triebe und Blätter laufend geerntet werden können.

Tipps: Die oberen jungen Blätter und die, die in den Blattachseln sprießen, sind am aromareichsten. Borretschstängel erst ernten, wenn sie kräftig genug sind. Ansonsten verkümmert die Pflanze.

BRENNNESSEL

Brennnesseln werden meist als Unkraut betrachtet und neigen zum Wuchern an vielen Stellen in der Natur, wo der Mensch nicht eingreift. Brennnesselblätter schmecken feinsäuerlich, lassen sich wie Spinat verwenden und werden zu Säften verarbeitet. Sie haben einen hohen Mineralstoff- und insbesondere Kalziumgehalt.

Tipp: Die Zurückhaltung bei der Verwendung von Brennnessel ist wegen der befürchteten Hautreizun-

gen nur auf den ersten Blick berechtigt. Aber es gibt einen Trick: Wenn man die Blätter von unten nach oben überstreicht, sollte nicht viel passieren. Zur Sicherheit einfach Handschuhe anziehen. Die abgezupften Blätter werden ganz kurz in kochendes Wasser geworfen und anschließend in Eiswasser gegeben, so bleibt ihre kräftige grüne Farbe erhalten. Keine Angst vor Verbrennung beim Verzehr: Durch das Blanchieren verlieren die Brennhaare ihre Wirkung, genauso wie durch das Einlegen in Öl.

DILL

Die intensiv und charakteristisch duftenden filigran gefiederten Blätter und die Blüten geben Salaten, Suppen, Soßen, Marinaden und Fischgerichten eine reizvolle Note. Die Samen und Blütenstände sind ein Muss beim Einlegen von Gurken. Kurz vor der Blüte besitzt Dill die stärkste Würzkraft. Die alten Ägypter schätzten das einjährige Kraut als beruhigende Medizin und nutzten es, wie später auch die Griechen und Römer, ebenso zum Würzen. Dill gedeiht am besten auf nahrhaftem, humosem, leicht feuchtem Boden und in voller Sonne. Er bietet sich dem Koch während der ganzen Saison an. Dill gibt es in ungeahnter Vielfalt, so dokumentiert das Vavilov-Institut in St. Petersburg über 420 Formen aus ungefähr 33 Ländern.

Tipp: Dill kann in Öl eingelegt oder tiefgefroren konserviert werden, und zwar möglichst rasch, da er schnell welkt. Getrockneter Dill verliert das meiste Aroma.

MINZE

Die Nymphe Minthe aus der griechischen Mythologie ist Namenspatin der Minze. Zu den bekannten 600 Varietäten dieser Kräuterart kommen ständig weitere dazu. In Duft und Geschmack gibt es große Unterschiede, und man sollte sich bei der Auswahl von Minzen mehr von seinen Sinnen als vom Namen leiten lassen. Hierzulande ist die Minze vor allem in Form von Tee populär. Das Einatmen der ätherischen Öle der überaus stark mentholhaltigen Arten ist ein probates Mittel, um das leichtere Atmen bei Erkältungen zu befördern. Minzeblätter würzen mit ihrer frischen Note Süßspeisen, Bowlen und Cocktails. Beliebt (und von manchem gefürchtet) ist die englische Mint sauce mit Minze als Hauptzutat. In Großbritannien wird sie traditionell zu Lamm oder Hammel serviert. Zu kleinen, erfrischend duftenden Bouquets gebunden, verbreitet das Kraut ein angenehmes Klima, in Duftschalen und Kräuterkissen ist es ebenfalls beliebt.

Tipp: Minze ist als erfrischende Aromazutat in vielen Konfitüren ein geschmacklicher Gewinn. Sie wird erst zum Schluss untergerührt, denn durch das Kochen würde sie an Aroma verlieren.

RUCOLA

Mitte der 80er Jahre eroberte der Rucola unseren Markt. In den Mittelmeerländern war er bereits seit dem Altertum bekannt, in Deutschland unter dem Namen Rauke. Erst durch die aufkommende Beliebtheit der mediterranen Küche setzten sich die bitter-würzigen Blätter auch bei uns durch und gehören inzwischen zum Standardangebot jeder Salatbar. Dank ihres starken, geschmackprägenden Aromas lassen sie sich vielfältig verarbeiten und geben insbesondere Pestos und Kräutermischungen eine reizvolle Note. Er wird zwar wegen seines intensiven Geschmacks oft sparsam wie ein Kraut verwendet, ist aber eine Salatpflanze. Rucola ist reich an wohltuenden Senfölen, Karotin und Mineralstoffen.

Tipp: Wegen seiner hohen Nitratwerte sollte man nur die Blätter, nicht aber die Stiele verarbeiten. Tests der Stiftung Warentest haben immer wieder gezeigt, dass Rucola deutlich mit Nitrat belastet ist.

Das Kraut eignet sich wegen des hohen Wassergehalts nicht zum Einfrieren, es wird beim Auftauen matschig.

SAUERAMPFER

Die jungen Blätter des üppig blühenden Sauerampfers mit seinen rötlichen Rispen werden ausschließlich im Frühjahr geerntet, später sind sie unangenehm zäh. Sie haben eine feine Säure, die sich vor allem bei der Sorte Römischer Ampfer beziehungsweise Schildampfer durch Eleganz auszeichnet. Der Küchenklassiker schlechthin ist die Sauerampfersuppe, doch lässt sich das Kraut auch für Pestos, Kräuterbutter und Kräutermischungen verwenden. Es ist unverzichtbarer Bestandteil der Frankfurter Grünen Soße. Sauerampfer besitzt viel Vitamin C, Flavonoide, Karotin sowie harntreibende Bestandteile. Allerdings enthält er reichlich Oxalsäure, mit der manche Mägen und Nieren nicht gut zurechtkommen. Der Blutampfer sieht mit seinen tiefroten Blattadern zwar reizvoll aus, hat aber wenig Aroma. Das mehrjährige Kraut ist in ganz Europa verbreitet.

Tipp: Sauerampfer nicht an Straßenrändern, sondern besser von wenig betretenen Wiesen sammeln. Sonst besteht die Gefahr von Verunreinigungen oder Belastungen.

DUFTENDE BLÜTEN UND BLÄTTER

HOLUNDERBLÜTEN

Der Tee, gewonnen aus den Blüten der Holunderpflanze, wirkt stark schweißtreibend und schleimlösend. Der intensiv duftende Holunder blüht hauptsächlich im Mai bis Juni, und ab August/September reifen die Früchte, ein beliebtes Wildobst (siehe Seite 210). Holunder und Flieder sind sich ähnlich, und ihre Namen werden oft gleichbedeutend gebraucht, was immer wieder für Verwirrung sorgt. Richtig ist: Nur die Beeren und Blüten des Holunders sind genießbar. Auch die bekannte Fliederbeersuppe enthält nichts anderes als Holunder. Kulinarische Berühmtheit erlangten die Blütendolden als Holunderküchlein: Man zieht sie durch Backteig und serviert sie frittiert nach Gusto mit einer süßen Sauce. Aus seinen getrockneten weißen Doldenblüten wird Fliederbeertee zubereitet. Die Blüten werden im Juni geerntet.

Tipp: Für Holunderküchlein die Blütendolden möglichst nicht waschen, sondern nur gründlich ausschütteln, um darin sitzende Insekten zu entfernen. Der Blütenstaub, der zu dem feinen Geschmack beiträgt, würde durch das Waschen entfernt.

ROSENBLÄTTER

Das feine, elegante, duftige und unverwechselbare Aroma von Rosenblättern wurde zu allen Zeiten geschätzt und im kulinarischen wie im kosmetischen Bereich auf vielfältige Weise eingesetzt. Wer aus Rosenblättern etwas Essbares, zum Beispiel eine verzuckerte Dekoration für Torten und Pralinen herstellen möchte, sollte nur ungespritzte Blätter verwenden (siehe Seite 150). Denn die nicht für den Verzehr gedachte handelsübliche Floristenware ist übermäßig behandelt und ungenießbar. Wer Rosenblätter braucht, bedient sich entweder im (ungespritzten) eigenen Garten, bei einem Bio-Rosenanbieter oder bestellt unbelastete Blätter bei seinem Floristen.

Tipp: Rosenblätter können auch Gelees mit ihrem zarten Duft bereichern. Sie werden stets nach dem Kochen zugegeben, damit sie kein Aroma verlieren.

GEWÜRZE UND WÜRZPFLANZEN

GEWÜRZNELKEN

Die in der Küche verwendeten Gewürznelken sind die getrockneten Knospen des Gewürznelkenbaums. Er gedeiht in tropischen Seeklimazonen und stammt von den Molukken. Das charakteristische Nelkenaroma der hart gewordenen Blüten ist sehr intensiv und sollte daher nur sparsam eingesetzt werden. Gewürznelken würzen Saucen, Marinaden, Fischsud und Fleischgerichte ebenso wie Süßwaren, Backwaren und Obstzubereitungen. In vielen Einmachrezepten ist die Nelke ein Muss.

Tipp: Gute Nelken erkennt man unter anderem daran, dass sie sich wegen ihrer reichlich enthaltenen ätherischen Öle fettig anfassen und beim Drücken mit dem Fingernagel etwas Öl austritt.

INGWER

Der Ingwer ist eine Staude und gedeiht am besten in tropischen Klimazonen. Zum Würzen wird der Wurzelstock verwendet; er ist in frischer, getrockneter und gemahlener Form erhältlich. Das scharfe, intensiv-parfumartige Aroma der frischen Wurzel sollte behutsam dosiert werden, damit es nicht alle anderen Aromen überdeckt. Erst mit wachsender Popularität der asiatischen Küche in unseren Breitengraden wurde auch hier der Ingwer zu einer selbstverständlichen und vielseitig verwendbaren Zutat in zahllosen Gerichten. Traditionell kennt man ihn in Europa als geschmackgebendes Element vor allem in Süßspeisen, Konfekt, Pickles, Chutneys und alkoholischen Getränken.

Tipp: Ingwer erhält man frisch oder als Pulver, das deutlich weniger geschmacksintensiv ist und deshalb die frische, an ätherischen Ölen reiche Wurzel nur sehr unzureichend ersetzen kann.

KORIANDER

Die aus dem östlichen Mittelmeergebiet stammende Pflanze bietet gleich zwei Gewürznoten: Das aromaintensive grüne Kraut wird vor allem in der asiatischen Küche als Zutat für Hauptgerichte verwendet. Es erinnert an (die deutliche zurückhaltender schmeckende) Petersilie und ist nicht überall erhältlich. Finden können Sie frischen Koriander vor allem in Asia- und Türkenläden. Die in jedem Gewürzregal stehenden Samenkörner sind kein Ersatz für das Grün (und umgekehrt auch nicht), sie sind eine Zutat zu Lebkuchengebäck, Wurstgewürzmischungen, Essigmarinaden und Kohlgerichten.

Tipp: Geschmacklich haben Korianderkraut und Koriandersamen keinerlei Ähnlichkeit. Deshalb im Rezept immer genau beachten, ob das Kraut oder der Samen gemeint ist.

KREUZKÜMMEL

Kreuzkümmel findet man in den Gewürzregalen auch unter den Bezeichnungen Cumin oder Kumin. Nur optisch gleicht er dem Kümmel, die Aromen sind aber grundsätzlich verschieden. Kreuzkümmel wird in Vorderasien, im Mittelmeergebiet, in Indonesien, Japan, Mexiko, den USA sowie besonders in Indien und China angebaut und ist in diesen Regionen fester Bestandteil der Küche. Der stark aromatische, bittere bis strenge Geschmack ist für manche Menschen gewöhnungsbedürftig. In Curry- und Chilipulver ist er unverzichtbar, und manche Chutneys, Käsesorten, Pickles und Wurstsorten werden von seinem Geschmack beeinflusst.

Tipp: Wie Kümmel wirkt Kreuzkümmel wohltuend auf die Verdauung und wird daher gerne Kohlgerichten und anderen Gemüsesorten, die blähungsverursachend sind, beigegeben.

LORBEERBLÄTTER

In der griechischen Antike spielte der Lorbeer auf vielfältige Weise eine nachhaltige Rolle. So werden bis heute erfolgreiche Sportler mit Lorbeerkränzen geehrt. Wer Essigfrüchte einmacht und Pickles herstellt, wird immer ein Lorbeerblatt zufügen. Man würzt mit Lorbeer in der Hauptsache Fleisch- und Fischgerichte, Suppen und Saucen. Der bis zu 15 Meter hochstrebende Baum gedeiht auch in unseren Breitengraden, ist aber nicht ausreichend winterhart; deshalb sollte man kleine Bäumchen in Töpfe pflanzen, damit man sie in der kalten Jahreszeit ins Haus holen kann.

Tipp: Zum Würzen verwendet man am besten unbeschädigte Blätter. Man reißt sie unmittelbar vor der Verwendung etwas ein, damit erst dann die volle Intensität ihres charakteristischen Aromas freigesetzt wird.

MEERRETTICH

Solange man Meerrettich kennt, solange galt er als Heilmittel. Doch erst im 16. Jahrhundert begann man, die Wurzeln der mehrjährigen Pflanze zum Würzen von Saucen und später für andere kulinarische Zubereitungen, zum Beispiel zu gekochtem oder kurz gebratenem Rindfleisch, zu verwenden. Meerrettich enthält reichlich gesundheitsförderliche Senföle, die ihm aber auch die beißende Schärfe verleihen. Er liebt moorige und sandige Böden und gedeiht in vielen Ländern der Welt. Die Wurzeln sind ganzjährig verfügbar, und wer sie im eigenen Garten zieht, kann die frisch ausgetriebenen Blätter zum Würzen von Frühlingssalaten verwenden.

Tipp: Roh und pur treibt die Schärfe des Meerrettichs Tränen in die Augen, deshalb wird er gerne mit Sahne oder geriebenen Äpfeln abgemildert.

PFEFFER

Da wo der Pfeffer wachsen soll, muss es richtig heiß sein – wie etwa in den feuchtwarmen Monsunwäldern Asiens und den Tropen beidseitig des Äquators. Weißer Pfeffer sind die in reifem Zustand geernteten Beeren, die erst rot sind und nach einer besonderen Behandlung hellgrau werden. Schwarze Pfefferkörner sind bei der Ernte noch grün und unreif und werden im Verlauf einer Fermentation dunkel. Werden die grünen Körner nicht fermentiert, sondern getrocknet oder in eine Lake gelegt, behalten sie ihre Farbe. Der echte rote Pfeffer wird wie der grüne gewonnen. Rosa Pfeffer hingegen ist kein echter Pfeffer, er stammt aus einer anderen Pflanzenfamilie, wird in der Küche aber zum Teil wie echter Pfeffer verwendet.

Tipp: Schwarzer Pfeffer hat mehr Aroma als weißer, dieser wiederum weist mehr Schärfe auf. Am wenigsten Schärfe, aber viel Aroma hat der grüne Pfeffer zu bieten.

SENFKÖRNER

Der Handel bietet fast ausschließlich weiße Senfsaat an; ihre Farbe ist aber gelblich. Weißer Senf ist deutlich milder als die braunen und schwarzen Körner, die man zum Beispiel im Asialaden bekommt. Er ist vom Osten und Süden Europas aus bis nach China und Indien beheimatet. Heute liegen die Hauptanbaugebiete in Frankreich, den Niederlanden und vielen weiteren europäischen Ländern, darunter auch Deutschland. Man kann sich also im Garten seinen eigenen Senf ziehen. Die Körner selbst sind geruchlos und besitzen, wie trockenes Senfpulver, praktisch kein Aroma. Erst in Verbindung mit Wasser entsteht die charakteristische Schärfe. Senfkörner sind eine beliebte und bewährte Zutat wie in Gurkenkonserven, Pickles, Relishes und Chutneys.

Tipp: Schwarze Senfkörner sind schärfer als weiße und bringen einen leicht bitteren Geschmack mit.

STERNANIS

Der in der Küche im Ganzen oder in gemahlener Form verwendete Sternanis ist die Fruchtkapsel des Sternanisbaums. Er ist in Südchina beheimatet. Sein starkes Anisaroma ist unverkennbar. Privathaushalte verwenden ihn hauptsächlich zum Backen, in China kommt er traditionell an herzhafte Hauptgerichte, zum Beispiel Ente. Die Industrie braucht ihn zur Herstellung von Süßwaren, Getränken und Kosmetika. Beim Konservieren rundet er süß-saure Früchte, Relishes und Chutneys geschmacklich ab.

Tipp: In unserer Küche wird Sternanis gerne anstelle von Anis verwendet.

VANILLE

Vanille ist eins der beliebtesten Gewürze überhaupt, und sie wird nicht mehr nur in allen Arten der süßen Küche verwendet, sondern, einer Mode folgend, auch in vielen herzhaften Zubereitungen. In den

Vanille-„Schoten", wie die Fruchtkapseln oft fälschlich bezeichnet werden, befindet sich ein hocharomatisches Mark, das eine charakteristisch süßlich-würzige Note besitzt. Es benötigt ein kompliziertes Verfahren und Fermentierung, damit die eigentlich grüne Vanillekapsel ihr betörendes und intensives Aroma erhält. Die Vanille stammt aus Mittelamerika.

Tipps: Vanille kann entweder als ganze „Schote" beziehungsweise Kapsel gekauft werden, aus der man das Mark herauskratzt, oder als Vanillepulver. Bourbon-Vanillezucker enthält mit echter Vanille aromatisierten Zucker, Vanillinzucker ein künstliches Aroma. Zum Aromatisieren von Konserviertem sind beide nicht geeignet, da sie neben dem Aroma eventuell nicht erwünschten Zucker mitbringen.

ZIMT

Nicht nur ein Weihnachtsaroma: Zimt ist die fein gemahlene oder in kleinen Röllchen getrocknete Rinde bestimmter Bäume. Das aus Sri Lanka und dem südlichen Indien stammende Gewürz wird hauptsächlich für Süßspeisen und zum Backen verwendet, hat aber in der exotischen Küche auch in herzhaften Gerichten einen Stammplatz. Wenn Sie die Möglichkeit haben, sollten Sie Ceylon-Zimt verwenden, dieser ist zwar schwer zu bekommen, ist aber wegen seines sehr geringen Cumaringehalts völlig unbedenklich zu verwenden. Bei anderen Zimtsorten sollten sie Vorsicht walten lassen, nicht zu viel verwenden, da Cumarin in größeren Mengen gesundheitliche Probleme bereiten kann.

Tipp: Ob als fein gemahlenes Pulver oder als ganze Stange – in beiden Fällen würzt Zimt recht intensiv und Sie sollten ihn mit Bedacht verwenden.

SÜSS-SAURE ZUCCHINI UND PAPRIKA, SEITE 47

FEHLERERKENNUNG UND PANNENHILFE

Konfitüre kocht über Den Topf von der Platte nehmen und so lange rühren, bis die Masse etwas abgekühlt ist.

Konfitüre ist zu fest Konfitüre sollte nach dem Gelieren gut streichfähig sein und nicht in Scheiben geschnitten werden können. Ist dies aber der Fall, den Inhalt der Gläser entweder mit etwas kochendem Wasser verrühren oder noch einmal erhitzen und etwas Wasser zufügen.

Konfitüre ist zu dünn Der Gelierprozess kann einige Stunden, gelegentlich sogar bis zu zehn Tage dauern. Während dieser Zeit die Gläser möglichst nicht bewegen. Ist die Konfitüre dann immer noch nicht geliert, zunächst nur einen Teil der Konfitüre (2 bis 3 Gläser) nochmals einige Minuten kochen lassen, vom Herd nehmen und noch 10 Prozent der verwendeten Zuckermenge unterrühren, oder mit 1 bis 2 TL Apfelpektin nochmals aufkochen lassen. Bei Erfolg mit dem Rest ebenso verfahren.

Wasser bildet sich auf der Konfitüre Eventuell war die Kochzeit zu kurz. Das Wasser einfach vorsichtig aus den Gläsern abgießen, es hat keinen Einfluss auf Geschmack oder Haltbarkeit.

Gelee ist trüb Das ist nur ein optischer Makel, der weder Geschmack noch Qualität beeinflusst. Die Trübung entsteht durch zu starkes Auspressen der Früchte.

Konfitüre schimmelt Wurde die Konfitüre mit Gelierzucker 1:1 gekocht, kann der Schimmel großzügig entfernt werden. Dann sollte sie rasch verbraucht werden. Bei Gelierzucker 2:1 und 3:1 oder einer noch geringeren Zuckermenge im Verhältnis zur Obstmenge muss sie dagegen weggeworfen werden.

Der Deckel des Einmachgutes wölbt sich Eventuell wurden Temperatur und/oder Kochzeit nicht eingehalten, dann wurden nicht alle Bakterien abgetötet. Dadurch bilden sich Fäulnisgase, die den Deckelhochdrücken haben. Das Einmachgut muss weggeworfen werden.

Gläser lassen sich sehr leicht öffnen Hier hat sich kein ausreichendes Vakuum gebildet, weil die Gläser, Ringe oder Deckel eventuell beschädigt waren oder die Einkochdauer oder -temperatur nicht stimmten. Bei eben erst hergestelltem Eingemachten den Inhalt sofort verbrauchen und angebrochene Gläser im Kühlschrank aufbewahren. Oder das Einmachgut nochmals mit der gleichen Dauer und Temperatur einkochen, gegebenenfalls in unbeschädigte Gläser füllen. Wenn der Fehler erst nach längerer Zeit festgestellt wird, das Einmachgut wegwerfen.

Gebrauchte und gut gespülte Gläser riechen noch immer nach ihrem ursprünglichen Inhalt
Mit warmem Wasser und etwas Backpulver, Natron oder Gebissreiniger einen Tag stehen lassen, anschließend auswaschen. Oder einige Gewürznelken eine Zeitlang darin trocken aufbewahren.

Ein Schimmelteppich hat sich auf den Früchten oder dem Saft des Einmachguts gebildet
Vermutlich hafteten dem Einmachgut schon vorher solche Schimmelpilze oder Sporen an, die erst bei 100 °C abgetötet werden. Dafür reicht die Einkochtemperatur nicht aus. Die Gifte des Schimmelpilzes sind unsichtbar im ganzen Glas verteilt, und der Inhalt muss weggworfen werden.

Einfüllglas springt Sobald Heißes in ein Glas gefüllt wird, können zu starke Spannungen entstehen, wenn der Temperaturunterschied zwischen

Glas und Inhalt zu groß ist. Daher die Gläser vorher mit heißem Wasser anwärmen. Die gefüllten und verschlossenen Gläser können auch brechen, wenn man sie sehr heftig bewegt.

Beim Konfitürekochen steigen die Früchte nach oben Größere Fruchtstücke können nach oben steigen, weil sie geringer verdichtet und daher leichter sind als die gelierende Flüssigkeit. Man lässt die Konfitüre erkalten, zieht die Früchte behutsam unter und füllt alles in Gläser. Den Inhalt mit Wachspapier, das in hochprozentigen Alkohol getaucht wurde, abdecken und bald verbrauchen. Es kann auch sein, dass zu wenig Zucker verwendet wurde und die Zuckerlösung zu dünn war. Dann noch einmal mit mehr Zucker sprudelnd kochen, bis der Geliereffekt eintritt.

Bildung einer grauen Haut bei der Milchsäuregärung Diese sogenannte Kahmhefe muss regelmäßig, am besten mit einer Schaumkelle, entfernt werden. Anschließend immer die Innenseite des Topfs mit einem in heißes Wasser getauchten Tuch gut abwischen.

Im Rumtopf beginnt es zu gären Im Anfangsstadium, wenn kleine Bläschen aufsteigen, können 100 ml reiner Weingeist auf 3 Liter Rumtopfinhalt – den Prozess stoppen. Im fortgeschrittenen Stadium, wenn sich bereits Schaum bildet, kann man sich nur noch behelfen: Den Inhalt aufkochen und bald verbrauchen. Der Gärgeschmack lässt sich dadurch allerdings nicht mehr beseitigen.

Gefrierbrand bei eingefrorenen Lebensmitteln Auf der Oberfläche von eingefrorenem Gut zeigen sich manchmal an einigen Stellen weiße oder bräunlich-rote Verfärbungen. Gründe sind ungeeignete, beschädigte oder nicht eng genug anliegende Verpackungen. Das Lebensmittel ist noch genießbar, jedoch sind Konsistenz und Geschmack beeinträchtigt.

Das konservierte Lebensmittel gärt Entweder war der Zuckerzusatz zu gering, die Salz- oder Essiglösung zu schwach, die Lagertemperatur zu hoch, die verwendeten Geräte nicht sauber oder die Kochzeit zu kurz. Die betroffenen Inhalte unbedingt wegwerfen.

ZUCKERTABELLE ZUM EINMACHEN

Kernobst	Zuckermenge / kg
Äpfel, Birnen	50–150 g
Quitten	50–250 g
Steinobst	
Aprikosen, Süßkirschen, Zwetschgen	50–150 g
Sauerkirschen	50–300 g
Beeren	
Brombeeren, Himbeeren, Stachelbeeren	50–250 g
Erdbeeren, Himbeeren	20–150 g
Heidelbeeren	50–250 g
Holunderbeeren, Johannisbeeren, rot oder schwarz	100–300 g
Preiselbeeren	50–300 g

PEKTINGEHALT VON OBST

besonders pektinarm	Himbeeren, Brombeeren, Mirabellen, Pfirsiche, Renekloden
pektinarm	Kirschen, Erdbeeren, Weintrauben, Rhabarber
pektinreich	Äpfel, Quitten, Johannisbeeren, Stachelbeeren

SAISONKALENDER

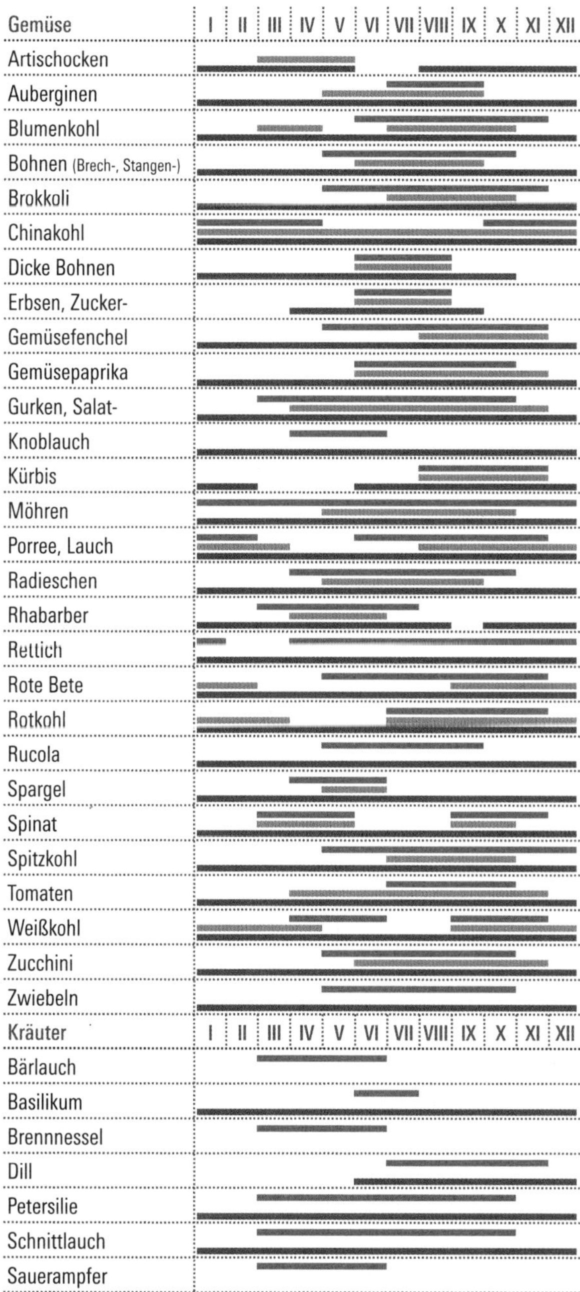

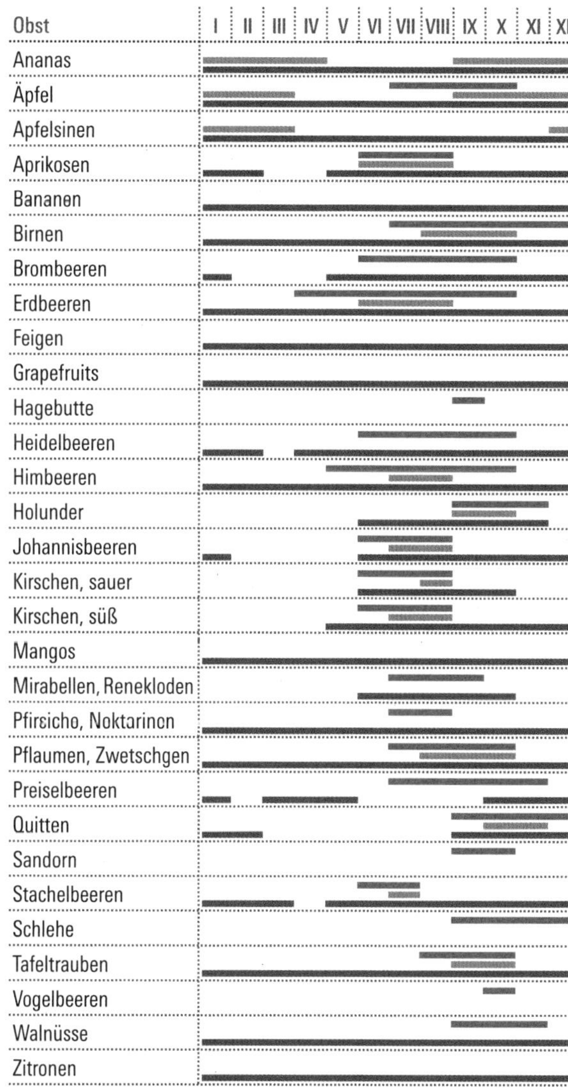

Monate mit heimischem Freilandanbau bzw. Sammelzeit

Monate mit großem Angebot zu günstigen Preisen

Monate mit Angebot aus Import und Unterglasanbau

WELCHE EINMACHART EIGNET SICH FÜR WELCHES OBST UND GEMÜSE

Lebensmittel	Einkochen	Gelee/Konfitüre/ Marmelade/Chutney	Saft	Einlegen	Tiefgefrieren	Milchsäuregärung	Trocknen	Anmerkung
Äpfel	■■■	■■■	■■■	■■■	■■■		■■■	
Aprikosen	■■■	■■■	■■■	■■■	■■■		■■■	
Basilikum				■■	■■		■■	
Birnen	■■■	■■■	■■■	■■			■■■	
Blumenkohl	■■			■■	■■	■■	■■	
Brokkoli	■■			■■	■■	■■	■	
Brombeeren	■■	■■■	■	■■	■■■		■■ (Blätter und Früchte)	Empfindliches Obst, nicht waschen
Erbsen	■■				■■		■■■	
Erdbeeren	■■■	■■■	■■	■■	■■■		■■ (Blätter und Früchte)	
Grüne Bohnen	■■			■■	■■	■■	■■	
Grünkohl					■■			
Gurken	■■		■	■■■		■■	■	
Hagebutten	■■	■■■		■■				
Heidelbeeren	■■	■■■	■	■■				
Himbeeren	■■■	■■■	■■■	■■	■■■		■■ (Blätter und Früchte)	Empfindliches Obst, nicht waschen
Holunder	■■	■■	■■■	■■	■■			
Johannisbeeren	■■■	■■■	■■■	■■	■■■		■■ (Blätter)	
Knoblauch	■■			■■		■■	■■	
Kohlrabi					■	■■	■	
Kürbis	■■	■		■■■		■■	■	
Lauch					■■		■	
Mirabellen	■■■	■■■	■	■■	■			
Möhren	■■	■	■■	■■		■■	■	
Orangen		■■	■■	■■			■■	
Paprika	■■			■■	■■	■■	■■	
Pastinaken					■■	■	■■	

Lebensmittel	Einkochen	Gelee/Konfitüre/ Marmelade/Chutney	Saft	Einlegen	Tiefgefrieren	Milchsäuregärung	Trocknen	Anmerkung
Petersilie				■■	■■		■■	
Pfirsiche	■■■	■■■	■	■■	■■		■■■	
Pflaumen	■■■	■■■	■■	■■	■■		■■■	
Pilze	■■		■■	■■	■■		■■■	
Preiselbeeren	■■	■■	■		■		■■■	
Quitten	■■■	■■■	■■	■■				
Radieschen				■■				
Renekloden	■■■	■■■		■■	■■		■■	
Rettich				■■		■■		
Rhabarber	■■	■■	■■■		■■		■	
Rosenkohl					■■	■■		
Rote Bete	■■■		■■	■■		■■		
Rotkohl				■■	■	■■■	■	
Sanddorn	■■	■■	■■					
Schlehen	■■	■■	■■■					Erst nach dem ersten Frost verwenden
Schnittlauch								
Sellerie						■	■	
Spinat					■■		■	
Stachelbeeren	■■■	■■■	■		■■■		■	
Tomaten	■■	■■	■■	■■■	■■	■■	■■■	
Weißkohl				■■	■	■■■	■	
Zitronen		■■	■■	■■		■	■	
Zucchini	■■	■■		■■	■	■■	■■	
Zwetschgen								
Zwiebeln		■■		■■		■■	■	

■■■ optimale Konservierungsart ■■ mögliche Konservierungsart ■ bedingt mögliche Konservierungsart

HALTBARKEIT BEI DEN EINZELNEN KONSERVIERUNGSMETHODEN

Konservierungsmethode	Haltbarkeit	Wirkungsweise	Methode geeignet für	Hinweis
Einfrieren, Seite 99	einige Monate bis ein Jahr	Wärmeentzug, Unterbrechung des Wachstums von Mikroorganismen und der Enzymaktivität	Gemüse, Obst, Kräuter, Pilze	
Einlegen in Öl, Seite 114	drei bis vier Monate	Zusatz von Öl, luftdichter Abschluss verhindert das Eintreten von Sauerstoff, Hemmung des Wachstums von Mikroorganismen	Gemüse, Pilze, Kräuter, Würzöle	Aromen von Kräutern, Gewürzen und anderen Zutaten werden in Würzölen konserviert
Einlegen in Essig, Seite 121	einige Monate	Zusatz von Essig oder Essigsäure senkt den pH-Wert, dadurch Hemmung des Wachstums von Mikroorganismen, bei hohen Konzentrationen sogar Abtöten	Gemüse, Obst, Pilze und Kräuter	Ohne Kombination mit anderen Konservierungsmethoden nur wenige Monate im Kühlschrank haltbar. Aromen von Kräutern, Gewürzen und anderen Zutaten werden in Würzessigen konserviert.
Einlegen in Alkohol, Seite 135	einige Monate bis ein Jahr	Zusatz von Alkohol, Hemmung des Wachstums von Mikroorganismen, bei hohen Konzentrationen sogar Abtöten	Obst, Nüsse	
Einlegen in Salz, Seite 145	einige Wochen bis einige Monate	Zusatz von Kochsalz, dadurch Wasserentzug, Hemmung des Wachstums von Mikroorganismen, teilweise Abtöten durch Nitrit	Gemüse, Gurken, Zitronen	
Heißeinfüllen, Seite 53	einige Monate	Hitzeeinwirkung und luftdichtes Verschließen, dadurch Hemmung des Wachstums von Mikroorganismen	Obst, Gemüse, Konfitüre, Marmelade, Gelee, Chutneys	Proteinabbauende Bakterien werden bei dieser Methode nicht abgetötet
Milchsäuregärung, Seite 155	einige Monate	Milchsäurebildung durch Bakterien, Absenkung des pH-Wertes, Hemmung des Wachtstums von Mikroorganismen	Gemüse (Kohl, Gurken, Bohnen)	
Sterilisieren, Seite 29	bis zu einem Jahr	Hitzeeinwirkung (75–100 °C) und luftdichtes Verschließen, dadurch Hemmung des Wachstums von Mikroorganismen und teilweise Abtötung, reduzierte Enzymaktivität, teilweise Abtötung von Sporen	Obst und Gemüse, Säfte, Konfitüren, Gelees, Marmeladen, Chutneys, Kompotte, Pilze	
Trocknen, Seite 165	Bis zu einem Jahr	Wärmezufuhr und Wasserentzug, Hemmung des Wachstums von Mikroorganismen und der Enzymaktivität	Obst, diverse Gemüse, Hülsenfrüchte, Kräuter	
Zuckern und Kandieren, Seite 149	einige Monate bis ein Jahr	Zusatz von Zucker, Hitzeeinwirkung, Wasserentzug dadurch Hemmung des Wachstums von Mikroorganismen	Obst, Blüten und Nüsse, teilweise Gemüse	

Die hier gemachten Angaben können nur ungefähre Richtwerte sein, denn die Haltbarkeit eines Einmachgutes ist von vielen Faktoren abhängig: Von der Lagerung, der Art des Einmachgutes, der Kombination verschiedener Einmachgüter und der mit anderen Zutaten wie Gewürzen und Kräutern. Letztlich werden hier in vielen Rezepten verschiedene Konservierungsmethoden kombiniert, was die Haltbarkeit insgesamt verlängert (siehe Angaben bei den Rezepten). Die in der Tabelle gemachten Angaben beziehen sich daher nur auf solche Zubereitungen, bei der die Konservierung ausschließlich mit einer Methode erreicht wird.

Obstart	Einkochtopf Temperatur	Einkochtopf Zeit in Minuten	Backofen Minuten vom Perlen an	Backofen Minuten nach dem Abschalten
Kernobst (Äpfel, Birnen, Quitten)	90 °C	25–30	0 (abschalten)	30
Steinobst (Aprikosen, Pfirsiche, Pflaumen, Zwetschgen, Renekloden, Mirabellen, Kirschen)	85 °C	20–30	0 (abschalten)	25, Kirschen: 20
Beeren (Heidelbeeren, Preiselbeeren, Stachelbee-ren, Johannisbeeren, Brombeeren, Erdbeeren)	80 °C	15–20	0 (abschalten)	15–30
Wildfrüchte (Hagebutten, Schlehen, Vogelbeeren, Holunderbeeren)	80 °C	25–30	0 (abschalten)	15–30
Obstmuse	80 °C	20–30	0 (abschalten)	15
Fruchtgemüse (Rhabarber)	80 °C	10–20	0 (abschalten)	30

Gemüsesorte	Einkochtopf Temperatur	Einkochtopf Zeit in Minuten	Backofen Minuten vom Perlen an	Backofen Minuten nach dem Abschalten
Blumenkohl	98 °C	90–110	80	30
Bohnen[1]	98 °C	90–110	nicht empfohlen	nicht enpfohlen
Dicke Bohnen[1]	98 °C	60–90	nicht empfohlen	nicht empfoheln
Erbsen[1]	98 °C	90–120	nicht empfohlen	nicht empfohlen
Gurken	98 °C	20–25	0 (abschalten)	25
Kohlrabi	98 °C	90–110	80	30
Möhren	98 °C	60–120	30	60–90
Paprika	98 °C	20	0 (abschalten)	30
Pilze[1]	98 °C	90–110	nicht empfohlen	nicht empfohlen
Rote Bete	98 °C	90	80	30
Rotkohl	98 °C	90–110	80	30
Rosenkohl	98 °C	90–110	70	30
Sellerie	98 °C	90–110	80	30
Spargel	98 °C	90–110	90	30
Tomaten	98 °C	25–30	0 (abschalten)	30
Zucchini	98 °C	20	0 (abschalten)	30

1 Unbedingt innerhalb von 48 Stunden ein zweites Mal auf gleiche Weise erhitzen.

ENTSAFTUNGSZEITEN VON OBST (MIT DEM ENTSAFTER)

Weiche Früchte (Erdbeeren, Himbeeren, Brombeeren, Kirschen)	20–25 Minuten
Mittelharte Früchte (Aprikosen, Heidelbeeren, Johannisbeeren, Mirabellen, Renekloden, Pflaumen, Stachelbeeren)	30–35 Minuten
Harte Früchte (Äpfel, Birnen, Quitten)	50–60 Minuten

TROCKENTEMPERATUREN IM BACKOFEN

Sorte	Temperatur
Beerenobst	50 °C
Kernobst	65 °C
Steinobst	70 °C
Äpfeln	50–60 °C
Birnen	1 Stunde bei 50 °C, - dann 65 °C
Bohnen, blanchiert	50–60 °C
Möhren, Sellerie	60 °C
Steinpilze	35–50 °C
Tomaten	60 °C
Zucchini, Kürbisse, Auberginen, Gurken	60 °C bei hohem Wassergehalt vorübergehend 70 °C
Zwiebeln	60 °C

Die Dauer des Trockenvorgangs richtet sich nach dem Obst oder dem Gemüse. Als Faustregel gilt, das Obst oder Gemüse ist ausreichend durchgetrocknet, wenn es sich biegen lässt und dabei nicht bricht. Beim Durchschneiden dürfen keine Tröpfchen austreten. Die Trocknungsvorgänge sollten nicht unterbrochen werden.

ZUCKERTABELLE ZUR SAFTHERSTELLUNG

Kernobst	Menge zur Gewinnung von 1 Liter Saft	Zucker/1 kg Obst
Äpfel	2–2,5 kg	0–50 g
Birnen	2–2,5 kg	0–50 g
Quitten	2–2,5 kg	80–100 g
Steinobst		
Aprikosen	1,5–2,2 kg	20–60 g
Mirabellen	1,25–1,5 kg	40–60 g
Pfirsiche	1,25–1,5 kg	30–50 g
Pflaumen	1,25–1,5 kg	40–60 g
Sauerkirschen	1,25–1,5 kg	70–90 g
Süßkirschen	2,5–3 kg	70–90 g
Beeren		
Brombeeren	1,25–1,5 kg	40–60 g
Erdbeeren	1,25–1,5 kg	30–50 g
Himbeeren	1,5 kg	30–50 g
Holunderbeeren	1,5 kg	90–100 g
Johannisbeeren, rot oder schwarz	1,25–1,5 kg	80–120 g
Preiselbeeren	1,5–2,2 kg	80–100 g
Stachelbeeren	1,5–2,2 kg	50–100 g
Trauben	1,5–2,2 kg	0–50 g
Sonstige		
Rhabarber	1,25–1,5 kg	50–80 g

Generell gilt: auf 1 kg süßes Obst 50–150 g Zucker, auf 1 kg saures Obst 200–250 g Zucker

LAGERDAUER UND BLANCHIERZEITEN BEIM EINFRIEREN

Lebensmittel	Lagerdauer in Monaten	Blanchierzeiten vor dem Einfrieren in Minuten
Apfelkompott	8–12	keine
Apfelmus	8–12	keine
Blumenkohl	8–10	2–4
Erdbeeren	10–12	keine
Erbsen	9–12	2
Grüne Bohnen	9–12	3
Grünkohl	8–10	1–2
Johannisbeeren	10–12	keine
Möhren	8–10	1–3
Petersilie	6–8	keine
Rhabarber	8–10	keine
Schnittlauch	8–10	keine
Spargel	6–9	2
Spinat	10–12	2
Zwetschgen	10–12	keine

ABFALL BEI OBST UND GEMÜSE

Lebensmittel	Umrechnungsfaktor
Ananas	1,92
Apfel	1,09
Aprikose	1,1
Birne	1,08
Erdbeere	1,03
Grapefruit	1,52
Himbeere	1,04
Holunderbeere	1,43
Johannisbeere	1,02
Kirsche	1,13
Kürbis	1,43
Lauch	1,72
Mirabelle	1,06
Orange	1,39
Paprika	1,19
Pfirsich	1,09
Pflaume, Reneklode	1,06
Quitte	1,19
Rhabarber	1,28
Tomate	1,1
Zitrone	1,56
Zucchini	1,18
Zwiebel	1,09

Beispiele: Um 1 kg verwendbares Apfel-Fruchtfleisch zu bekommen, werden 1,09 kg Äpfel benötigt. Durch Schälen und Entfernen des Kerngehäuses entfällt also ein knappes Zehntel des ursprünglichen Gewichtes (0,09 kg). Bei einer Zitrone bleibt an verwendbarem Fruchtfleisch durch sorgfältiges Schälen und Entfernen der Kerne nur die Hälfte des Ursprungsgewichtes übrig.

Die Autoren:
Martin Lagoda interessiert sich seit seiner frühen Jugend für kulinarische Themen und machte sein Koch-Hobby zum Beruf. Er war Chefredakteur von „Essen + Trinken" und betreute das Küchenressort beim „Feinschmecker". Als freier Autor arbeitet er für verschiedene Magazine und schreibt Bücher.

Bettina Snowdon ist Diplom-Oecotrophologin und hat viele Jahre als Lektorin und Projektmanagerin Kochbücher betreut, bevor sie selbst zur Autorin für Bücher mit kulinarischem Schwerpunkt wurde. Außerdem arbeitet sie als Lektorin für Verlage und betreut Buchproduktionen.

Impressum

Stiftung Warentest
Lützowplatz 11–13, 10785 Berlin
Telefon 0 30/26 31–0, Fax 0 30/26 31–25 25
www.test.de
email@stiftung-warentest.de

USt.-IdNr.: DE136725570

Vorstand: Hubertus Primus
Weiteres Mitglied der Geschäftsleitung:
Dr. Holger Brackemann (Bereichsleiter Untersuchungen)

Programmleitung: Niclas Dewitz
Projektleitung: Niclas Dewitz
Lektorat: Veronika Schuster
Fachliche Beratung: Isabella Eigner,
Axel Rathjen, Max Rubner-Institut, Karlsruhe
Korrektorat: Hartmut Schönfuß, Berlin
Gestaltung, Layout, Bildredaktion: Martina Römer, Berlin
Fotografie: Peter Schulte, Hamburg
Fotoassistenz: Beate Schulte-Cayla, Berlin
Foodstyling: Nicole Müller-Reymann, Hamburg

Produktion: Vera Göring
Verlagsherstellung: Rita Brosius (Ltg.), Susanne Beeh
Druck: Firmengruppe APPL, aprinta druck, Wemding

ISBN: 978-3-86851-028-7